Die neue Ost-West-Arbeitsteilung

AF799336

Arbeit – Interessen – Partizipation

Herausgegeben von Ludger Pries and Rainer Trinczek

Band 9

Prof. Dr. Ulrich Jürgens ist Leiter der Forschungsgruppe »Wissen, Produktionssysteme und Arbeit« am Wissenschaftszentrum Berlin für Sozialforschung und Außerplanmäßiger Professor am Fachbereich Politische Wissenschaft der Freien Universität Berlin.

Dr. Martin Krzywdzinski studierte Politikwissenschaft an der Freien Universität Berlin und an der Université Paris VIII. Er arbeitet als wissenschaftlicher Mitarbeiter in der oben genannten Forschungsgruppe am WZB.

Ulrich Jürgens, Martin Krzywdzinski

Die neue Ost-West-Arbeitsteilung

Arbeitsmodelle und industrielle Beziehungen in der europäischen Automobilindustrie

Campus Verlag
Frankfurt/New York

Bibliografische Information der Deutschen Nationalbibliothek:
Die Deutsche Nationalbibliothek verzeichnet diese Publikation in der Deutschen Nationalbibliografie.
Detaillierte bibliografische Daten sind im Internet unter http://dnb.d-nb.de abrufbar.
ISBN 978-3-593-39287-5

Das Werk einschließlich aller seiner Teile ist urheberrechtlich geschützt. Jede Verwertung ist ohne Zustimmung des Verlags unzulässig. Das gilt insbesondere für Vervielfältigungen, Übersetzungen, Mikroverfilmungen und die Einspeicherung und Verarbeitung in elektronischen Systemen.
Copyright © 2010 Campus Verlag GmbH, Frankfurt am Main
Gedruckt auf Papier aus zertifizierten Rohstoffen (FSC/PEFC).
Printed in Germany

Besuchen Sie uns im Internet: www.campus.de

Inhalt

Dank

Das vorliegende Buch beruht auf zwei Forschungsprojekten. Das durch das sechste Rahmenprogramm der Europäischen Kommission geförderte Projekt »The European Socio-Economic Models of a Knowledge-Based Society« (ESEMK) beschäftigte sich mit der Frage der Konvergenz der nationalen sozio-ökonomischen Modelle in Europa und mit den Perspektiven des Europäischen Sozialmodells (vergleiche Lung 2008; Jullien/Smith 2008; Amable et al. 2006; Jürgens et al. 2006). Im von der Otto-Brenner-Stiftung geförderten Projekt »Wandel der Arbeitsmodelle in der Automobilindustrie im Kontext der Verlagerungsbewegung nach Mittelosteuropa« standen die Verlagerung aus Deutschland nach Mittelosteuropa sowie ihre Auswirkungen auf die Beschäftigten im Zentrum (Jürgens/Krzywdzinski 2009a; Jürgens/Krzywdzinski 2009b). Wir danken beiden Förderinstitutionen für die Unterstützung.

Bei der Durchführung der Forschungsprojekte und bei der Abfassung des Buchmanuskripts haben wir von Diskussionen mit Christina Teipen, Antje Blöcker und Heinz-Rudolf Meissner profitiert, bei denen wir uns herzlich bedanken. Zu Dank verpflichtet sind wir Gebhard Glock für die Erstellung der Buchfassung des Manuskripts sowie Anne Zetsche und Nikolas Rathert für das geduldige Korrekturlesen.

Besonders möchten wir schließlich unseren Interviewpartnern in Unternehmen, Gewerkschaften, Verbänden und Universitäten danken, ohne die dieses Buch nicht möglich gewesen wäre.

Ulrich Jürgens
Martin Krzywdzinski

Berlin, Juni 2010

1. Einleitung

Die Arbeitsteilung zwischen West- und Mittelosteuropa ist ein stark umkämpftes Feld. Das Konfliktpotential findet in Westeuropa Ausdruck in Diskussionen über Verlagerung und Verlust von Arbeitsplätzen. Spektakuläre Verlagerungsfälle wie Nokia in Bochum oder Elektrolux in Nürnberg sowie provokative Äußerungen von Unternehmensvorständen wie dem ehemaligen Opel-Chef Forster (2004) – »out of Germany or out of business« – nähren Ängste vor der neuen Arbeitsteilung. Mittelosteuropa (MOE) gilt als der Profiteur der Umbrüche, wenngleich die Entwicklungsperspektiven bei näherem Hinsehen durchaus offen sind. Es besteht die Gefahr eines *Lock-in* in einer Niedriglohnstrategie, wie sie die mexikanischen Maquiladoras repräsentieren. Maquiladoras, das sind exportorientierte Fabriken, vorwiegend in arbeitsintensiven Industrien, die zuerst in der Grenzzone zu den USA und später in ganz Mexiko entstanden sind. Sie haben meist den Status einer verlängerten Werkbank mit geringer Wertschöpfungstiefe, niedrigen Löhnen und geringen Qualifikationsanforderungen an die Arbeitskräfte (Bair/Dussel Peters 2006; Delgado Wise/Cypher 2007). Ihre Aufwertungsmöglichkeiten hin zu komplexeren Produkten und Arbeitsprozessen und dementsprechend zu höheren Löhnen und Qualifikationsanforderungen gelten als sehr begrenzt.

Repräsentiert Mittelosteuropa die europäische Version der Maquiladoras? Nach dem Zusammenbruch der kommunistischen Regimes entschieden sich die mittelosteuropäischen Länder Polen, Tschechien, Slowakei und Ungarn für eine radikale wirtschaftliche Öffnung und für die Integration in die Europäische Union. Attraktivität für Investoren mit Hilfe von Sonderwirtschaftszonen und niedrigen Löhnen zu schaffen war ein zentrales Element der Entwicklungsstrategie der mittelosteuropäischen Länder – und erinnerte damit an die Maquiladoras. Es begann ein massiver Zufluss ausländischer Direktinvestitionen (FDI), dessen Effekte seither kontrovers diskutiert werden. Während einige Autoren eine erfolgreiche wirtschaftliche Entwicklung in Mittelosteuropa konstatieren (Bohle/Greskovits 2007), stellen andere eine Spezialisierung auf *Low-Tech*-Industrien (Ellingstad 1997, Hardy 2007) beziehungsweise eine polarisierte Entwicklung fest:

»An industrial dualism is developing in the CEECs: the new companies and plants set up by Western companies stand detached from traditional industrial structures which were formed in the era of state socialism« (Kurz/Wittke 1998: 89).

Seit Anfang der 2000er Jahre bekommen die mittelosteuropäischen Länder zudem Konkurrenz in direkter Nachbarschaft: die neuen EU-Mitglieder Rumänien und Bulgarien sowie die nach Westen strebende Ukraine. Auch diese Staaten setzen auf wirtschaftliche Öffnung und es stellt sich die Frage, ob nun eine Verlagerungskarawane einsetzt, die zunächst Subventionen und Lohnkostenvorteile in Mittelosteuropa nutzt und dann in andere Länder weiterzieht.

In Westeuropa führte die Öffnung einer Niedriglohnregion in der direkten Nachbarschaft zu der Intensivierung der Diskussion über Ausmaß und Gefahren der Verlagerung. Eine Reihe von Studien verschiedener Consultingunternehmen prophezeite den Verlust von tausenden von Arbeitsplätzen durch Verlagerungen (vergleiche BCG 2004, Ernst & Young 2004). Die Debatte in Deutschland wurde von der These angeheizt, Deutschland befinde sich auf dem Weg zu einer »Basar-Ökonomie« (Sinn 2005), das heißt einer Ökonomie, in der nur noch die Endverarbeitung von Produkten stattfindet, während die meisten Komponenten in Niedriglohnländern hergestellt werden.

»Dank des Outsourcings nach Osteuropa kann die deutsche Industrie zwar nach wie vor mit ihren Produkten auf den Weltmärkten glänzen, und auch die Exportstatistiken können stolze Zahlen aufweisen. Der Audi, dessen Motor in Ungarn gefertigt wird, geht mit seinem vollen Wert in die deutsche Exportstatistik ein. Das ›Made in Germany‹ wird aber mehr und mehr zu einem Etikettenschwindel. In Deutschland findet noch die Endmontage statt. Die werthaltigen Teile kommen indes mehr und mehr aus Osteuropa« (Sinn 2004; vergleiche auch Nunnenkamp 2004).

Die Verlagerungen und noch mehr die Verlagerungsdrohungen übten Druck auf die Löhne und Arbeitsstandards in Deutschland und ganz Westeuropa aus. Es kam zu Diskussionen und Auseinandersetzungen über die Gefährdung der sozialen Modelle in Europa (vergleiche Jürgens et al. 2006). Auf der einen Seite wurde befürchtet, dass die Integration der mittelosteuropäischen Länder in die Europäische Union einen *Race to the Bottom* bei Löhnen und Arbeitsstandards in Gang setzt. Auf der anderen Seite wurden Hoffnungen geäußert, dass es zu einem Transfer von Institutionen und Standards aus West- nach Mittelosteuropa kommt. Aus mittelosteuropäischer Perspektive bedeutete zudem Verlagerung eine Chance für industrielles *Upgrading* (Gereffi 2005b) und die Aneignung von Kompetenzen in Fertigung und Entwicklung.

Zwei Fragen stehen im Zentrum des vorliegenden Buches:

1. Wie verändert sich die Arbeitsteilung zwischen den Hochlohnstandorten in Westeuropa und den Niedriglohnstandorten in Mittelosteuropa?
2. Wie interagieren Arbeitsmodelle in West- und Mittelosteuropa?

Ein zentrales Konzept der Untersuchung ist das Arbeitsmodell, das als eine kohärente Kombination von Managementpraktiken verstanden wird, die in einen *Governance*-Kompromiss zwischen den relevanten Akteuren im Unternehmen eingebettet ist. Der *Governance*-Kompromiss sichert die Akzeptanz des Arbeitsmodells im Unternehmen und seine Kompatibilität mit der Produktstrategie und der Produktionsorganisation im Unternehmen (Boyer/Freyssenet 2002). Das Arbeitsmodell umfasst Praktiken und Regeln im Hinblick auf Beschäftigungssicherheit, Flexibilität, Qualifizierung und Kompetenzentwicklung, Leistungsregulierung und Interessenvertretung der Beschäftigten. Wir unterscheiden zwei Idealtypen von Arbeitsmodellen: *High-Road*-Arbeitsmodelle, die langfristig und investiv gegenüber den Arbeitsbedingungen und den Qualifikationen der Mitarbeiter orientiert sind, sowie *Low-Road*-Arbeitsmodelle, die auf niedrige Arbeitskosten und den Einsatz von angelernten Arbeitskräften setzen.

Aus mehreren Gründen steht die Automobilindustrie im Zentrum der Analyse. Die Muster und Entwicklungsdynamiken der internationalen Arbeitsteilung sind in hohem Maß von branchenspezifischen Einflussfaktoren geprägt, was die Fokussierung auf die Branchenebene nahelegt. Bei der Automobilindustrie handelt es sich nach Beschäftigung, Investitionsvolumen und FuE-Aufwendungen um eine der wichtigsten Branchen in Europa, im besonderen Maße gilt dies für Deutschland. Zudem ist die Automobilbranche im Vergleich zu anderen Branchen des verarbeitenden Gewerbes der wichtigste Empfänger von ausländischen Direktinvestitionen in Mittelosteuropa. In der Automobilbranche zeigen sich besonders ausgeprägt die Veränderungen der Ost-West-Arbeitsteilung in Europa.

Unsere Untersuchung beruht auf Fallstudien der Automobilhersteller Volkswagen, General Motors, Toyota, Volvo, MAN und AvtoZAZ, der Zulieferkonzerne Denso, Lear Corporation, Leoni, Delphi, Valeo und

Faurecia, sowie der mittelständischen Unternehmen KWL und Taskoprojekt. Die Fallstudien wurden so ausgewählt, dass sie sowohl fokale Akteure in der automobilen Wertschöpfungskette als auch wichtige Typen von Zulieferern erfassen: Automobilhersteller, globale Zulieferkonzerne, mittelständische Zulieferer und Produktionsausrüster.

Die Fallstudien schlossen Interviews mit Managern (Personalleitern, Produktionsleitern, Beschaffungsleitern), Gewerkschaftern und Betriebsräten ein. Weiterhin wurden Interviews mit Managern und Gewerkschaftern aus anderen Unternehmen (Solaris, Autosan, Fiat, Magna) sowie mit Branchenexperten, Verbandsvertretern und Vertretern staatlicher Institutionen durchgeführt, um die Analyse zu vertiefen oder zu ergänzen. Insgesamt wurden von uns im Zeitraum von 2005 bis 2008 131 Experteninterviews durchgeführt, deren Schwerpunkt auf Deutschland und Polen lag. Ergänzend wurden Interviews in Schweden – also einem weiteren Hochlohnland – sowie in Tschechien und der Ukraine durchgeführt. Die folgenden Tabellen zeigen die Aufschlüsselung der Interviews nach Ländern und nach Funktionen der Gesprächspartner. Im Folgenden werden die Interviews mit Hilfe von Codes zitiert (z.B. DE-18), die das Land und die Nummer des Interviews anzeigen. Eine Liste der zitierten Interviews findet sich im Anhang.

Tabelle 1: Durchgeführte Interviews nach Ländern

Deutschland	Schweden	Polen	Tschechien	Ukraine
33	20	67	5	6

Tabelle 2: Durchgeführte Interviews nach Funktionen der Gesprächspartner

Manager (Werk-, Personal-, Produktions-, Einkaufsleiter)	Gewerkschafter und Betriebsräte	Wissenschaftler, Verbandsvertreter
70	46	15

Die Fallstudien werden durch die Analyse quantitativer Daten zur Beschäftigungsentwicklung und zu Investitions- und Handelsströmen zwischen West- und Mittelosteuropa ergänzt. Zudem werden wir eine Datenbank über Automobilunternehmen in Mittelosteuropa nutzen, die im Laufe unserer Recherchen entstanden ist (im Folgenden MOE-Datenbank genannt). Die Datenbank enthält Informationen über 1.366 Betriebe der Automobilindustrie in Mittelosteuropa in den Jahren 2005 und 2006. Sie beruht auf Branchendatenbanken, Verbandslisten, Internetquellen, Presseartikeln und eigenen Interviews. Aufgrund der Vielfalt der benutzten Informationsquellen war es uns nicht möglich, alle Angaben zu prüfen. Ein Vorteil der Datenbank ist aber, dass sie über eine enge Definition der Automobilindustrie im Sinne der üblichen Branchenklassifikationen (etwa NACE) hinausgeht und Zulieferer von Gummi-, Kunststoff- und Metallteilen sowie Werkzeugbauer und Ausrüstungshersteller einbezieht, die in statistischen Definitionen anderen Branchen zugerechnet werden. Die von ihr ausgewiesene Beschäftigung und Betriebszahl liegen dementsprechend über den statistischen Angaben für NACE 34 (Automobilindustrie). Nicht erfasst sind Kleinstunternehmen mit weniger als 50 Mitarbeitern sowie Betriebe, die nur einen kleinen Teil ihrer Produktion an die Automobilindustrie liefern.

Das vorliegende Buch ist wie folgt aufgebaut: In Kapitel zwei diskutieren wir den Forschungsstand und den konzeptionellen Rahmen unserer Analyse. Der erste relevante Strang der Diskussion beschäftigt sich mit dem Umfang der Verlagerungen in Niedriglohnländer und deren Folgen für Beschäftigung, die sich als sehr umstritten erweisen. Konsens herrscht nur darüber, dass Arbeitsplätze von gering qualifizierten Arbeitskräften besonders von Verlagerung bedroht sind. Der zweite relevante Diskussionsstrang behandelt die Frage, ob durch Verlagerungen und Verlagerungsdrohungen ein *Race to the Bottom* bei Löhnen und Arbeitsbedingungen in Gang gesetzt wird. Diskutiert wird, inwieweit es einen Unterbietungswettbewerb zwischen Standorten innerhalb der Unternehmen gibt und inwieweit sich ein solcher Wettbewerb auch auf die europäischen Staaten überträgt und dadurch zu einer Schwächung der Arbeitsstandards führt. Im Anschluss an die Literaturdiskussion stellen wir das Konzept des Arbeitsmodells vor, das unserer Untersuchung zugrunde liegt.

Als Einleitung in die Analyse des Wandels der Arbeitsteilung in Europa stellt das dritte Kapitel vergleichend den Wandel der Arbeitsteilung zwischen Hochlohn- und Niedriglohnländern in den Triade-Regionen Europa, Nordamerika (USA) und Ostasien (Japan) dargestellt. In Amerika und Europa haben sich regionale Blöcke herausgebildet, die Hochlohn- und Niedriglohnstaaten integrieren. Mexiko ist zu einem wichtigen Niedriglohnlieferanten von Komponenten für die US-amerikanische Automobilindustrie geworden. Die europäische Automobilindustrie hatte zuerst die iberischen Standorte für die *Low-Cost*-Herstellung von Komponenten genutzt, sich aber nach dem Fall des Eisernen Vorhangs sehr rasch nach

Mittelosteuropa orientiert. Nur die japanische Automobilindustrie hat bisher die benachbarten asiatischen Niedriglohnländer nicht in einem mit Europa und Amerika vergleichbaren Maße in die Produktion im japanischen Kernland eingebunden. Aufgrund der geringen regionalen Integration und der Zollschranken produzieren die japanischen Unternehmen in China und anderen asiatischen Niedriglohnstaaten vorwiegend für die dortigen Märkte.

Gegenstand des vierten Kapitels ist die Arbeitsteilung zwischen West- und Mittelosteuropa. Anhand von Fallstudien der Automobilhersteller Volkswagen, General Motors, MAN und Volvo untersuchen wir verschiedene Muster der Arbeitsteilung und Spezialisierung. Allerdings erweisen sich Verlagerungsprozesse nicht bei den Automobilherstellern, sondern bei den Zulieferern als besonders ausgeprägt. Die Kosten für Komponenten sind zu einem zentralen Wettbewerbsfaktor für Endhersteller geworden, was diese zu einem erheblichen Kostendruck auf Zulieferer verleitet. In Fallstudien untersuchen wir, wie Zulieferer diesen Kostendruck bewältigen und welche Rolle dabei die Verlagerung in Niedriglohnländer spielt. Im Zentrum steht die Frage nach den Beschäftigungseffekten der Verlagerung: Geht durch Verlagerung Beschäftigung verloren, oder werden durch Verlagerung sogar Wettbewerbsvorteile geschaffen, die positive Beschäftigungseffekte haben?

Im fünften Kapitel untersuchen wir die Entwicklungsperspektiven, die sich aufgrund der veränderten Arbeitsteilung den mittelosteuropäischen Standorten und Ländern bieten. Wir zeigen, dass sich in Mittelosteuropa eine diversifizierte Zuliefererstruktur entwickelt hat, die einen schnellen *Upgrading*-Prozess durchlaufen hat: Während die mittelosteuropäischen Standorte multinationaler Zulieferer noch in den 1990er Jahren häufig als »verlängerte Werkbänke« auf einfache Montageprozesse mit geringer Wertschöpfungstiefe festgelegt waren, haben sie im Laufe der Zeit ihre Fertigungstiefe, ihr Produktspektrum und ihre Kompetenzen ausbauen können. Wir untersuchen, ob die Verlagerung von Produktion auch zu einer Verlagerung von Forschungs- und Entwicklungskompetenzen nach Mittelosteuropa führt. Zudem stellen wir die Frage, wie sich die Umbrüche der Ost-West-Arbeitsteilung in der Automobilindustrie auf den Maschinenbau, dem Hersteller der Produktionsausrüstung für die Automobilindustrie, auswirken.

Eine wichtige Frage für die weitere Entwicklung in Mittelosteuropa ist, ob es im Kontext steigender Löhne in Mittelosteuropa zu einer Weiterverlagerung in andere Niedriglohnländer kommt. Anhand von Fallstudien zeigen wir, dass dies in besonders arbeitsintensiven Bereichen der Automobilindustrie (z.B. Kabelbaummontage) durchaus der Fall ist. Wir diskutieren am Beispiel der ukrainischen Automobilindustrie, welches Ausmaß diese Weiterverlagerung mittelfristig haben wird.

Im Kapitel sechs beleuchten wir die Entwicklung der Arbeitsmodelle an den Standorten westeuropäischer Unternehmen in Mittelosteuropa. Anhand von Fallstudien der Automobilhersteller Volkswagen, General Motors und Toyota sowie des Zulieferers Faurecia untersuchen wir die Entwicklung der Arbeitsmodelle in Mittelosteuropa. Es stellt sich die Frage, ob die ausländischen Unternehmen Mittelosteuropa für *Low-Road*-Strategien nutzen, oder ob es Anzeichen für eine *High-Road*-Entwicklung gibt. Neben den Unternehmensfallstudien interessieren uns die institutionellen Rahmenbedingungen. Wir untersuchen die Regulierung im Hinblick auf die betriebliche Interessenvertretung, die kollektiven Verhandlungssysteme, Beschäftigungssicherheit und Qualifizierung der Beschäftigten. Wir argumentieren, dass die Regulierung einen relativ permissiven Charakter hat: Sie lässt Spielraum sowohl für *High Road*- als auch für *Low-Road*-Modelle. Insbesondere das geringe Engagement im Bereich der Berufsausbildung kann dazu führen, dass Investitionen in Kompetenzentwicklung unterbleiben und bestehende Chancen für eine *High-Road*-Entwicklung gefährdet werden.

Das siebente Kapitel beschäftigt sich mit den Beschäftigungssicherungspakten in der deutschen Automobilindustrie, die zu einem wichtigen Instrument der Veränderung der Arbeitsmodelle und der Anpassung an den Wettbewerb der Niedriglohnländer geworden sind. Zentrale Verhandlungsthemen waren dabei die Senkung der Arbeitskosten, die Flexibilisierung und Ausdehnung der Arbeitszeit und der Einsatz von Leiharbeit. Wir diskutieren, inwieweit diese Vereinbarungen in der Kontinuität des deutschen Produktionsmodells stehen oder ob sie Zeichen für einen Bruch im Modell sind.

2. Ost-West-Arbeitsteilung in der Forschungsdiskussion

2.1 Beschäftigungseffekte der Verlagerung

Sowohl in Westeuropa als auch in den USA hat der seit den 1990er Jahren rasant steigende Fluss von Direktinvestitionen aus den Triade-Staaten in die Niedriglohnländer Verunsicherung ausgelöst. Suzanne Berger (2005: 16f) beschreibt die Diskussion in den USA:

»Today we are once again experiencing a time of great uncertainty and public anxiety about the fate of American workers faced with foreign competition and about the challenges to our economic preeminence in the global economy. Once again, we see the threats to our prosperity as located abroad, only now we are focusing not on Japan and Germany but on the rising capabilities of countries like China and India« (Berger 2005: 16ff; vergleiche Friedman 2005).

In der Forschung bleiben allerdings der Umfang von Verlagerungen und ihre Auswirkungen auf Arbeit und Beschäftigung umstritten. In der US-amerikanischen Debatte führen Bronfenbrenner und Luce (2004) sowie das Consulting-Unternehmen Forrester (2004) den Verlust von jährlich mehreren 100.000 Arbeitsplätzen auf Verlagerung zurück, während die US-amerikanische Regierung und ihre Berater zwar verlagerungsbedingte Arbeitsplatzverluste zugeben, aber argumentieren, dass diese durch die positiven Effekte des freien Handels auf die Beschäftigungsentwicklung des Inlands mehr als ausgeglichen werden. Der Jahresbericht 2004 des Council of Economic Advisors des US-Präsidenten argumentiert:

»Manufacturing employment likely has fallen in response to the transfer of manufacturing jobs abroad. The jobs affected have generally been those involved in the production of goods requiring relatively low skills. […] This specialization is a natural outcome of the opening of economies all over the world to trade. As a result of such specialization, world efficiency increases and world output goes up« (Mankiw et al. 2004: 71f; vergleiche Lazear et al. 2007, Harrison/Macmillan 2007, Borga 2005, Slaughter 2003).

Eine vergleichbare Spannbreite der Positionen und Befunde gibt es in Europa. Studien, die zum Ergebnis von keinen oder von sehr geringen Beschäftigungsverlusten durch Verlagerungen kommen[1], stehen Studien gegenüber, die größere Beschäftigungsverluste durch Verlagerung feststellen[2]. Die Bandbreite der Befunde ist groß, die diagnostizierten Beschäftigungsverluste durch Verlagerung schwanken zwischen 0,1 bis 0,3 Prozent und 1 bis 2 Prozent der Beschäftigung jährlich. Rechnet man die Ergebnisse der Studien mit den höchsten festgestellten Beschäftigungsverlusten (Kinkel et al. 2004; BCG 2004, Bronfenbrenner/Luce 2004) hoch, können innerhalb einer Dekade 10 bis 20 Prozent der Beschäftigung verlagert werden – in anderen Szenarien bleiben die Verlagerungsverluste marginal.

Die Ergebnisse einer Reihe von Studie legen jedoch nahe, dass nicht die gesamten Beschäftigungseffekte der Verlagerung ein soziales Problem darstellen, sondern vor allem der Verlust von Arbeitsplätzen für gering qualifizierte Arbeitskräfte (McKinsey 2003; Strauss-Kahn 2003; Hijzen et al. 2004; Fontaigné/Lorenzi 2005; Statistisches Bundesamt 2008). Das deutsche Statistische Bundesamt stellte fest, dass 69 Prozent der von Verlagerung ins Ausland betroffenen Arbeitsplätze von gering qualifizierten Arbeitskräften besetzt waren, während nur 49 Prozent der durch Wachstum neu generierten Industriearbeitsplätze geringe Qualifikationsanforderungen aufwiesen.

Ein weiterer Effekt sind Lohnverluste, vor allem bei gering qualifizierten Beschäftigten. McKinsey (2003: 15) zeigte, dass ein großer Teil der durch Verlagerung freigesetzten Arbeiter in den USA an ihren neuen Arbeitsplätzen Lohnverluste von 15 bis 30 Prozent hinnehmen musste. Das bedeutet, dass weniger die Beschäftigungsbilanz der Verlagerung als vielmehr die Zunahme der Ungleichheit der Erwerbschancen und Einkommen zwischen gering- und hochqualifizierten Arbeitskräften in Hochlohnländern eine wichtige Folge des Wandels der internationalen Arbeitsteilung ist.

---

1 Deutschland: Marin 2004, Becker et al. 2005, Statistisches Bundesamt 2008. Frankreich: INSEE 2005, Fontagné/Lorenzi 2005, DATAR 2004, Grignon 2004. Großbritannien: Department of Trade and Industry 2004, Heckley 2005.

2 Deutschland: BCG 2004, Kinkel et al. 2004, Sinn 2005, Schuh/Linnhoff 2006. Frankreich: Daudain/Levasseur 2005.

2.2 Race to the bottom?

Gibt es einen *Race to the Bottom* bei Löhnen und Arbeitsbedingungen zwischen Hochlohn- und Niedriglohnländern? Die Löhne in Niedriglohnländern wie China, Mexiko oder den mittelosteuropäischen Staaten sind in den 1990er Jahren hinter der Produktivitätsentwicklung zurückgeblieben (Onaran/Stockhammer 2006). Aus den mexikanischen Maquiladoras werden immer wieder schlechte Arbeitsbedingungen und Verstöße gegen gesetzliche Arbeitsschutzvorschriften und Arbeitnehmerrechte gemeldet (Solidarity Center 2003). Lüthje berichtet aus China, dass die Situation in den Exportindustrien durch eine mangelhafte Durchsetzung der Arbeitsgesetzgebung und durch Abwesenheit von Gewerkschaften gekennzeichnet ist.

»Die Unmöglichkeit, auch nur die einfachsten gesetzlichen Normen im Betrieb einfordern zu können, verdeutlicht auf drastische Weise die Schwäche der Institutionen [betrieblicher Interessenvertretung] und das Fehlen wirkungsvoller Tarifverhandlungsstrukturen« (Lüthje 2006: 25).

Silver (2003) hat gegen die *Race-to-the-Bottom*-These argumentiert, dass Globalisierung und Verlagerung auch in Niedriglohnländern zur Entstehung von handlungsfähigen Gewerkschaften und Arbeiterbewegungen führen, die wiederum dem *Race to the Bottom* Grenzen setzen. Allerdings seien die Gewerkschaften in Niedriglohnländern mit den »contradictions of semiperipheral sucess« (Silver 2003: 79) konfrontiert. Die Verlagerung in Niedriglohnländer finde in der Reifephase der Industrie statt, in der die »first mover advantages« ausgeschöpft seien und in der ein sehr scharfer Wettbewerb herrsche. Aufgrund dieser Bedingungen ist es allerdings für die Gewerkschaften in Niedriglohnländern schwierig, Verbesserungen der Löhne und Arbeitsbedingungen zu erkämpfen.

Die These des *Race to the Bottom* hat zwei Varianten: Zum ersten wird ein Unterbietungswettbewerb auf der Ebene der Unternehmen erwartet, deren Standorte um Aufträge konkurrieren. Zum zweiten wird eine Übertragung des Wettbewerbs auf die politische Ebene erwartet, indem Verlagerungen und Verlagerungsdrohungen die Politik unter Druck setzen, Arbeitsstandards und Steuersätze zu senken. Im Folgenden werden wir die Forschungsliteratur zu diesen beiden Ebenen des Ost-West-Wettbewerbs in Europa diskutieren.

Beginnen wir die Darstellung mit der Ebene der staatlichen und kollektivvertraglichen Regulierung. Viele Autoren stellen eine anhaltende Erosion der Gewerkschaftsmitgliedschaft und der tariflichen Aushandlungssysteme in Mittelosteuropa fest (Crowley/Ost 2001; Gardawski et al. 1999), die deutlich stärker sind als vergleichbare Prozesse in Westeuropa. Kohl und Platzer (2004) sehen in Mittelosteuropa ein »transformationsgesellschaftliches Modell«, das sich durch schwache kollektive Aushandlungsinstitutionen sowie eine geringe Durchsetzungsfähigkeit des staatlichen Arbeitsrechts auszeichnet.

Abbildung 1: Standards der Arbeitsbeziehungen in Europa, 2006

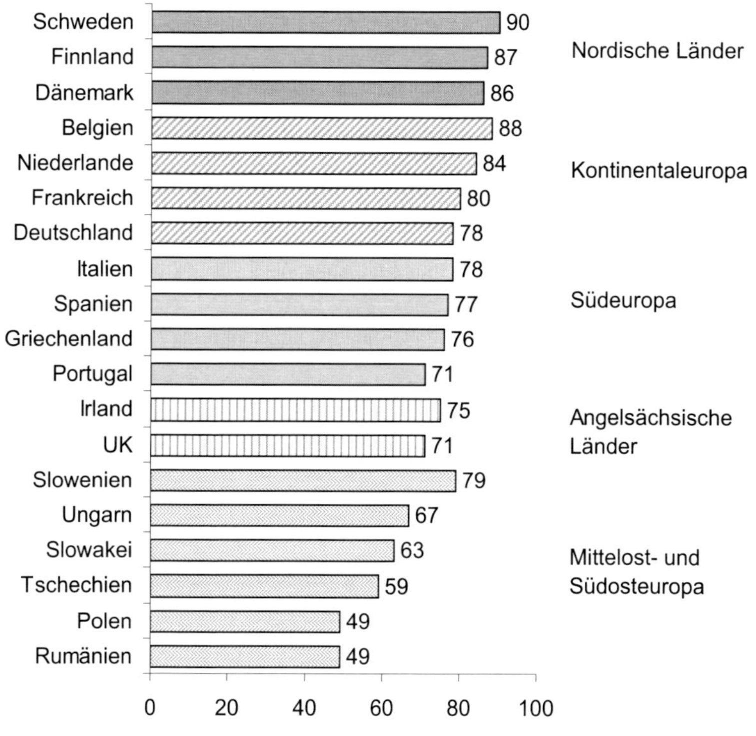

Quelle: Eigene Darstellung nach Kohl et al. 2006: 408.

Kohl et al. (2006) haben einen auf Experteneinschätzungen beruhenden Index entwickelt, der die Qualität und Durchsetzungsfähigkeit von Arbeitnehmerrechten zu messen versucht (Kohl et al. 2006: 408; Kohl/Platzer 2007). Die Autoren kommen zum Ergebnis, dass die Arbeitsstandards in

Mittelosteuropa deutlich niedriger sind als in Westeuropa. Vor allem Polen, Tschechien und die baltischen Staaten schneiden schlecht ab; allein Slowenien liegt über dem westeuropäischen Durchschnitt. Zu einem ähnlichen Ergebnis kommen Leschke und Watt (2009), die einen Index der Arbeitsplatzqualität erstellt haben, der Indikatoren aus den Bereichen Löhne, atypische Beschäftigungsformen, Arbeitszeit, Arbeitsbedingungen, Qualifizierung und kollektive Interessenvertretung zusammenfasst. Am schlechtesten schneiden die mittelosteuropäischen und südosteuropäischen Länder sowie die iberischen Staaten und Griechenland ab. Deutschland liegt etwa im EU-27-Durchschnitt; angeführt wird die Rangfolge von den skandinavischen Staaten und Großbritannien.

Während also eine Reihe von Studien Mittelosteuropa im Hinblick auf Arbeitsregulierung und Arbeitsqualität ein schlechtes Zeugnis ausstellt, gibt es auch Autoren, die andere Akzente setzen. Bohle (2007) argumentiert, dass die mittelosteuropäischen Ländern Polen, Tschechien, Slowakei und Ungarn durchaus Ähnlichkeiten zum westeuropäischen Modell der sozialen Sicherung und Arbeitsregulierung aufweisen: Ihre sozialen Sicherungssysteme sind beispielsweise zwar schwächer als in kontinentaleuropäischen Ländern wie Deutschland und Frankreich, aber umfassender als in angelsächsischen Staaten. Auch die industriellen Beziehungen lassen sich nicht eindeutig weder dem kontinentaleuropäischen noch dem angelsächsischen Modell zurechnen. Im Unterschied zu Mittelosteuropa sieht Bohle die baltischen Länder Estland, Lettland und Litauen als Vertreter eines angelsächsischen Models der Deregulierung.

In der Diskussion über den Prozess der europäischen Integration ist es umstritten, ob die Regulierung der Europäischen Union einem *Race to the Bottom* entgegenwirkt oder ihn sogar befördert. Auf der einen Seite setzen einige Autoren darauf, dass die Marktintegration in der EU den Bedarf an gemeinschaftlicher Arbeits- und Sozialpolitik weckt (Vaughan-Whitehead 2003: 522f; Kohl/Platzer 2003: 286). Hinter dieser Erwartung steht der Ansatz Polanyis (1944), wonach jeder Prozess der Marktliberalisierung eine Gegenbewegung mit dem Ziel der sozial- und arbeitspolitischen Eingrenzung des Marktes hervorruft. Als ein noch sehr schüchterner Anfang einer solchen Gegenbewegung kann die Bemühung der Europäischen Kommission verstanden werden, durch die Direktiven über Information und Konsultation der Beschäftigten sowie über die Europäischen Betriebsräte Mindeststandards für Institutionen der betrieblichen und der transnationalen Interessenvertretung zu schaffen (Kotthoff 2006).

Auf der anderen Seite wird befürchtet, dass die Marktintegration die arbeits- und sozialpolitischen Standards in den EU-Mitgliedsstaaten untergräbt und dass eine Gegenbewegung im Sinne Polanyis fehlt (Scharpf 1996; Meardi 2007). Scharpf (2008: 23) argumentiert:

> »Die Globalisierung erzeugt ökonomischen Druck. Aber es ist die Europäisierung, die die rechtlichen Möglichkeiten, mit denen wir darauf reagieren können, sehr stark beschnitten oder völlig beseitigt hat. Überdies haben wir mit der Osterweiterung ja nun die Billiglohnstandorte und damit auch den ökonomischen Druck in die EU reingeholt.«

Meardi (2007) verweist darauf, dass die EU-Direktiven gerade von den mittelosteuropäischen Regierungen zu einer Verschlechterung der Arbeitsstandards genutzt worden sind. So sei die EU-Arbeitszeitdirektive in Ungarn der Vorwand für eine Verlängerung der maximal erlaubten Arbeitszeit gewesen; in Polen seien mit Verweis auf die EU-Standards die Überstundenzuschläge gesenkt worden. Meardi (2007: 510) schreibt:

> »The main impact of the EU on NMS (New Member States) politicians has been through the single market, EMU (European Monetary Union) constraints and the competition for foreign direct investment. […] As its pressure for competition is so much stronger than its whisper of a social dimension, the EU is not currently promoting social dialogue in the NMS – if anything, it is undermining it.«

Höpner (2008) verweist auf Entscheidungen des Europäischen Gerichtshofs von 2007, in denen in zwei Fällen Streikaktivitäten gegen die Unterschreitung von Tarifverträgen durch ausländische Dienstleistungsunternehmen zu einem unzulässigen Verstoß gegen die Dienstleistungsfreiheit erklärt wurden. Höpner (2008: 49) schließt seine Analyse mit den Worten ab:

> »Hören wir auf, die europäische Wirtschaftsintegration als demokratisches und soziales Projekt zu verklären. Sie ist keins von beiden.«

Auf der Regulierungsebene sind also die Auswirkungen der EU-Integration Mittelosteuropas und des potentiellen Modellwettbewerbs zwischen Ost und West umstritten. Wie beantwortet unternehmensbezogene Forschung die Frage, ob die Standards an den westeuropäischen Standorten durch Verlagerung oder Standortwettbewerb untergraben werden? Die Forschung in Unternehmen hat sich bislang vor allem auf multinationale Konzerne und auf die Frage des Transfers von Praktiken aus den Herkunftsländern der Unternehmen nach Mittelosteuropa konzentriert. Die in Mittelosteuropa sehr stark vertretenen deutschen Unternehmen sind am häufigsten Gegenstand von Studien.

Nur wenige Autoren diagnostizieren eine »Modellflucht« der Unternehmen aus Westeuropa als dominantes Handlungsschema (Ellingstad 1997; Meardi/Toth 2006). Eine solche Modellflucht würde bedeuten, dass Unternehmen Praktiken aus ihren Heimatländern bewusst nicht nach Mittelosteuropa transferieren, weil sie eine Ausstiegsoption aus dem Regulierungsrahmen ihrer Heimat suchen und beispielsweise der Mitbestimmung oder dem Kündigungsschutz in Deutschland »entkommen« wollen. So war beispielsweise die Ansiedlung der amerikanischen Automobilunternehmen in den mexikanischen Maquiladoras auch mit »Modellflucht«-Motiven verbunden. Die amerikanischen Unternehmen gaben die stark gewerkschaftlich organisierten Werke in Zentralmexiko auf und errichteten neue Werke in Nordmexiko, wo sie managementfreundliche Gewerkschaften etablieren konnten (vergleiche Rothstein 2004: 210). Für den Fall Mittelosteuropa bleiben die Befunde kontrovers:

In Bezug auf die Interessenvertretung der Arbeitnehmer stellen Tholen et al. (2006) fest, dass die Unternehmen Interesse an der Etablierung sozialpartnerschaftlicher Arbeitsbeziehungen nach deutschem Muster zeigen, während Dörrenbächer (2003), Fichter (2003) und Fichter et al. (2005) betonen, dass die Unternehmen das in Deutschland dominierende Muster »sozialpartnerschaftlicher« industrieller Beziehungen nicht nach Mittelosteuropa übertragen. Bluhm (2007) weist auf Unterschiede zwischen eher sozialpartnerschaftlich orientierten Großunternehmen und kleinen und mittleren Unternehmen (KMUs) hin. Während die starken Betriebsräte in Großunternehmen auf einen Transfer des sozialpartnerschaftlichen Modells nach Mittelosteuropa hinwirken, sind die Betriebsräte in KMUs zu schwach, um diese Rolle wahrzunehmen.

Im Hinblick auf die Bereitschaft der Unternehmen, in Qualifikationen der Beschäftigten zu investieren, verweisen Fichter et al. (2005) sowie Jürgens/Krzywdzinski (2007) auf die Tatsache, dass deutsche Unternehmen Kooperation mit lokalen Berufsschulen eingehen und Muster der Berufsausbildung aus Deutschland nach Mittelosteuropa transferieren. Bluhm (2007) sieht dagegen eher den Trend eines allgemeinen Rückzugs der Unternehmen in Mittelosteuropa aus der Berufsausbildung.

In Bezug auf die Bedeutung der Beschäftigungssicherheit betonen sowohl Fichter et al. (2005) als auch Bluhm (2007) den Modelltransfer aus Deutschland nach Mittelosteuropa: Deutsche Unternehmen setzen in Mittelosteuropa auf Beschäftigungssicherheit und die interne Flexibilität durch Arbeitszeit und durch qualifizierte Arbeitskräfte. Allerdings argumentieren Bohle und Greskovits (2005), dass es klare Branchenunterschiede gibt: Eine Welt der Beschäftigungssicherheit in Branchen wie Automobil- und Maschinenbau und eine Welt der unsicheren Beschäftigung in Branchen wie der Elektronikmontage oder der Textilherstellung.

Für westeuropäische Unternehmen der Automobilindustrie lässt sich zusammenfassend ein selektiver Transfer ihrer Arbeitsmodelle nach Mittelosteuropa feststellen – wenngleich die Literatur sehr unterschiedliche Konstellationen berichtet.

Wir werden in der folgenden Analyse die Entwicklung der Arbeitsmodelle in der europäischen Automobilindustrie vor dem Hintergrund zweier Idealtypen von Arbeitsmodellen interpretieren: dem *High-Road-* und dem *Low-Road-*Modell. Ein Arbeitsmodell verstehen wir als ein Bündel von komplementären Praktiken (Katz/Darbishire 2000: 10; MacDuffie 1995), die wir fünf zentralen Dimensionen zuordnen: Beschäftigungssicherheit, Flexibilität, Qualifizierung und Kompetenzentwicklung, Leistungsregulierung und Interessenvertretung der Beschäftigten. Das Arbeitsmodell ist Bestandteil des *Governance-*Kompromisses zwischen relevanten Akteuren im Unternehmen. Der *Governance-*Kompromiss sichert die Akzeptanz des Arbeitsmodells und seine Vereinbarkeit mit der Produktpolitik und Produktionsorganisation im Unternehmen (Boyer/Freyssenet 2002). Das Arbeitsmodell ist ein Konzept, das Praktiken auf der Unternehmensebene abbildet, die aber von bestimmten institutionellen Bedingungen abhängig sind.

Die Begriffe *High Road* und *Low Road* stammen aus der Diskussion über die Entwicklung von industriellen Distrikten. Sengenberger und Pyke (1992) unterschieden zwei Formen der Entwicklung von industriellen Distrikten im Kontext des globalen Wettbewerbs:

»The ›low road‹ to restructuring […] consists of seeking competitiveness through low labour cost, and a deregulated labour market environment. [...] The principal alternative to such ›destructive competition‹ is the ›high road‹ of constructive competition, based on efficiency enhancement and innovation; that is, through economic gains that make wage gains and improvements in social conditions feasible, as well as safeguarding workers' rights and providing adequate standards of social protection« (Sengenberger/Pyke 1992: 12-13).

Ein *High-Road-*Arbeitsmodell setzt auf ein hohes Niveau von Qualifikationen der Mitarbeiter, auf eine langfristige Personalentwicklung und auf gute Arbeitsbedingungen und hohe Löhne. Ein wichtiger Anreiz für langfristige Investitionen in Qualifikationen ist ein hohes Niveau der Beschäftigungssicherheit. Beschäftigungssicherheit setzt wiederum ein hohes Niveau interner Flexibilität (funktionale Flexibilität, Arbeitszeitflexibilität) voraus. Gute Arbeitsbedingungen und hohe Löhne erhöhen die Motivation der Mitarbeiter und erschließen Leistungspotentiale. Ein hohes Niveau der Einbeziehung der Beschäftigten und ihrer Interessenvertretung in Managemententscheidungen unterstützt die Bereitschaft zu Qualifizierung, Engagement und Flexibilität. In der Abbildung 2 werden diese Zusammenhänge illustriert. Zusammenfassend ist ein *High-Road*-Arbeitsmodell also langfristig und investiv gegenüber Qualifikationen und Arbeitsbedingungen der Beschäftigten orientiert.

Abbildung 2: High-Road- und Low-Road-Arbeitsmodelle

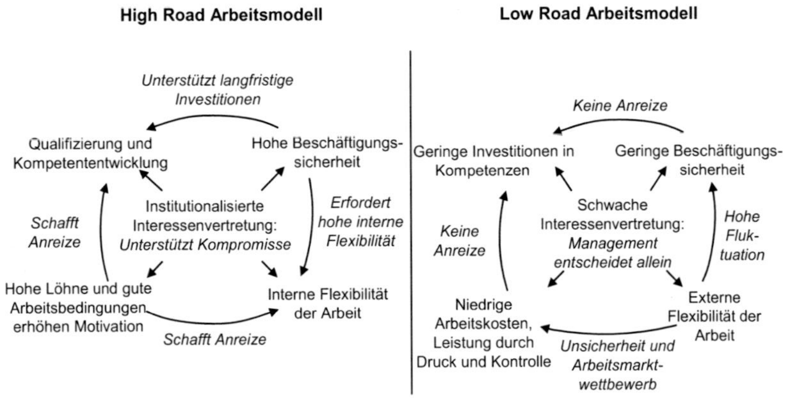

Quelle: Eigene Darstellung.

Eine *Low-Road*-Strategie setzt dagegen auf niedrige Arbeitskosten und den Einsatz von angelernten Arbeitskräften. Das niedrige Lohnniveau wird dabei nicht zuletzt durch die Beschäftigungsunsicherheit und die hohe Arbeitsmarktkonkurrenz zwischen angelernten Arbeitskräften aufrechterhalten. Das wichtigste Flexibilitätsinstrument ist die Anpassung der Anzahl der Beschäftigten (externe Flexibilität durch Entlassungen oder Leiharbeit (Abbildung 2). Leistung wird durch Druck und Kontrolle erreicht. Die niedrigen Löhne, schlechten Arbeitsbedingungen und die geringe Beschäftigungssicherheit bedeuten ein hohes Konfliktpotential. Um Konflikte zu begrenzen, sucht das Management die Schwächung oder Vermeidung der Interessenvertretung der Beschäftigten. Unter diesen Umständen sind langfristige Investitionen in Qualifikationen weder für das Unternehmen noch für die Beschäftigten rational.

High-Road- und *Low-Road-*Modelle können unterschiedliche Ausprägungen erhalten. Unter der Bezeichung »diversifizierte Qualitätsproduktion« (DQP) beschrieben beispielsweise Streeck und Sorge (1988) das in den 1980er Jahren in Deutschland entwickelte *High-Road-*Modell und seine Komplementaritäten. Der Kern der DQP war die Verbindung einer Spezialisierung auf hochwertige Produkte, die in einem Qualitäts- und nicht in einem Preiswettbewerb stehen, mit spezifischen Formen der Gestaltung von Arbeit und Beschäftigung (Streeck 1991; Jürgens/Naschold 1994). Die Grundlagen der DQP waren das deutsche duale Ausbildungssystem, welches für hohe Investitionen in die Qualifikationen der Mitarbeiter sorgte, und eine starke Interessenvertretung der Beschäftigten in Unternehmen, die hohe Beschäftigungssicherheit bei gleichzeitiger Akzeptanz betrieblicher Rationalisierungsprozesse garantierte.

Die *High-Road-* und *Low-Road-*Modelle sind aber nicht mit bestimmten Varianten des Kapitalismus gleichzusetzen. Es kann *High-Road-*Modelle in Unternehmen und Branchen unter unterschiedlichen nationalen institutionellen Bedingungen geben, wenngleich die »koordinierten Marktgesellschaften« wie Deutschland, Japan oder Schweden besonders günstige institutionelle Rahmenbedingungen für *High-Road-*Modelle bieten (Aoki 1984; Hall/Soskice 2001).

Bei der Analyse der Arbeitsmodelle werden wir daher auf zwei Ebenen vorgehen. Wir werden zum ersten die Möglichkeits- und Anreizstrukturen untersuchen, die die Institutionen der Arbeitsregulierung für Unternehmen schaffen. Wir werden zum zweiten die Praxis der Unternehmen analysieren, die innerhalb der institutionell definierten Möglichkeitsräume durchaus sehr unterschiedliche Formen annehmen kann.

3. Niedriglohnländer in Prozessketten der Automobilindustrie

3.1 Automobilproduktion in den Niedriglohnländern

Seit Beginn der 1990er Jahre hat eine bemerkenswerte Expansion der Automobilproduktion in Niedriglohnländern stattgefunden. In diesem Kapitel wollen wir als Einleitung für die Analyse der Entwicklung in Europa die Bedeutung der Niedriglohnländer für Hersteller aus Europa, den USA und Japan diskutieren.

Es ist nicht eindeutig, ab wann ein Land als ein Niedriglohnland bezeichnet werden kann. Im Folgenden gebrauchen wir diese Bezeichnung vor allem für Staaten, deren Löhne mindestens 50 Prozent unter dem Lohniveau Deutschlands liegen. Das ist der Fall in Mittelosteuropa (Polen, Tschechien, Ungarn, Slowakei), Südosteuropa (Rumänien, Bulgarien), Osteuropa (Russland, Ukraine), Türkei, Latein- und Südamerika sowie Asien mit der Ausnahme Japans. Für die westeuropäische Automobilindustrie war zudem die iberische Halbinsel der erste wichtige Niedriglohnstandort. Während Portugal allerdings bis heute ein Niedriglohnland geblieben ist, hat sich das Lohnniveau in Spanien in den 2000er Jahren bis auf etwa 60 bis 70 Prozent des deutschen Niveaus erhöht. Aufgrund der Vergangenheit als zentraler Niedriglohnstandort für die europäische Automobilindustrie werden wir jedoch Spanien in unseren Darstellungen zu den Niedriglohnländern zählen.

Wie Abbildung 3 zeigt, hat die Automobilproduktion in Niedriglohnländern zwischen 1990 und 2007 stark zugenommen. Die Produktion der Endhersteller aus der EU, den USA und Japan (Triade-Staaten) in Niedriglohnländern stieg um 251 Prozent auf 19 Millionen Fahrzeuge. Die lokalen Automobilproduzenten aus Niedriglohnländern konnten ihre Produktion um 36 Prozent auf gut sechs Millionen Fahrzeuge erhöhen. Die Automobilproduktion in Hochlohnländern ist zwar mit 43 Millionen Fahrzeugen im Jahr 2007 immer noch fast doppelt so hoch wie die gesamte Produktion in Niedriglohnländern, ihr Wachstum aber mit 5 Prozent von 1990 bis 2007 sehr gering.

Die 2008 ausgebrochene Weltwirtschaftskrise hat die Bedeutung der Niedriglohnländer als Produktionsstandorte der Automobilindustrie noch weiter verstärkt. Während im Jahr 2008 die Produktion in den USA um 19 Prozent, in Italien um 20 Prozent, in Frankreich um 15 Prozent sowie in Deutschland um 3 Prozent einbrach und in Japan stagnierte, wuchs 2008 die Automobilproduktion in Brasilien und Russland um 8 Prozent, in China und in Mittelosteuropa jeweils um 5 Prozent sowie in Indien um 3 Prozent (OICA 2008). 2008 prognostizierte PriceWaterhouseCoopers für die Automobilindustrie in den *Emerging Markets* ein Wachstum der Produktionskapazitäten um 74 Prozent von 2007 bis 2015, während für die »mature markets« im gleichen Zeitraum eine Abnahme um 11 Prozent vorausgesagt wurde.

Abbildung 3: Automobilproduktion in Hochlohn- und Niedriglohnländern 2007, in Millionen Fahrzeugen (in Prozent Veränderung gegenüber 1990)

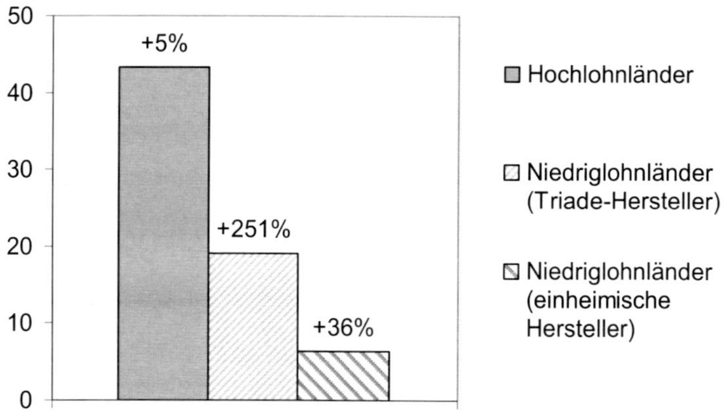

Quelle: Eigene Berechnungen nach VDA International Auto Statistics. Als Triade-Hersteller werden amerikanische, europäische, japanische und koreanische Unternehmen bezeichnet.

Hinter dem dargestellten Wachstum der Produktion von Triade-Herstellern in Niedriglohnländern verbergen sich zwei unterschiedliche Grundmotive mit unterschiedlichen Konsequenzen für die Hochlohnstandorte: Zum ersten handelt es sich um Markterschließung, die nur insofern eine Verlagerungsgefahr für die Hochlohnstandorte impliziert, als bisherige

Exporte in diese Länder durch Produktion vor Ort abgelöst werden; zum zweiten handelt es sich um die Errichtung von Niedriglohnstandorten für den Export auf den Heimatmarkt der Unternehmen – dieses Motiv der Expansion in Niedriglohnländern birgt große Verlagerungsgefahren für Hochlohnstandorte.

Die empirische Unterscheidung von Markterschließungs- und Verlagerungsmotiven ist nicht einfach, da bei vielen Investitionsentscheidungen beide Motive eine gewisse Rolle spielen. Im Fall der Automobilindustrie und im Unterschied etwa zur Elektronikbranche (Lüthje et al. 2002) bietet allerdings die geographische Nähe zu den Hochlohnstandorten einen ersten Anhaltspunkt für die Interpretation der Investitionsmotive. Investitionen in geographisch weit entfernten Regionen sind, vor allem wenn Zollschranken bestehen, überwiegend durch Markterschließungsmotive gekennzeichnet. Aus diesen Markterschließungsmotiven waren die US-amerikanischen *Big Three* (GM, Ford, Chrysler) bereits seit Anfang des 20. Jahrhunderts auf den süd- und lateinamerikanischen Märkten, insbesondere in Brasilien und Mexiko, präsent (Bonin et al. 2003; Rothstein 2004; Neliba 2000; Wilkins/Hill 1964). Die japanischen Hersteller hatten seit den 1960er Jahren Werke in Malaysia, Taiwan, Indonesien und Thailand aufgebaut, um sich den Marktzugang zu sichern und protektionistischen Maßnahmen zu entgehen (Shimokawa 1994 und 2004; Shimizu 2003; Doner 1991). VW errichtete bereits in den 1950er Jahren Standorte in Südamerika und Afrika, wobei Brasilien und Mexiko eine besonders wichtige Rolle spielten (Doleschal 1987; Dombois 1987; Pries 1999). Im Jahr 1984 war VW zudem das erste ausländische Automobilunternehmen in China (Posth 2006). Nur den französischen Herstellern misslang über eine lange Zeit die Expansion außerhalb Europas (Freyssenet 2003; Loubet 2003).

Als Exportplattform für den Heimmarkt und damit als potentieller Zielort für Verlagerung kommen dagegen vor allem Niedriglohnperipherien in direkter Nachbarschaft der Hochlohnregionen in Frage, vor allem wenn sie sich in einem gemeinsamen Wirtschaftsraum mit den Hochlohnländern befinden. Für die europäische Automobilindustrie wurden Spanien und Portugal durch die Liberalisierung in den 1970er und den Beitritt zur Europäischen Wirtschaftsgemeinschaft EWG in den 1980er Jahren zu dem ersten wichtigen Niedriglohnstandort für den Export auf die westeuropäischen Märkte. GM, Ford, Renault und PSA eröffneten neue Werke in Spanien und Portugal, Volkswagen übernahm den spanischen Hersteller Seat. Die Arbeitskosten pro Stunde lagen in Spanien in den 1970er und

1980er Jahren bei etwa 50 Prozent des Niveaus in Deutschland (Pallares-Barbera 1998: 350); mittlerweile ist das Lohnniveau in Spanien allerdings gestiegen. In den 1990er Jahren wurde die iberische Halbinsel durch Mittelosteuropa in der Funktion der zentralen Niedriglohnperipherie abgelöst. Mit einem Lohnniveau von etwa 10 bis 20 Prozent der Löhne in Deutschland wurde Mittelosteuropa zu einem wichtigen Produktionsstandort, von dem aus die westeuropäischen Märkte bedient werden. Wir werden in den folgenden Kapiteln die Entwicklung der Automobilindustrie in Mittelosteuropa genauer analysieren.

Für die US-amerikanische Automobilindustrie wurde seit den 1980er Jahren Mexiko zu der wichtigsten Niedriglohnplattform für den Export auf den heimischen Markt. Die US-Hersteller nutzten zwar bereits seit dem *US-Canada Auto Pact* von 1965, der Zollschranken zwischen beiden Staaten beseitigte, kanadische Standorte für den Export auf den US-Markt. Kanada besaß bis in die 1990er Jahre immerhin einen bis zu 30-prozentigen Arbeitskostenvorteil gegenüber den USA (Roberts/Smith 1992; Studer 2004). Die Liberalisierung des Handels mit Mexiko schuf jedoch in den 1980er Jahren eine neue Qualität der Niedriglohnproduktion für den US-Markt. In den 1980er und 1990er Jahren betrugen die Kosten einer Arbeitsstunde im Industriesektor in den Maquiladoras 10 bis 15 Prozent einer Arbeitsstunde in der Industrie (U.S. Bureau of Labor Statistics, ftp://ftp.bls.gov/pub/special.requests/ForeignLabor/pwusdmexmaq.txt). Die *Big Three* begannen im Norden Mexikos mit dem Aufbau von Exportwerken für den US-Markt (Rubenstein 2001: 162f). Die neuen Werke sollten Kostenvorteile sichern und waren eine Antwort auf das Scheitern der Restrukturierung der seit den 1930er Jahren existierenden Werke in Zentralmexiko. Ford und GM sowie ihre Zulieferer hatten in den 1980er Jahren in ihren zentralmexikanischen Werken mit Hilfe des Staates Kollektivvereinbarungen ausgehandelt, die das Lohnniveau senkten und die Rechte der Interessenvertretungen in den Betrieben beschränkten. Diese von den Gewerkschaften akzeptierten Verträge führten jedoch zur Entstehung von neuen *Grass-Roots*-Gewerkschaften und (manchmal gewalttätigen) Konflikten (Rothstein 2004; Bensusan 2000), im Zuge derer die amerikanischen Unternehmen ihre Werke in Zentralmexiko schlossen und stattdessen neue Werke in der Grenzregion zu den USA eröffneten.

Nur die japanischen Hersteller nutzen im Unterschied zu US-amerikanischen und europäischen Unternehmen die benachbarten Niedriglohnländer in Ost- und Südostasien kaum für Exporte nach Japan. Ein wichtiger Grund ist das im Vergleich zur EU und zur NAFTA viel niedrigere Niveau regionaler Integration in Südostasien (Shimokawa 2004).

Tabelle 3 stellt die quantitative Bedeutung der Niedriglohnperipherien für deutsche, französische, US-amerikanische und japanische Automobilhersteller dar. Betrachtet man zuerst den gesamten Anteil der Niedriglohnproduktion, so ist sie mit 40 bis 50 Prozent am höchsten bei den französischen und deutschen Herstellern, während US-amerikanische und japanische Produzenten deutlich weniger ihrer Gesamtproduktion an Niedriglohnstandorten herstellen.

Tabelle 3: Produktion deutscher, französischer, US-amerikanischer und japanischer OEMs in Niedriglohnländern, 2007

	Deutsche Hersteller	Franz. Hersteller	US Hersteller	Japan. Hersteller
Gesamtproduktion (in Mio. Fahrzeugen)	10,2	5,6	16,0	21,0
Produktion im Herkunftsland (in Prozent)	45,3%	45,8%	42,6%	51,8%
Produktion in Niedriglohnländern (in Prozent)	42,3%	47,5%	26,4%	18,3%
Davon				
Osteuropa und Türkei	*10,5%*	*18,3%*	*3,7%*	*2,8%*
Iberische Halbinsel	*8,0%*	*18,3%*	*5,6%*	*1,1%*
Asien (ohne Japan)	*10,1%*	*3,8%*	*3,7%*	*10,4%*
Latein-/Südamerika	*13,8%*	*7,1%*	*13,3%*	*3,9%*

Quelle: Eigene Berechnungen nach VDA, International Auto Statistics.

Auch im Hinblick auf die Nutzung von Niedriglohnperipherien, die in direkter Nachbarschaft der Hochlohnländer liegen und als Exportplattformen für die heimischen Märkte der Produzenten dienen, liegen französische und deutsche Hersteller vor den US-amerikanischen und japanischen. Für die französischen und deutschen Hersteller sind vor allem die Niedriglohnstandorte in Osteuropa und auf der iberischen Halbinsel relevant – wenngleich Spanien aus dem Status eines Niedriglohnstandorts herausgewachsen ist. Französische Hersteller produzieren hier 37 Prozent ihrer Gesamtproduktion, deutsche Unternehmen gut 18 Prozent. Für US-Hersteller ist vor allem die Produktion in Mexiko und in zweiter Reihe die Produktion in weiteren südamerikanischen Ländern relevant. Sie beträgt zirka 13 Prozent der Gesamtproduktion der US-Hersteller. Für die japanischen Hersteller könnten schließlich die benachbarten asiatischen Länder als Niedriglohnstandorte für die Belieferung des japanischen Marktes dienen. Japanische Unternehmen produzieren hier 10 Prozent ihrer Gesamtproduktion. Allerdings ist der Löwenanteil dieser Produktion auf die lokalen Märkte vor Ort ausgerichtet. Im Unterschied zu europäischen und US-amerikanischen Unternehmen beliefern japanische Hersteller ihren Heimatmarkt bislang kaum von Niedriglohnstandorten.

3.2 Restrukturierung der Zulieferer

Die Globalisierung der Automobilhersteller wirkte sich auch auf die Zulieferer aus. Die Automobilhersteller forderten ihre wichtigsten Zulieferer auf, ihnen an die neuen Standorte in Niedriglohnländern zu folgen – ein Prozess, der als *Follow Sourcing* bezeichnet wird (Pries 1999; Salerno et al. 1999). Zugleich begannen die Automobilhersteller Druck auf die Zulieferer auszuüben, weltweit nach günstigen Produktionsstandorten zu suchen, und lockerten die Beziehungen zu ihren eingestammten nationalen Zulieferern, indem sie die Zusammenarbeit mit ausländischen Zulieferunternehmen und den globalen Einkauf von Komponenten verstärkten – ein unter den Namen *Global Sourcing* bekannter Prozess. Dieser »Zwang« zur Globalisierung initiierte eine Welle von Übernahmen und die Entstehung von großen »Mega-Zulieferern«, die den Globalisierungsprozess stemmen konnten.

Der Druck auf Zulieferer, ihre Standortstruktur entsprechend der Entwicklung bei den Automobilherstellern zu globalisieren, überlappte sich mit weiteren Entwicklungen: dem *Outsourcing* der Komponentenfertigung durch die Endhersteller an Zulieferer und der Modularisierung der Fahrzeugkomponenten (Fixson et al. 2005). Auch die Modularisierung begünstigte den Trend zu »Mega-Zulieferern«, denn nur eine kleine Anzahl weltweit tätiger Akteure verfügt über die erforderlichen Entwicklungsfähigkeiten für die Module und zugleich über die Möglichkeiten, den anhaltenden

Kostendruck der Automobilhersteller aufzufangen.[3] Die Herausbildung der »Mega-Zulieferer« vollzog sich auf regional und national unterschiedlichen Pfaden. Im Folgenden zeichnen wir wichtige Entwicklungen nach.

Die US-amerikanischen Endhersteller gehörten bis in die 1980er Jahre zu den am stärksten vertikal integrierten Unternehmen. In der ersten Hälfte des 20. Jahrhunderts fertigten sie fast alle Teile der Automobile selbst, aber auch noch in den 1990er Jahren stellten GM zwei Drittel, Ford die Hälfte und Chrysler ein Drittel ihrer Teile selbst her (Rubenstein 2001: 57; Lung/Bordenave 2003). Eingekauft wurden nur einfache Teile wie Reifen, Spiegel oder Stoßfänger. Die Diskussion über *Lean Production* und Kernkompetenzen führte in den 1990er Jahren zu der Ausgliederung und dem Verkauf der Komponentenproduktion (Rubenstein 2001). GM gliederte 1994 seine Getriebe-, Achsen- und Schmiedewerke an das neu geschaffene Unternehmen American Axle aus, das noch 2007 zu den zwanzig größten amerikanischen Zulieferern zählte. Im Jahr 1994 wurde die Sparte Elektromotoren als Delco Remy verselbständigt; 1996 wurden Teile der Interior Sparte an das neu geschaffene Unternehmen Peregrine verkauft, das 1999 Bankrott erklären musste und teilweise von der Lear Corporation übernommen wurde; die verbleibenden Sitzewerke wurden 1998 direkt an Lear verkauft; die Lighting Division wurde 1998 als *Management-buy-out* an das neu geschaffene Unternehmen Guide Corporation veräußert. Am wichtigsten war jedoch die Zusammenfassung der bei GM verbleibenden Teileproduktion zu Delphi 1995 und die Verselbständigung Delphis im Jahr 1999, wodurch der größte Zulieferkonzern der Welt geschaffen wurde. Einen ähnlichen Weg ging Ford. Das Unternehmen verkaufte in den 1990er Jahren eine Reihe von Werken an externe Zulieferer, fasste seine Teileproduktion 1997 zusammen und verselbständigte diese unter dem Namen Visteon im Jahr 2000.

Delphi und Visteon fanden sich in einer schwierigen Situation wieder. Ihr Produktportfolio entsprach nicht strategischen Überlegungen, sondern enthielt all jene Komponentensparten, die GM und Ford nicht an andere Zulieferer verkaufen wollten oder konnten. Beide Unternehmen waren in

3 Parallel zu dieser Entwicklung findet eine Spezialisierung von Unternehmen auf spezifische Funktionen in der Wertschöpfungskette statt. Während früher die Automobilhersteller die Wertschöpfungskette von den Basistechnologien über die Komponenten bis hin zur Montage direkt oder indirekt dominierten, finden wir jetzt Gruppen von Firmen, die sich auf spezifische Teile und Technologien spezialisiert und dabei zu wichtigen Entwicklungspartnern der Endhersteller aufsteigt.

höchstem Grad von ihren Mutterkonzernen abhängig und lieferten zum Zeitpunkt ihrer Verselbständigung 80 bis 90 Prozent ihrer Produktion an ihre Mutterfirmen (Rubenstein 2001). Ihre Ausgliederung fand in einer Situation statt, in der die Verkaufszahlen ihrer Mutterkonzerne anfingen zu sinken. Die Verkäufe der *Big Three* waren in den 1990er Jahren von Pickups und SUVs getragen worden. Die Nachfrage nach diesen Fahrzeugen begann seit Anfang der gegenwärtigen Dekade drastisch zu sinken. Fords Produktion in den USA und in Kanada sank zwischen 2002 und 2007 von 3,7 auf 2,5 Millionen Fahrzeuge, im Falle GMs reduzierte sie sich von 5,1 auf 3,8 Mio (VDA, International Auto Statistics).

GM und Ford erwarteten, dass Delphi und Visteon nach einer Übergangszeit von wenigen Jahren mit anderen Zulieferern um Aufträge konkurrieren würden. Allerdings war das Kostenniveau bei Delphi und Visteon viel höher als bei anderen Zulieferern, denn bei den Verhandlungen über die Ausgliederung der Zuliefersparten hatte die Gewerkschaft United Automobile Workers (UAW) erreicht, dass Delphi und Visteon das Tarifniveau von GM und Ford übernahmen und dass die Mutterkonzerne eine Rückkehrgarantie für die Beschäftigten und eine Garantie der Renten und Krankenversicherungsprogramme im Falle einer Insolvenz der ausgegliederten Zulieferer abgaben (McAlinden 2004).

Delphi und Visteon mussten also ihr Produktportfolio umstrukturieren und radikale Kostensenkungen zu einer Zeit erreichen, in der ihre Mutterkonzerne die Nachfrage zurückfuhren. Sie reagierten mit drei verschiedenen Antworten (zu Visteon vergleiche Pfannschmidt 2007): Zum ersten versuchten sie, durch Übernahmen ihre Kundenbasis zu verbreitern und ihre Produktpalette zu verändern. Die Übernahmen fanden vor allem auf dem europäischen Markt statt.[4] Zum zweiten begannen die Unternehmen einen Prozess der Verlagerung in Niedriglohnländer, um Kosten zu reduzieren. Zum dritten erreichten sie Konzessionen von der UAW. Im Jahr 2003 akzeptierte die UAW zum ersten Mal die Einführung eines zweigliedrigen Entgeltsystems bei Delphi und Visteon, das für Neueinstellungen etwa 50 Prozent niedrigere Löhne als bei den bereits vorhandenen

4 So kaufte Delphi im Jahr 2000 die Dieselsparte des kurz davor von TRW übernommenen britischen Unternehmens Lucas; ebenfalls im Jahr 2000 übernahm es Automotive Products Distribution Systems, einen europäischen *aftermarket*-Lieferanten; 2001 übernahm es die Elektroniksparte von Eaton mit Standorten in Nordamerika und Europa; 2003 erwarb Delphi Grundig Car Media Systems, einen europäischen Lieferanten von Audio- und Telematiksystemen; 2004 wurde Dynamite Nobel AIS übernommen, ein europäischer Hersteller von Zündanlagen.

Arbeitskräften sowie niedrigere Krankenversicherungsleistungen vorsah (McAlinden 2004). Auch das konnte allerdings die Verschlechterung der Situation des Unternehmens nicht verhindern: 2005 beantragte Delphi Gläubigerschutz nach dem US-amerikanischen Insolvenzrecht (*Chapter 11*). Angesichts der Zuspitzung der Krise stimmten 2007 die Beschäftigten bei Delphi in einer Abstimmung der Absenkung des Entgeltniveaus für alle Beschäftigten auf etwa 50 Prozent des bisherigen Standes zu. Erst Ende 2009 konnte Delphi das Insolvenzverfahren wieder verlassen.

Der Rückgang der Produktion der *Big Three*, die Abwälzung des Kostendrucks durch die Automobilhersteller auf die Zulieferer trafen auch andere amerikanische Zulieferer und führten zu einem Übernahme- und Konzentrationsprozess (Rubenstein 2001: 96). Die dabei entstehenden Großzulieferer wie Lear oder TRW reagierten auf die Probleme der US-amerikanischen Endhersteller mit einer Verlagerung der Produktion in Niedriglohnländer und mit einem offensiven Expansionsprozess auf dem europäischen Markt, um Zugang zu neuen Kunden und Zugriff auf neue Technologien zu gewinnen (EMCC 2004a). Parallel dazu hatte eine Verlagerung aus den Kernregionen der US-amerikanischen Automobilindustrie im Norden in den gewerkschaftlich nicht organisierten und von niedrigen Löhnen gekennzeichneten Süden der USA stattgefunden (Klier/ Rubenstein 2008). Der Prozess der Verlagerung überschnitt sich mit dem durch Übernahmen vorangetriebenen Konzentrationsprozess. Die Zulieferer dehnten ihre Beschäftigung und Standortbasis in Hochlohnländern durch die Übernahme kleinerer Zulieferer aus und bauten zugleich Produktionsstätten in Niedriglohnländern auf. Auf diese doppelte Expansion folgte eine Phase der Rationalisierung: Um potentielle Synergiegewinne bei den Übernahmen abzuschöpfen, wurden nun Produktionsstätten in Hochlohnländern geschlossen oder die Beschäftigung zumindest reduziert.

Die Entwicklung der *deutschen Zulieferer* unterscheidet sich etwas vom US-amerikanischen Fall. Die deutschen Automobilhersteller waren schon vor den 1990er Jahren deutlich weniger vertikal integriert als die US-Firmen. Es bestand eine leistungsfähige Zuliefererbasis von vielen mittelständischen und einigen großen Unternehmen, die eine zentrale Rolle bei Innovationsprozessen der Kerntechnologien des Automobils spielten. Ein herausragendes Beispiel ist die Firma Bosch, die die elektronisch gesteuerte Benzineinspritzung, die elektronische Dieselregelung und das Antiblockiersystem ABS entwickelt hatte (Jürgens/Meissner 2005).

Auch die deutschen Zulieferer setzten in den 1990er Jahren auf Wachstum durch Übernahmen. Die Branchenzeitschrift *Automobil-Produktion* zählte zwischen 1996 und 2004 zwischen 30 und 60 Übernahmen von deutschen Zulieferern jährlich, mit steigendem Trend (Martini 2005). Der größte deutsche Zulieferer Bosch übernahm das Bremsgeschäft von der US-Firma Allied Signal und wurde dadurch neben seinem Hauptaktivitätsfeld der Motorkomponenten auch zu einem der wichtigsten Anbieter von Bremssystemen. Zudem wurde ein Gemeinschaftsunternehmen mit dem deutschen Zulieferer ZF zur Herstellung von Lenksystemen gebildet. Das Beispiel einer besonders aggressiven Übernahmestrategie war Continental. Bis Ende der 1980er Jahre war Continental ein auf die Herstellung von Reifen sowie von Kunststoff- und Kautschukkomponenten spezialisierter Zulieferer. Das Unternehmen hatte bereits seit den 1970er Jahren eine Reihe von Reifen- und Kunststoffteileherstellern in Europa und den USA übernommen und wurde in den 1990ern zu einem der weltweit größten Hersteller von Reifen und Kunststoffteilen. Ende der 1990er Jahre expandierte Continental in die Bereiche Fahrzeugelektronik, Powertrain- und Bremssysteme und wurde zu einem der weltweit größten Automobilzulieferer. Das Unternehmen übernahm den Fahrzeugelektronikzulieferer Temic, die Automobilelektroniksparte von Motorola, den deutschen Anbieter von Brems- und Chassiskomponenten Teves, einige kleinere japanische Zulieferer von Bremskomponenten und Radsensoren sowie schließlich die Automobilsparte von Siemens, deren wichtigste Kompetenzen die Automobilelektronik und Antriebsstrangkomponenten waren. Im Jahr 2008 wurde Continental selbst in einem überraschenden Coup durch den deutschen Zulieferer Schaeffler übernommen – und durch das Zusammenfallen der kreditfinanzierten Übernahme mit der Weltwirtschaftskrise in Insolvenzgefahr gebracht.

Im Zuge des Konzentrationsprozesses begannen die deutschen Automobilzulieferer ihre Standortbasis zu globalisieren. Dabei gab es in den 1990er Jahren zwei zentrale Richtungen der Expansion: Zum ersten der Aufbau von Standorten in Niedriglohnländern und zum zweiten die Übernahme von Unternehmen in den USA, um Zugang zum nordamerikanischen Markt zu bekommen (Laigle 2003: 203). Im Fall des größten deutschen Automobilzulieferers Bosch war bis Ende der 1980er Jahre Frankreich der wichtigste Auslandsstandort. In Indien und Brasilien befanden sich nur kleine Standorte, die Dieselmotorkomponenten für die einheimische Nutzfahrzeugproduktion herstellten. Als Niedriglohnstandorte für den Export auf die Triademärkte wurden vor allem Spanien und (für Elektronikbaugruppen) Malaysia genutzt. Ein mexikanischer Standort für Elektronikausrüstung befand sich im Aufbau. Im Laufe der 1990er Jahre expandierte die Produktion und Beschäftigung in Niedriglohnländern, vor allem in Mexiko, Mittelosteuropa und Südostasien (Jürgens/Meissner 2005).

Das besonders starke Wachstum in Mittelosteuropa lässt sich bei den meisten deutschen Automobilzulieferern feststellen, wie Abbildung 4 zeigt. Die Zahl der Standorte in Mittelosteuropa ist deutlich schneller gewachsen als in allen anderen Regionen.

Abbildung 4: Produktionsstätten deutscher Zulieferer im Ausland, 1988 und 2004

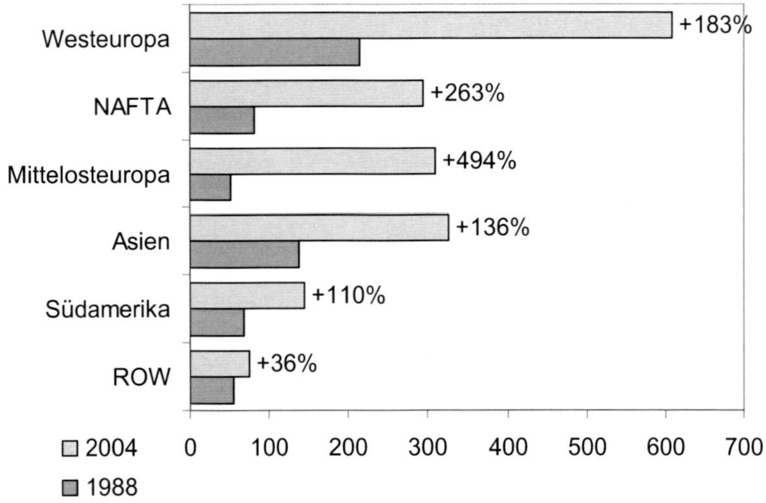

Quelle: Eigene Darstellung nach Automobil-Produktion, 14.6.2005.

Die Internationalisierung *japanischer Zulieferer* ist bislang wenig erforscht. In einer Studie der Toyota-Zulieferer argumentiert Guiheux (1999), dass das grundlegende Motiv der Zuliefererinternationalisierung das *Follow Sourcing* der Endhersteller war; die Erschließung des Zugangs zu neuen Kunden oder die Suche nach niedrigen Kosten hätten dagegen eine untergeordnete Bedeutung gehabt. Dementsprechend begann die Globalisierung der japanischen Zulieferer in den 1960er und 1970er Jahren in Asien. In den 1980er Jahren folgten die Zulieferer den Endherstellern in die USA (Mair et al. 1988), in 1990er Jahren nach Europa (Jones/North 1991). Guiheux betont (1999), dass die japanischen Zulieferer immer noch weniger internationalisiert seien als US-amerikanische oder europäische Firmen: 1998 waren zwei Drittel der Produktion der drei größten Toyota-Zulieferer in Japan lokalisiert. Importe von Komponenten aus Asien machten Mitte der 1990er Jahre weniger als ein Prozent des Einkaufswerts von Toyota in Japan aus (Guiheux 1999: 108). Eine von den Automobilherstellern unabhängige Globalisierung vollziehen nur besonders starke Zulieferer, wie der wichtigste Toyota-Zulieferer Denso (Shimokawa 1998).

Die Verlagerung der Komponentenproduktion aus Hochlohn- in Niedriglohnländer muss sich in einem Anstieg der Komponentenimporte in den Hochlohnländern ausdrücken, wenngleich umgekehrt nicht jeder Anstieg der Vorleistungsimporte auf Verlagerung zurückzuführen ist (Mattila/Strandell, 2006: 15).[5] Mit gewisser Vorsicht können wir also die Außenhandelsstatistik für Automobilkomponenten als Indikator des Wandels nutzen. Die USA und Deutschland zeigen einen vergleichbaren Wandel und ein ähnliches Niveau der Komponentenimporte, was dafür spricht, dass sich die Prozesse der Internationalisierung der Zulieferer und der Verlagerung von Produktion in beiden Ländern ähneln. Sowohl in den USA als auch in Deutschland kam es zwischen 1996 und 2006 zu mehr als einer Verdopplung der Komponentenimporte auf etwa 6.000 US-Dollar pro Fahrzeug, wie Abbildung 5 zeigt. Auffallend ist der Unterschied zu Japan. In Japan verdreifachten sich im gleichen Zeitraum die Komponentenimporte, allerdings auf ein sehr niedriges Niveau von knapp 800 US-Dollar pro Fahrzeug. Offensichtlich sind die Rückwirkungen der Internationalisierung der japanischen Zulieferer auf ihre Heimatstandorte und insbesondere die Verlagerung der Komponentenproduktion in Niedriglohnländer noch deutlich geringer als im Falle der amerikanischen und europäischen Unternehmen. Ein wichtiger Grund sind die unterschiedlichen Formen der regionalen Integration in Europa, Nordamerika und Asien. Im

5 Ein spezielles Problem der Außenhandelsdaten ist die sogenannte Asymmetrie der Außenhandelsstatistiken (vergleiche Statistisches Bundesamt 2007). In der Praxis stimmen oft die von verschiedenen Ländern gesammelten Daten über ihre gegenseitige Handelsverflechtung nicht exakt überein, obwohl spiegelbildliche Ergebnisse erwartet werden müssten. Der wichtigste Grund für die Datenunschärfen sind unterschiedliche Partnerlandangaben beim Handel. Sie kommen bei Exporten dadurch zustande, dass der Exporteur manchmal das endgültige Bestimmungsland der Ware nicht kennt; bei Importen wiederum gibt es unterschiedliche Praktiken, ob das ursprüngliche Herkunftsland der Ware oder das letzte Versendungsland erfasst wird.

Vergleich zur EU und zur NAFTA ist die Integration innerhalb der ASEAN (*Association of Southeast Asian Nations*) sehr begrenzt geblieben. Viele südostasiatische Länder haben versucht, durch Marktzugangsbeschränkungen ihre nationale Automobilindustrie zu fördern (Humphrey/ Memedovic 2003: 15 und Shimokawa 2004), was die Herausbildung länderübergreifender Produktionsnetzwerke erschwert hat.

Abbildung 5: Komponentenimporte pro Fahrzeug in Deutschland, den USA und Japan, 1996 und 2006, in US-Dollar

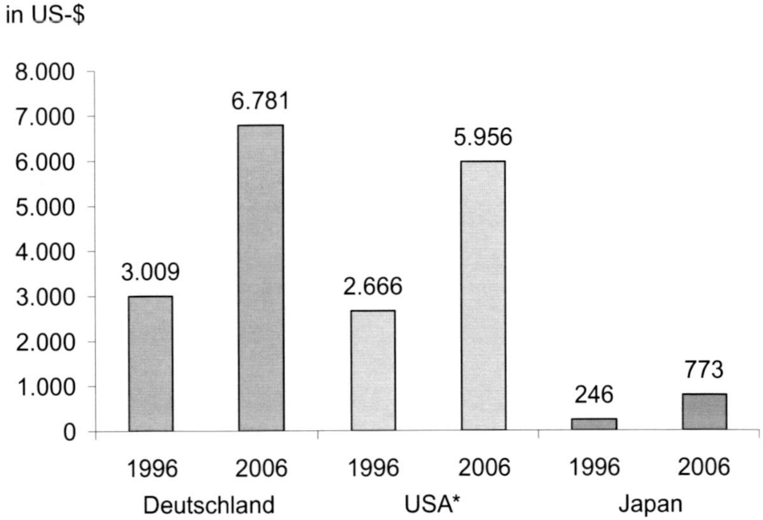

Quelle: Eigene Berechnungen nach OECD, Außenhandelsstatistik und VDA, International Auto Statistics. * Bei den USA keine Angaben für Wiring Sets (HS 854430) im Jahr 1996.

Während das Niveau der Komponentenimporte in Japan deutlich geringer ist als in europäischen Staaten und den USA, ist bei den Herkunftsländern der Importe in allen drei Triaderegionen der gleiche Trend zu beobachten, wie Abbildung 6 illustriert: Niedriglohnländer gewinnen an Bedeutung und liefern Mitte der 2000er Jahre um die 40 bis 50 Prozent der Importe, während es Mitte der 1990er Jahre noch etwa 30 Prozent waren – ein Hinweis auf Verlagerungsprozesse. Dabei wird fast immer nur die »nahe« Niedriglohnperipherie genutzt, das heißt die mittelosteuropäischen Länder und die iberische Halbinsel von der deutschen Automobilindustrie, Südostasien von der japanischen Automobilindustrie und Lateinamerika von der US-amerikanischen Automobilindustrie. Das entspricht dem in der Forschungsdebatte zur Internationalisierung der Automobilindustrie betonten Trend der Entwicklung regionaler Fertigungsverbünde in Europa, Nordamerika und Südostasien (Freyssenet et al. 2003a und 2003b; Carrillo et al. 2004). Nur im Falle der USA gelingt es einer entfernten Niedriglohnregion, nämlich Südostasien (vor allem China), einen relevanten Anteil der Komponentenimporte zu liefern. Bei den Importen handelt es sich vor allem um Motor- und Elektronikkomponenten.

»Production of relatively bulky, low-value interior and exterior systems has been less likely to leave the United States. Instead, motor vehicle parts imports have grown for both, high-value powertrain modules (e.g., complete engines and transmissions) and low-value, high-labor-content routine electronics parts« (Klier/ Rubenstein 2008: 358).

Abbildung 6: Anteil von Niedriglohnregionen an den Automobilkomponentenimporten Deutschlands, der USA und Japans, 1996 und 2006, in Prozent

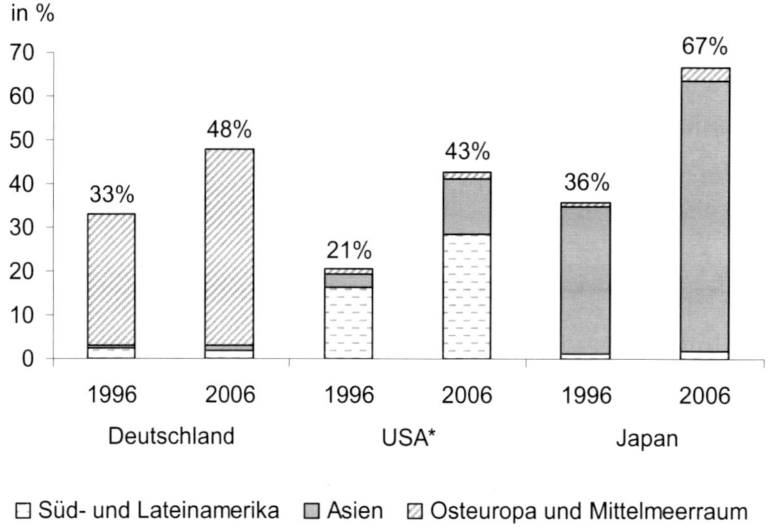

Quelle: Eigene Berechnungen nach OECD, Außenhandelsstatistik und VDA, International Auto Statistics. * Bei den USA keine Angaben für Wiring Sets (HS 854430) für das Jahr 1996.

Zusammenfassend lässt sich also feststellen, dass es in Nordamerika und Europa einen Prozess der Integration der Niedriglohnländer in die Produktionsnetzwerke der Automobilindustrie gibt, der auch Produktionsverlagerungen einschließt (vergleiche auch Nunnenkamp/Spatz 2002). Deutlich weniger fortgeschritten ist dieser Prozess in Südostasien. Die japanische Automobilindustrie importiert einige arbeitsintensive Produkte wie etwa Kabelbäume aus den südostasiatischen Niedriglohnländern, aber die begrenzte Integration der ASEAN-Länder verhindert eine stärkere Nutzung der Niedriglohnperipherie.

3.3 Schlussfolgerungen

Beim Engagement in Niedriglohnländern zeigen sich deutliche Unterschiede zwischen europäischen, US-amerikanischen und japanischen Unternehmen. Der Anteil der Produktion in Niedriglohnregionen ist am höchsten bei den europäischen Automobilherstellern, am zweithöchsten bei den US-amerikanischen Firmen und am niedrigsten bei den japanischen Produzenten. Die Internationalisierung der US-Amerikaner und Europäer war zu einem wichtigen Teil durch die Suche nach Kostenvorteilen bestimmt, während die Internationalisierung der japanischen Unternehmen auf den politischen Druck zur Begrenzung der Exporte zurückging und der Sicherung des Marktzugangs diente. Während die europäischen und die US-amerikanischen Automobilhersteller Niedriglohnperipherien für die Bedienung ihrer Heimatmärkte nutzen, tun dies die japanischen Unternehmen (zumindest noch) nicht, was allerdings nicht nur mit den Unternehmensstrategien, sondern auch mit dem im Vergleich zur EU und NAFTA deutlich niedrigeren Integrationsgrad der ASEAN zusammenhängt.

Eine ähnliche Situation gibt es bei den Zulieferern. Auf unterschiedlichen Entwicklungspfaden ist es in den Ländern der Triade zur Entwicklung von Großzulieferern gekommen, die an der Spitze des Zuliefersystems stehen und Module an die Automobilhersteller liefern, wenngleich es neben diesen Großzulieferern eine Reihe von Spezialisten für besondere Komponenten und Technologien gibt, die ebenfalls direkte Lieferbeziehungen zu den Endherstellern haben. Die Großzulieferer haben die Produktion in Niedriglohnländern seit den 1990er Jahren massiv ausgebaut.

Als Folge sind die Komponentenlieferungen aus Niedriglohnregionen an die Montagewerke in den USA und Europa stark gestiegen, allerdings nicht in Japan.

Die Entwicklungen in Nordamerika und Europa zeigen bemerkenswerte Parallelitäten im Hinblick auf den Umfang der Nutzung der Niedriglohnstandorte durch die Automobilindustrie. Da die mexikanischen Maquiladoras als das Beispiel eines *Lock-in* in einer *Low-Road*-Entwicklung gelten (Galhardi 1997), die zugleich durch Standortwettbewerb Druck auf Löhne und Arbeitsbedingungen in den USA ausübt, stellt sich die Frage, wie sich die wachsende Bedeutung der mittelosteuropäischen Niedriglohnstandorte in den Prozessketten der europäischen Automobilindustrie auf Entwicklung, Arbeitsmodelle und industrielle Beziehungen in West und Ost auswirkt. Dieser Frage gehen wir in den folgenden Kapiteln nach.

4. Verlagerung aus West- nach Mittelosteuropa

4.1 Ausländische Direktinvestitionen in Mittelosteuropa

Nach dem Zusammenbruch der kommunistischen Regimes Ende der 1980er Jahre folgte Mittelosteuropa dem Weg der wirtschaftlichen Öffnung und der Einführung von Investitionsanreizen für exportorientierte Produktionsstätten ausländischer Unternehmen. Die Zölle im Handel mit der EU wurden abgebaut und es entwickelte sich ein Wettbewerb zwischen den mittelosteuropäischen Staaten um die höchsten Steuervergünstigungen (meist Befreiung von der Körperschaftssteuer) und das niedrigste Steuerniveau.[6] In diesem Kapitel untersuchen wir die Entwicklung der Ost-West-Arbeitsteilung bei Automobilherstellern und Zulieferern im Hinblick auf die Verlagerungsgefahren für westeuropäische Standorte.

Die Ansiedlung von Automobilunternehmen in Mittelosteuropa begann bereits Anfang der 1990er Jahre und dauert bis heute (2009) ungebremst an. Abbildung 7 stellt die Standorte von Automobilmontagewerken in Europa 1989 und 2008 gegenüber. Auffällig ist zum ersten, dass es in Westeuropa kaum Veränderungen gegeben hat: Der europäische Automobilgürtel, der in Süddeutschland beginnt und über Nordwestfrankreich und Belgien bis nach England reicht, ist mit seiner sehr großen Dichte von Automobilwerken erhalten geblieben; ebenso erhalten geblieben sind weitere wichtige Automobilregionen in Italien, Spanien und Schweden.

---

6 Nach Angaben des deutschen Sachverständigenrates für die Begutachtung der wirtschaftlichen Entwicklung (eines Beratungsgremiums der Bundesregierung) lagen 2004 die effektiven Steuersätze auf Unternehmensgewinne in Mittelosteuropa bei 17-25 Prozent, in Deutschland und Frankreich dagegen bei etwa 35 Prozent. Die steuerlichen Vorteile Mittelosteuropas »verstärken […] die Anreize zur Verlagerung von Produktionsstätten«, so der Sachverständigenrat (2004: 370).

Abbildung 7: PKW- und Leichtfahrzeugwerke in Europa 1989 und 2008

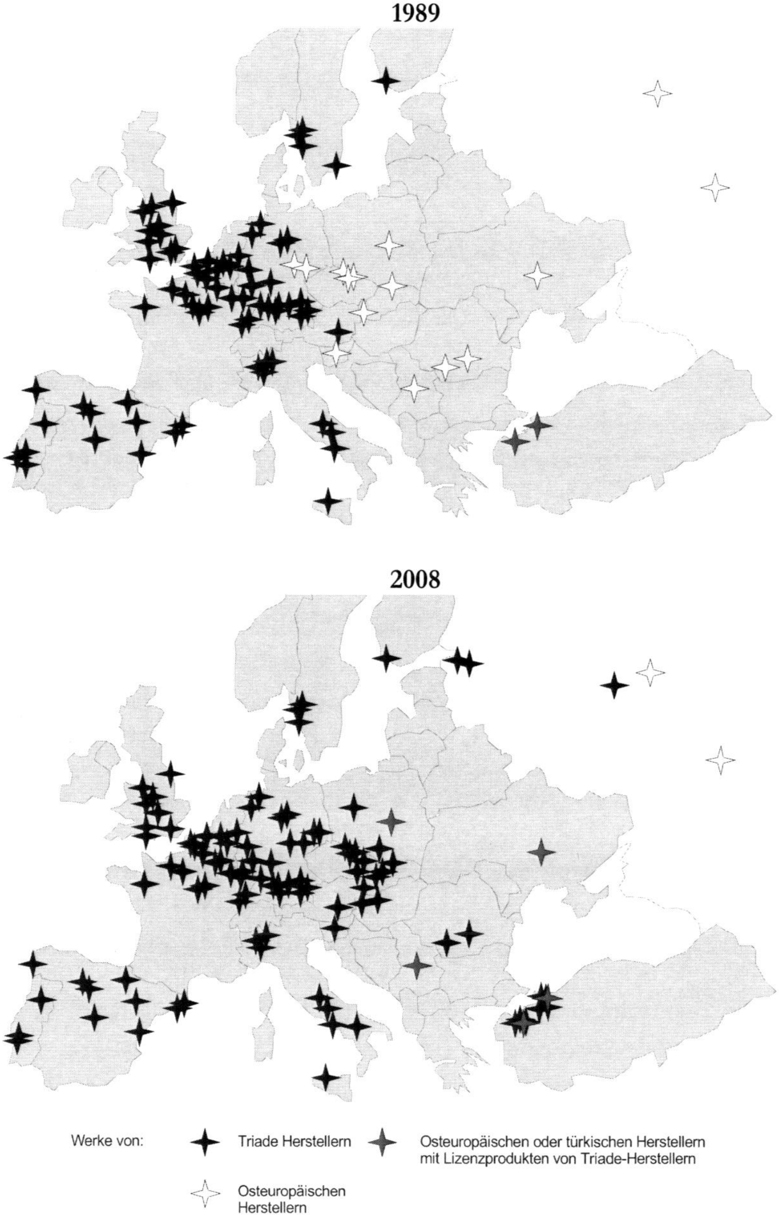

Quelle: Eigene Darstellung.

Zwischen 1989 und 2008 hat sich aber eine Erweiterung des genannten Gürtels vollzogen: Ein dichtes Netzwerk von neuen Automobilwerken entstand zunächst um traditionelle Automobilstandorte in Südpolen und Tschechien und weitete sich später auf in weitere Regionen in Ungarn, der Slowakei und Polen aus. Zudem sind Standorte in Russland, der Türkei und Rumänien hinzugekommen.

Es können drei Phasen der Investitionen in Mittelosteuropa unterschieden werden:

1. Die Übernahmewelle von mittelosteuropäischen Montagewerken durch die »Frühstarter« VW, Fiat, Renault und Daewoo in der ersten Hälfte der 1990er Jahre. Andere OEMs beschränkten sich in dieser Zeit auf die Errichtung kleiner SKD- (Semi Knocked Down) oder CKD- (Completely Knocked Down) Montagestandorte in Mittelosteuropa beziehungsweise auf den Import aus Westeuropa. In dieser Zeit sollte der Kapazitätsausbau in erster Linie dem Marktzugang dienen, die neuen Werke sollten vorwiegend für den mittelost- und osteuropäischen Markt produzieren. Angesichts von etwa 100 Millionen Konsumenten in Mittelost- und Südosteuropa wollten die meisten Automobilhersteller trotz aller politischen und wirtschaftlichen Unsicherheiten nicht das Risiko eingehen, von diesem Markt ausgeschlossen zu werden. Tschechien war zunächst das wichtigste Zielland der Investitionen, gefolgt von Ungarn und Polen. Allerdings zeigte sich schnell, dass die Erwartungen an die Expansion des mittelosteuropäischen Automobilmarktes stark überzogen gewesen waren.
2. Der Bau des GM-Werks in Polen und der Kauf von Dacia durch Renault in der zweiten Hälfte der 1990er Jahre (»Nachzügler«).[7] Die Markterwartungen waren zwar in Osteuropa enttäuscht worden, denn die geringe Kaufkraft der Menschen begrenzte die Nachfrage nach Neuwagen. Dafür gewannen aber Kostenmotive für Investitionen an Bedeutung. VW, Audi, GM und Toyota begannen mit der Errichtung von Komponentenwerken (insbesondere Motoren- und Getriebefertigung) in Polen und Ungarn. Die guten Erfahrungen mit der Qualifika-

7 Das in Rumänien gebaute »Einfachauto« Dacia Logan ist nicht nur zu einer Ergänzung des Renault Produktportfolios geworden, sondern zu einem wesentlichen Pfeiler des Unternehmenserfolgs. Bis 2011 will Renault jährlich 1,4 Millionen Fahrzeuge auf der Basis des Logan in Rumänien, Russland, Marokko und anderen Niedriglohnländern bauen (*Wirtschaftswoche* 28.2.2008). In Indien soll ab 2011 ein weiteres Einfachauto mit einem Preis ab 2.500 Euro angeboten werden.

tion der Arbeitskräfte, die niedrigen Arbeitskosten und die Investitionsanreize der MOE-Staaten (Sonderwirtschaftszonen und Steuerbefreiungen) zogen nun nicht nur *Follow Sourcing* sondern auch primär kostenmotivierte Investitionen der Zulieferer an. Diese Ansiedlungswelle erreichte 1998 ihren ersten Höhepunkt. In dieser Zeit war Polen, gefolgt von Tschechien und Ungarn das wichtigste Investitionszielland.

3. Die Ansiedlung von Hyundai, PSA und Toyota in Tschechien und der Slowakei sowie die Modernisierung des Dacia-Werks in Rumänien Mitte der 2000er Jahre, was eine neue Ansiedlungswelle von Zulieferern auslöste. Auch primär kostenmotivierte Investitionen (das heißt ohne *Follow-Sourcing*-Motive) dauerten an. Dabei war wieder Tschechien das wichtigste Zielland der Investitionen. Die Slowakei und Rumänien teilten sich mit Polen gleichmäßig die restlichen Investitionen. Durch den Erwerb des früheren Daewoo-Werks in Rumänien durch Ford im Jahr 2008 ist ein weiterer Zuzug von Zulieferern nach Rumänien zu erwarten, ebenso wie der neue Standort von Daimler in Ungarn dort einen Zuzug von Zulieferern bewirken könnte.

Die dargestellten drei Phasen lassen sich an den Höhepunkten der Ansiedlungsaktivität der Automobilunternehmen in Mittelosteuropa ablesen, wie die folgende Abbildung 8 der Betriebsgründungen und Betriebsübernahmen ausländischer Automobilunternehmen in Mittelosteuropa zeigt. Auf den Höhepunkten der Investitionstätigkeit wurden jährlich zwischen 60 und 70 Betriebe durch ausländische Unternehmen neu eröffnet oder erworben. Aber auch in den anderen Jahren seit 1993 sank die Zahl der jährlich durch ausländische Automobilunternehmen neu gegründeten oder erworbenen Betriebe niemals unter 40. Nach der statistischen Definition NACE 34 beschäftigte die Automobilindustrie im Jahre 2006 insgesamt etwa 380.000 Personen in Mittelosteuropa (Polen, Tschechien, Slowakei, Slowenien, Ungarn) und Rumänien. Der größte Anteil entfiel auf Polen und Tschechien mit jeweils gut 100.000 Beschäftigten, während Ungarn und Rumänien jeweils etwa 60.000, die Slowakei etwa 30.000 und Slowenien etwa 15.000 Beschäftigte in der Automobilindustrie aufwiesen. Die Beschäftigung in der Automobilproduktion ist aber deutlich höher, wenn man Zulieferer einbezieht, die in der Branchenstatistik der Chemie-, der Textil- oder der Elektronikbranche zugerechnet werden. Nach den von uns zusammengestellten Daten über die Automobilindustrie in Mittelosteuropa (MOE-Datenbank), betrug 2006 die automobilbezogene Beschäftigung in Tschechien 216.000 Personen, in Polen 188.000 Personen und in der Slowakei 76.000 Personen – also das anderthalb- bis zweifache der Beschäftigung nach NACE 34.

Abbildung 8: Betriebsgründungen und -übernahmen durch ausländische Unternehmen der Automobilindustrie nach Zielländern in Mittelosteuropa, 1989–2006

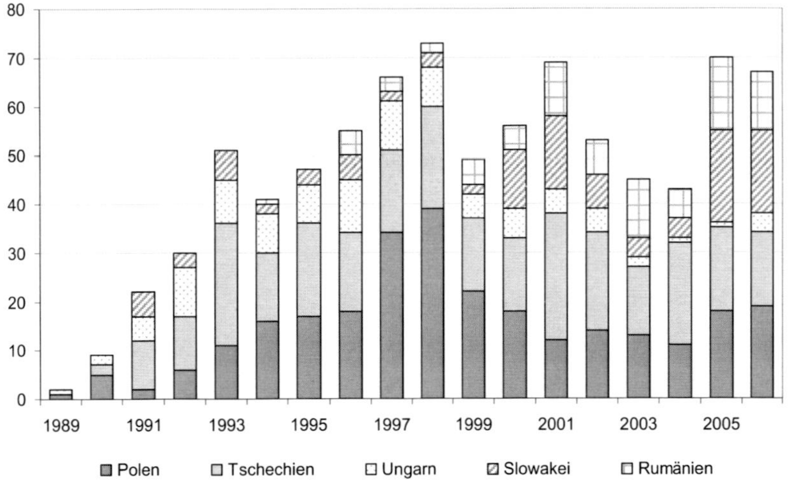

Quelle: Eigene Recherche (MOE-Datenbank).

Deutsche Unternehmen bilden die größte ausländische Gruppe in der mittelosteuropäischen Automobilindustrie, wie die folgenden Tabellen 4 und 5 zeigen. Unternehmen aus Deutschland stellten im Jahr 2006 35 Prozent der Beschäftigung in der tschechischen, 30 Prozent in der slowakischen und 20 Prozent in der polnischen Automobilindustrie. Auch in Ungarn und Rumänien waren deutsche Automobilunternehmen die wichtigste Investorengruppe. Der wichtigste Standort für deutsche Unternehmen der Automobilindustrie war Tschechien. Nach den Daten der MOE-Datenbank beschäftigten deutsche Unternehmen in Tschechien, Polen und der Slowakei insgesamt etwa 136.000 Mitarbeiter, in Rumänien und Ungarn kamen schätzungsweise insgesamt weitere 50.000 hinzu. Allein über ein Viertel der Beschäftigten deutscher Automobilunternehmen in Mittelosteuropa im Jahr 2006, nämlich 47.000, arbeitete für die Volkswagen-Gruppe. Der zweitgrößte ausländische Automobilinvestor in Mittelosteuropa sind die USA. US-amerikanische Unternehmen beschäftigten im Jahr 2006 jeweils über 30.000 Mitarbeiter in Polen und Tschechien und über 10.000

in der Slowakei. Das drittgrößte Herkunftsland von ausländischen Automobilunternehmen in Mittelosteuropa ist Japan, gefolgt von Frankreich.

Tabelle 4: Beschäftigung in der Automobilindustrie in Polen, Tschechien und der Slowakei nach Herkunftsländern der Unternehmen, 2006

	Tschechien	Polen	Slowakei
Lokale	68.300 (31,6%)	42.800 (22,8%)	15.800 (20,7%)
Deutschland	76.800 (35,5%)	37.100 (19,7%)	22.700 (29,7%)
USA	31.600 (14,6%)	33.800 (18,0%)	11.500 (15,0%)
Japan	16.900 (7,8%)	19.500 (10,4%)	10.000 (13,1%)
Frankreich	8.400 (3,9%)	13.600 (7,2%)	5.900 (7,7%)
Italien	3.500 (1,6%)	16.600 (8,0%)	100 (0,1%)
Korea	0	4.800 (2,6%)	6.700 (8,8%)
Andere	11.100 (5,0%)	19.900 (11,2%)	3.700 (4,9%)
Gesamt	217.000	188.000	76.500

Quelle: Eigene Recherche (MOE-Datenbank).

Tabelle 5: Anzahl der Werke ausländischer Unternehmen der Automobilindustrie in Mittelosteuropa, 2006

	CZ	PL	SK	HU	ROM	Gesamt
Deutschland	120	76	41	49	33	319
USA	52	49	20	17	14	152
Japan	33	27	7	13	8	88
Frankreich	24	27	16	7	14	88
Italien	4	37	1	1	3	46
Korea	0	12	8	1	0	21
Andere	45	46	20	13	12	137
Gesamt	278	274	113	100	84	851

Quelle: Eigene Recherche (MOE-Datenbank). CZ = Tschechien, PL = Polen, SK = Slowakei, HU = Ungarn, ROM = Rumänien.

Während deutsche, US-amerikanische, japanische und französische Unternehmen in allen MOE-Ländern vertreten sind, konzentrieren sich Unternehmen anderer Länder auf bestimmte Standorte. Italienische Unternehmen sind fast ausschließlich in Polen angesiedelt, was mit dem Standort des einzigen mittelosteuropäischen Fiat-Werks zusammenhängt. Koreanische Unternehmen konzentrierten sich bis 2006 auf Polen (wegen der Daewoo-Investition Mitte der 1990er Jahre) und die Slowakei (wegen des Kia-Werks). Ab 2007 begann zudem der Zuzug koreanischer Zulieferer nach Tschechien, wo 2009 das neue Hyundai-Werk die Produktion aufnahm.

Auf der Grundlage unserer Recherchen (MOE-Datenbank) können wir den zeitlichen Verlauf der Ansiedlungsprozesse der ausländischen Automobilunternehmen in Mittelosteuropa rekonstruieren. Abbildung 9 zeigt die zeitliche Entwicklung von Betriebsgründungen und -übernahmen deutscher, US-amerikanischer, japanischer, koreanischer und französischer Automobilunternehmen in Mittelosteuropa. Die deutschen Unternehmen begannen schon Anfang der 1990er Jahre mit den Investitionen in Mittelosteuropa und behielten während der gesamten 1990er Jahre ein sehr hohes Investitionsniveau bei. Zu Anfang der 1990er Jahre ebbte die Ansiedlungswelle deutscher Unternehmen etwas ab, aber bereits ab 2005 war wieder eine Intensivierung des Zuzugs nach Mittelosteuropa festzustellen. Mit 25 Betriebsöffnungen im Jahre 2006 wurde das seit Anfang der 1990er Jahre höchste Niveau erreicht.

Auch die US-amerikanischen Zulieferer begannen bereits in der ersten Hälfte der 1990er Jahre mit Betriebsgründungen und -akquisitionen in Mittelosteuropa. Ihr Engagement zeigt bisher keine Abschwächung. Japanische Unternehmen begannen deutlich später als deutsche und US-amerikanische ihre Aktivität in Mittelosteuropa. Erst seit 1996 nahmen Betriebsgründungen stärker zu und erreichten um 2001/02 einen bisherigen Höhepunkt. Die koreanischen Unternehmen folgen am eindeutigsten ihren OEMs. Die Ansiedlung koreanischer Zulieferer konzentrierte sich zum ersten auf das Jahr 1997, als im Zuge des Erwerbs eines polnischen Automobilwerks durch Daewoo mehrere koreanische Daewoo-Zulieferer Joint Ventures mit polnischen Zulieferern eingingen. Zum zweiten häuften sich Investitionen koreanischer Zulieferer im Jahr 2006, was auf die Werksöffnung von Hyundai/Kia in der Slowakei zurückgeht. In den folgenden Jahren 2007/08 hat ein Dutzend weiterer Hyundai-Zulieferer Werke in Tschechien, der Slowakei und Polen eröffnet.

Auffallend ist die im Vergleich zu deutschen und amerikanischen Unternehmen verzögerte Aktivität französischer Zulieferer in Mittelosteuropa. Ähnlich wie die Japaner begannen französische Unternehmen erst ab 2001 in der Region zu investieren. Die Ursache liegt in dem späten Engagement französischer Endhersteller in Mittelosteuropa, nachdem Renault im Bieterwettbewerb um Skoda Anfang der 1990er Jahre Volkswagen unterlegen war. Bis 1999 war Renaults slowenisches Werk die einzige Produktionsstätte französischer OEMs in Mittelosteuropa. Erst mit der Übernahme von Dacia in Rumänien 1999 und mit der Eröffnung der Werke von PSA im slowakischen Trnava (2006) sowie von PSA und Toyota im tschechischen Kolin (2005) verstärkte sich ihre Präsenz. Angesichts der steigenden Bedeutung des Dacia Logan für Renault kann eine weitere Zunahme der Standorte französischer Zulieferer in Rumänien erwartet werden.

Abbildung 9: Betriebsgründungen und -übernahmen durch ausländische Unternehmen der Automobilindustrie in Mittelosteuropa nach Herkunftsländern der Unternehmen, 1989–2006

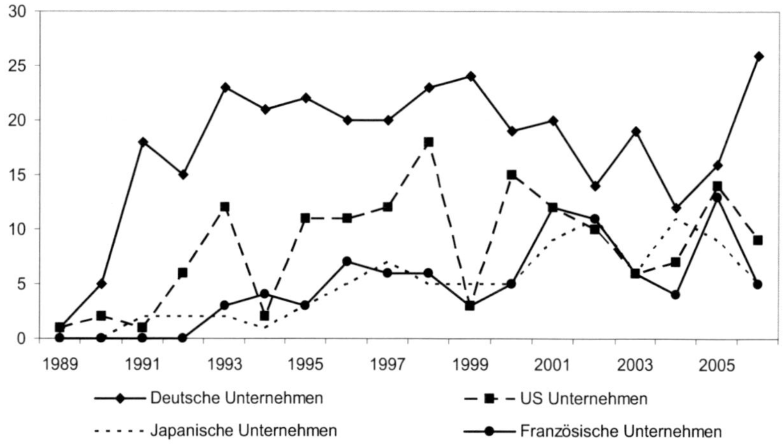

Quelle: Eigene Recherche (MOE-Datenbank).

Länderübergreifend ist eine Abschwächung der Ansiedlungswelle ausländischer Automobilunternehmen in Mittelosteuropa bisher nicht festzustellen. In 2005 gab es mit 70 Betriebsöffnungen die zweithöchste Ansiedlungsaktivität ausländischer Unternehmen seit 1989 und 2006 lag mit 66 nicht viel darunter. Für die Jahre 2007 bis 2010 waren bis zum Ausbruch der Weltwirtschaftskrise nach unserer Auswertung des European Restructuring Monitor und der Presse über 100 weitere Betriebsgründungen mit über 40.000 neuen Arbeitsplätzen angekündigt.

4.2 Ost-West-Arbeitsteilung bei Automobilherstellern

Ende der 1990er Jahre beschrieben Kurz und Wittke (1998) die Arbeitsteilung zwischen den west- und mittelosteuropäischen Standorten der Automobilhersteller als eine »komplementäre Spezialisierung«, die auf unterschiedlicher Produktspezialisierung beruht. Demnach nutzten die westlichen Unternehmen Mittelosteuropa, um ihr Produktspektrum ins Niedrigpreissegment zu erweitern. Beispiele dieses Konzepts waren die Übernahme von Skoda durch VW und Fiats Engagement in Polen. In ähnlicher Weise charakterisierten Ruigrok und Tulder (1998) die mittelosteuropäische Automobilindustrie als das «low end of the European car complex" (vergleiche auch Sturgeon 1999; Lung 2004). All diese Autoren erwarteten, dass die Entwicklung der Automobilindustrie in Mittelosteuropa nicht zu einer signifikanten Verlagerung von Arbeitsplätzen und Produktion aus Westeuropa führen würde.

Eine Spezialisierung Osteuropas auf das Niedrigpreissegment lässt sich zwar tatsächlich feststellen, allerdings gibt es zwei weitere Arten der Ost-West-Arbeitsteilung: die vertikal-komplementäre Arbeitsteilung, bei der sich Osteuropa auf arbeitsintensive Prozessstufen spezialisiert und die parallele Herstellung gleicher Produkte in Ost und West. Wir beschreiben im Folgenden kurz diese drei Formen.

1. Komplementäre Produktspezialisierung: Sie bezeichnet die von Kurz und Wittke (1998) beschriebene Spezialisierung Mittelosteuropas auf Kleinwagen beziehungsweise das Niedrigpreissegment. Die Arbeitsteilung zwischen Ost und West beruht dabei nicht auf der Trennung verschiedener Prozessstufen, sondern auf einer unterschiedlichen Produktspezialisierung. Die Motivation der Unternehmen bei der Wahl dieser Strategie war zum ersten die Hoffnung, neue Käuferschichten für Einfachwagen (insbesondere in Mittelosteuropa) zu erschließen; zum zweiten führte der Preisdruck bei Kleinwagen zur Ansiedlung ihrer Produktion in Mittelosteuropa. Beispiele für diese Strategie sind die Übernahme Skodas durch VW und Dacias durch Renault sowie die auf Kleinwagen spezialisierten Werke Fiats (Polen), Renaults (Slowenien), PSAs und Toyotas (Slowakei) sowie koreanischer Hersteller (Tschechien, Slowakei). Mittelosteuropa spezialisiert sich demnach auf besonders preissensitive Produktsegmente und auf Einfachwagen. Wir werden diese Form der Arbeitsteilung weiter unten anhand einer Fallstudie aus dem VW-Konzern ausführlicher darstellen. Die aus diesem Arbeits-

teilungsmuster resultierenden Verlagerungsgefahren für Westeuropa sind begrenzt, da dort die Produktion von Klein- und Niedrigpreiswagen eine untergeordnete Rolle spielt und bereits Anfang der 1990er Jahre in die damaligen Niedriglohnstandorte Spaniens und Portugals verlagert worden war. Allerdings können die Folgen dieses Konzepts für Westeuropa nachteilig werden, wenn sich die Nachfrage nach Fahrzeugen zugunsten von Niedrigpreismodellen verändert – dann wird Produktion in Westeuropa durch Produktion in Mittelosteuropa substituiert.

2. Vertikale Spezialisierung: Unterschiedliche Produktionsschritte werden geographisch getrennt, wobei arbeitsintensive Produktionsschritte in Mittelosteuropa angesiedelt werden. Ein Beispiel ist die Arbeitsteilung bei Volvo Bus. In Polen findet die arbeitsintensive Montage des Busaufbaus statt, während die Herstellung der technisch anspruchsvollen Chassis in Schweden lokalisiert ist. Wir werden dieses Beispiel in einer Fallstudie weiter unten darstellen. Die Aufteilung der Produktionsschritte nach dem Muster arbeitsintensiv-technikintensiv begrenzt den Wettbewerb zwischen den westeuropäischen und mittelosteuropäischen Standorten. Aus der mittelosteuropäischen Perspektive reduziert es jedoch die Möglichkeiten für *Upgrading*.
3. Parallele Produktion gleicher Modelle: In dieser Konstellation hat das Management die Möglichkeit, Produktionsstandorte gegeneinander auszuspielen (Pulignano 2007). Wir werden anhand einer Fallstudie diese Konstellation genauer darstellen. Die Zahl der Verlagerungen der Automobilproduktion aus West- nach Mittelosteuropa, die Beschäftigungsabbau und Werkschließungen nach sich gezogen haben, ist aber gering. Es können einige Verlagerungsentscheidungen zugunsten mittelosteuropäischer Standorte genannt werden, bei denen es aber nicht zu Werksschließungen und Beschäftigungsabbau in Westeuropa kam, da andere Modelle für Auslastung sorgten. Beispiele sind die Vergabe der Produktion des SUV Touareg durch VW an das Werk in Bratislava (Slowakei) anstatt an Hannover (Deutschland) im Jahr 1999, die im Konzern zu einer Diskussion über Verlagerungsgefahren führte (Klobes 2005: 177), oder die Verlagerung der Produktion des Opel Zafira aus dem GM-Werk in Bochum (Deutschland) nach Gliwice (Polen) im Jahr 2004, die erfolgte um Platz für die Erhöhung der Produktion des Opel Astra zu machen.

Direkte Verlagerungen der Produktion von Fahrzeugen aus West nach Mittelosteuropa hat es im Falle der Automobilhersteller bisher nur in wenigen Fällen gegeben. Dennoch resultieren aus der sich entwickelnden Ost-West-Arbeitsteilung Probleme für die westeuropäischen Standorte – und zwar nicht nur bei der Paralellproduktion gleicher Modelle, sondern auch bei den beiden dargestellten Formen komplementärer Arbeitsteilung. Die Ursache dieser Probleme ist die Stagnation des Volumenmarktes und der zunehmende Wettbewerb japanischer und koreanischer Hersteller.

Ein Wachstum der Nachfrage nach Autos war in den 2000er Jahren zum ersten in dem so genannten Premiumbereich, das heißt Fahrzeugen mit besonderen Merkmalen in Bezug auf Technologie, Qualität und Markenimage, für die Kunden einen Aufpreis zu zahlen bereit sind (Diez/Merten 2005: 5), und zum zweiten in dem Niedrigpreissegment festzustellen. Einfachfahrzeuge der »Unter-Zehntausend-Euro-Klasse« hatten 2007 auf dem deutschen Markt bereits einen Marktanteil von 8,5 Prozent (*Automobilproduktion* 1/2007: 10). Von dem Wachstum des Niedrigpreissegments profitieren vor allem die mittelosteuropäischen Standorte. Für die westeuropäischen Standorte ist es daher von großer Bedeutung, ob sie von dem Wachstum im Premiumbereich profitieren.

Deutschland hat bis zur Weltwirtschaftskrise 2008/2009 aufgrund seiner gut etablierten Premiummarken sehr stark vom der steigenden Nachfrage nach Fahrzeugen in den oberen Marktsegmenten profitiert. In Abbildung 10 ist eine Zweiteilung der deutschen Automobilindustrie in diesem Zeitraum deutlich sichtbar: Die Produktion von Premiummarken hat seit 1990 je nach Hersteller um 50 bis 100 Prozent zugenommen; die Produktion der Volumenhersteller VW und Opel in Deutschland hat dagegen im gleichen Zeitraum um 20 bis 30 Prozent abgenommen. Die Zunahme der Fahrzeugproduktion in Deutschland seit Anfang der 1990er Jahre wurde also von Premiummarken getragen, während Volumenhersteller Einbußen der produzierten Stückzahlen verzeichnen. In der Weltwirtschaftskrise 2008 brach zwar die Produktion bei Mercedes und BMW ein, allerdings ist abzuwarten, ob sich dieser Einbruch dauerhaft fortsetzt. Es ist möglich, dass die Wirtschaftskrise, aber auch staatliche Subventionen für energiesparende Kleinwagen und neue Antriebstechnologien die Nachfrage nach großen Premiumfahrzeugen reduzieren. Die bisherige Stärke der deutschen Automobilindustrie könnte dann in eine Schwäche umschlagen, wenn es den Premiumherstellern nicht gelingt, ein neues und auf energieeffiziente Kleinwagen fokussiertes Konzept des Premiumsegments zu entwickeln.

Abbildung 10: Pkw-Produktion (Stückzahlen) in Deutschland zwischen 1990 und 2008, 1990 = 100 Prozent

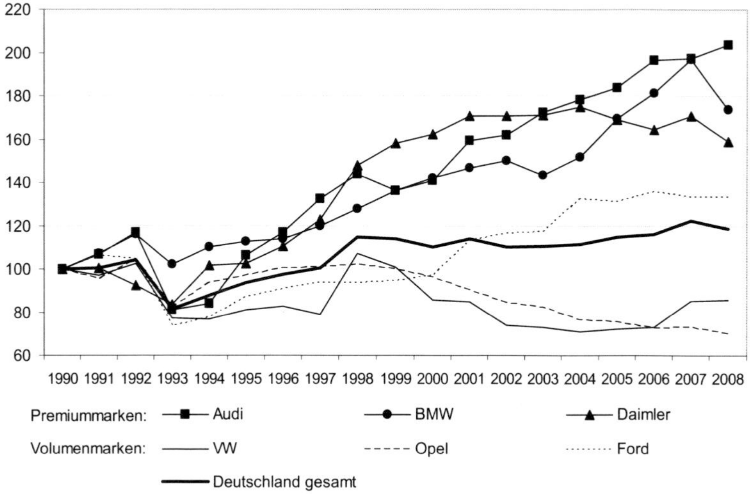

Quelle: Eigene Darstellung nach VDA, Tatsachen und Zahlen. Angaben für 2008 zum Zeitpunkt des Abschlusses des Manuskripts vorläufig.

Ähnlich wie in Deutschland haben auch die Volumenhersteller in anderen westeuropäischen in Produktion von Anfang der 1990er bis Ende der 2000er Jahre reduziert, während Premiumproduzenten ihre Produktion erhöhten (vergleiche Tabelle 6).

Tabelle 6: Pkw-Montage in Großbritannien, Frankreich und Italien, 1990 und 2007

	Stückzahlwachstum 1990-2007 in Prozent	Produktion 2007 in Stück
UK Volumenmarken	–44%	586.000
UK Premiummarken	+44%	65.000
Japanische Hersteller in UK	+1040%	869.000
Französische Volumenmarken	–34%	2.165.000
Italienische Volumenmarken	–49%	878.000
Italienische Luxusmarken	+95%	9.000

Quelle: Eigene Berechnung nach VDA, International Auto Statistics. UK Volumenmarken sind die frühere Rover Gruppe, Ford und GM; UK Luxusmarken sind Jaguar, Rolls Royce und Bentley. Französische Volumenmarken sind PSA und Renault. Italienische Volumenmarken sind Fiat, Lancia und Alfa Romeo. Italienische Luxusmarken sind Ferrari und Lamborghini.

Nur im Falle Großbritanniens wurde der Einbruch der einheimischen Volumenmarken durch die Produktion der japanischen Produzenten kompensiert. Es gibt aber einen kritischen Unterschied zwischen Deutschland und den anderen Ländern: Die deutschen Premiumhersteller sind Großunternehmen, die Premiumfahrzeuge in großen Stückzahlen herstellen, die italienischen und britischen Luxushersteller stellen Luxusfahrzeuge in kleinsten Stückzahlen her. In Deutschland konnte der Premiumbereich die Produktionsabnahme im Volumensegment kompensieren, in anderen westeuropäischen Ländern war das nicht möglich.

Die unterschiedliche Bedeutung des Premiumsegments in Deutschland und in anderen westeuropäischen Staaten wirkt sich auf die Entwicklung der Beschäftigungszahlen in der Automobilherstellung (NACE 34.1) aus. Nur in Deutschland gelang es die Beschäftigung in der Automobilherstellung relativ konstant zu halten. Wie Abbildung 11 zeigt, sank dagegen die Beschäftigung in der Automobilproduktion in Frankreich, Italien und dem Vereinigten Königreich seit Mitte der 1990er Jahre. Der Beschäftigungseinbruch in Italien erscheint besonders groß, ist aber zum Teil ein statistisches Artefakt. Aufgrund des von Fiat betriebenen *Outsourcings* reduzierte sich die bei der Herstellung von Kraftwagen registrierte Beschäftigung, während die bei der Herstellung von Komponenten registrierte Beschäftigung wuchs. Die Auswirkungen des *Outsourcings* beeinflussen in allen Ländern die Beschäftigungsstatistik im Fahrzeugbau, im Falle Italiens ist aber dieser Effekt besonders groß.

Allerdings ist auch die deutsche Spezialisierung auf Premiummarken fragil, da es erste Schritte der Ansiedlung der Produktion von Premiumfahrzeugen in Mittelosteuropa gibt. Der erste wichtige Fall ist die Auftragsmontage der Karosserie des SUV Porsche Cayenne durch VW in der Slowakei. Der Cayenne repräsentierte 2006 etwa 45 Prozent der gesamten Porsche-Fahrzeugproduktion. Die Endmontage führt zwar das 2002 eröffnete Werk in Leipzig durch und die Motoren kommen aus dem Werk in Zuffenhausen (Baden-Württemberg). Die Karosserien werden aber aus dem VW-Werk im slowakischen Bratislava bezogen. Die Wertschöpfung im slowakischen Werk ist deutlich höher als in Leipzig. Der Anteil des Leipzig-Werks an den Fertigungskosten des Porsche Cayenne beträgt 6,8 Prozent, nimmt man die Komponentenzulieferungen aus Deutschland nach Leipzig und Bratislava hinzu, so kommt man auf einen Anteil Deutschlands an den Fertigungskosten von 47,1 Prozent (Prognos 2007).

Abbildung 11: Beschäftigung in der Herstellung von Kraftwagen und Bodies (NACE 34.1 und 34.2) in Deutschland, Frankreich, Italien und Großbritannien, 1995–2007 (1995=100 Prozent)

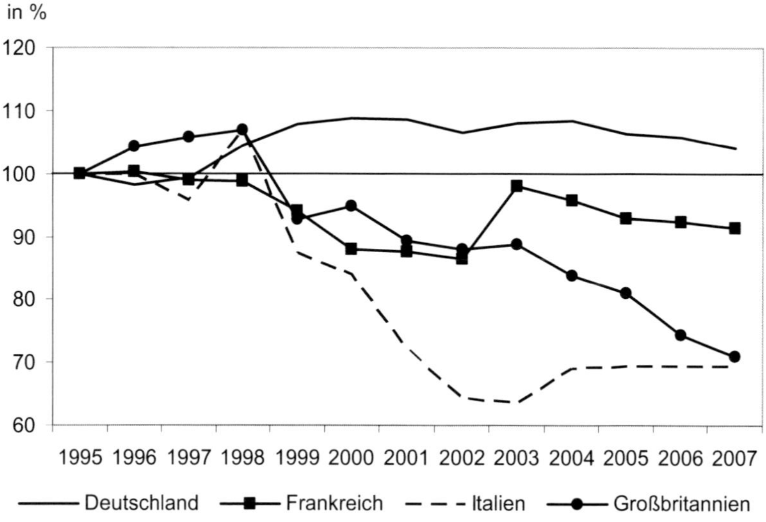

Quelle: Eigene Darstellung nach VDA, International Auto Statistics.

Der zweite und noch wichtigere Fall ist Audi. Audi hat zwischen 1994 und 2000 seine Motorenproduktion aus Deutschland nach Ungarn verlagert. Wir werden auf dieses Beispiel bei der Analyse der Ost-West-Arbeitsteilung bei der Komponentenfertigung genauer eingehen. Zudem stellt Audi den Sportwagen Audi TT in Ungarn und den SUV Audi Q7 im slowakischen VW-Werk in Bratislava her. Die beiden Fahrzeuge machten 2006 etwa 10 Prozent der Gesamtproduktion von Audi aus. Das Beispiel Audi ist von Bedeutung, weil der Erfolg Audis auch die Premiumwettbewerber BMW und Daimler unter Druck setzt, nach Niedriglohnstandorten zu suchen. Audi profitiert durch eigene Automobilmontage, eigene Motorenfertigung und durch Komponentenfertigung im VW-Konzernverbund (Getriebe) von Niedriglohnstandorten und machte beispielsweise 2008 pro verkauftes Fahrzeug etwa doppelt so viel Gewinn wie Mercedes (*Handelsblatt*, 19.10.2009).

Der dritte Fall ist Daimler. Der Erfolg Audis hat Daimler bewogen, einen Niedriglohnstandort in Ungarn zu errichten, der im Sommer 2010 die Produktion der Klein- und Kompaktfahrzeuge der A- und B-Klasse aufgenommen hat.

Werden an Mittelosteuropa Kompetenzen abgegeben, die zu einer Schwächung der westeuropäischen Standorte führen? In allen mittelosteuropäischen Automobilwerken hat eine Modernisierung der Produktionsorganisation und -technik gemäß dem in den Stammländern geltenden *State of the Art* stattgefunden. Wie in den Fallstudien weiter unten deutlich werden wird, kam es im Laufe der Jahre auch zu einer Ausweitung der Kompetenzen der MOE-Standorte in bezug auf Prozessengineering, Logistik und Beschaffung.

Es gibt aber Grenzen der Kompetenzentwicklung der OEM-Standorte in Mittelosteuropa, die gegen ein *Hollowing-out* der westeuropäischen Automobilindustrie sprechen. Zum ersten bleiben die Forschung und Entwicklung sowie das Design von Fahrzeugen in den Zentralen an den Heimatstandorten der Endhersteller. Eine Ausnahme bildet nur Skoda in Tschechien sowie Dacia in Rumänien, die als eigenständige Marken eigene FuE-Zentren mit je etwa 1.000 bis 1.200 Beschäftigten besitzen.

Die MOE-Standorte erhalten auch nur begrenzte Kompetenzen in der Beschaffung. Um Kostenvorteile zu realisieren, ist die Beschaffung in den Konzernen zentralisiert. Diese Situation wird durch die Plattformstrategie, die für die meisten Endhersteller eine wachsende Rolle spielt, verstärkt, wie am Beispiel des VW-Werks im polnischen Poznań dargestellt werden kann. Das Hauptprodukt des Werks, der Stadtlieferwagen »Caddy«, beruht auf der gleichen Plattform wie der VW Golf, der VW Touran, der Audi A3 und der Skoda Octavia. Um Kostenvorteile zu realisieren, wird der Teileeinkauf für die plattformübergreifenden Komponenten zentral aus Deutschland gesteuert, während das Werk in Poznań die Verantwortung für die Caddy-spezifischen Teile trägt. Von dem zweiten Produkt des Werks in Poznań, dem Transporter T5, wird das Hauptvolumen im Leitwerk in Hannover gebaut. Die Teilebeschaffung ist folgerichtig auf den Standort Hannover ausgerichtet. Insgesamt ist der Handlungsspielraum der Beschaffung in Poznań also eng begrenzt. Wenn Lieferbeziehungen zu lokalen Zulieferern aufgenommen werden sollen, müssen diese Entscheidungen immer zuerst mit Hannover und Wolfsburg abgestimmt und der Beweis erbracht werden, dass die Aufnahme der gewünschten Zulieferer für alle Werke der betroffenen Plattform sinnvoll ist (PL-22).

Wir wollen die Einbindung mittelosteuropäischer Standorte in die internationale Arbeitsteilung innerhalb der Unternehmen im Folgenden anhand von vier Kurzfallstudien von Automobil- und Busherstellern untersuchen. Es handelt sich um die Fälle Volkswagen Nutzfahrzeuge und General Motors Europe sowie die Bushersteller MAN und Volvo. Die Fallstudien dienen der Analyse der drei vorgestellten Formen der Ost-West-Arbeitsteilung bei Automobilherstellern: der komplementären Produktspezialisierung (Fälle VW Commercial Vehicles, MAN), der vertikal-komplementären Arbeitsteilung (Fall Volvo) und der parallelen Herstellung gleicher Produkte in Ost und West (Fall GM).

4.2.1 VW Nutzfahrzeuge

Volkswagen produziert seit 1950 Nutzfahrzeuge. Der Transporter T1 wurde als Ableger des Käfers geschaffen. Seit 1956 wurde der Transporter im Stammwerk in Hannover produziert. Bis 1993 blieb Hannover das einzige Nutzfahrzeugwerk von Volkswagen in Europa. Diese Situation veränderte sich, als VW im Jahre 1993 die Zusammenarbeit mit dem polnischen Hersteller Tarpan in Poznań (Polen) begann und 1996 das Werk vollständig übernahm.

Zuerst fand in Poznań die SKD-Montage der in Hannover produzierten Transporter und der Skoda-Pkw aus Tschechien statt, um Zollschranken zu umgehen. Die Produktion war ausschließlich für den mittelosteuropäischen Markt bestimmt. In der zweiten Hälfte der 1990er Jahre wechselte man zur CKD-Montage, zudem begann das Werk aufgrund mangelnder Absatzmöglichkeiten in Osteuropa nach Westeuropa zu exportieren. Im Zuge der Ausweitung der Montageaktivitäten und der Exportorientierung nach Westen wurde die Qualitätssicherung verbessert und zertifiziert. Anfang der 2000er Jahre fiel schließlich die Entscheidung, das Werk in Poznań zu einem voll integrierten Standort auszubauen und ein neues Produkt (den Stadtlieferwagen »Caddy«) dort anzusiedeln. Diese Entscheidung war alles andere als selbstverständlich. Der Caddy wird auf der gleichen Plattform wie der VW Golf gebaut und hätte auch im zum damaligen Zeitpunkt schlecht ausgelasteten Werk Wolfsburg hergestellt werden können. Allerdings setzte sich die Leitung der VW Nutzfahrzeugsparte für die Vergabe der Produktion in ihr Werk in Poznań ein, nicht zuletzt um die Auslastung der Nutzfahrzeugwerke in Poznań und Hannover bei Schwankungen der Produktionszahlen einzelner Modelle durch eine »Drehscheibe« ausgleichen zu können. Wir werden auf diesen Punkt gleich zurückkommen. Die Modernisierung des Werks war verbunden mit einer starken Expansion der Beschäftigung: Die Mitarbeiterzahl stieg von gut 2.000 in der zweiten Hälfte der 1990er Jahre auf knapp 7.000 im Jahre 2005 (Kapazität des Werks: 165.000 Fahrzeuge). Mit der Ansiedlung eines eigenen Produkts in Poznań wurde außerdem das Kompetenzprofil des Werks erweitert: Das Werk übernahm die Verantwortung für den Produktanlauf (Prototypenbau, Vorserienfertigung), Kompetenzen im Prozessengineering sowie in begrenztem Maße auch Logistik- und Einkaufskompetenzen (vgl. Winter 2006).

Die Montage in Polen schuf einen Bedarf für CKD-Kits aus dem Werk Hannover, was dort Beschäftigung sicherte. Aber auch der Ausbau und die Modernisierung des polnischen Werks in der ersten Hälfte der 2000er Jahre wurden nicht zu einer Bedrohung für das Stammwerk in Hannover. Parallel zum Ausbau des Werks Poznań investierte Volkswagen in die Modernisierung des deutschen Werks (Kapazität des Werks: 165.000 Fahrzeuge). Den Werken Hannover und Poznań wurden unterschiedliche Produkte zugewiesen. Das Werk Hannover behielt die Verantwortung für die Produktion der geschlossenen Varianten des Transporters (T5), während das Werk Poznań die Produktion des Stadtlieferwagens Caddy und des Transporters mit offener Ladefläche übernahm. Es ist bemerkenswert, dass diese Arbeitsteilung nicht dem Muster folgt, arbeitsintensive Tätigkeiten im Niedriglohnland anzusiedeln. Der Transporter ist, insbesondere in seiner Topversion »Multivan«, aufgrund der vielen Varianten und der hohen Qualität seiner Inneneinrichtung ein sehr arbeitsintensives Produkt. Die Variantenzahl und die Ansprüche an die Inneneinrichtung sind beim Caddy geringer. Der Grund für die Arbeitsteilung liegt vielmehr in den unterschiedlichen Nachfragestrukturen beim Transporter und beim Caddy. Der Transporter (insbesondere der Multivan) ist ein sehr teures Produkt, das vor allem in einem Qualitätswettbewerb steht. Der Caddy ist dagegen ein Standardprodukt, bei dem wegen des Kostenwettbewerbs jede Möglichkeit der Kostensenkung ausgenutzt werden muss.

Die komplementäre Produktaufteilung zwischen Hannover und Poznań wird durch eine Produktdrehscheibe ergänzt. Im Hinblick auf Technologie und Organisation des Produktionsprozesses bedeutet die Drehscheibe, dass einige Produktvarianten (die Transporter-Modelle »Caravelle« und »Shuttle«) sowohl im Werk Hannover als auch im Werk Poznań hergestellt werden können. Theoretisch können beide Werke den produzierten Volumenmix hundertprozentig flexibel gestalten. Durch die Drehscheibe ist dabei die Möglichkeit des Ausgleichs der Auslastung und damit der

Beschäftigung zwischen beiden Werken gegeben – auch wenn die Veränderung des Volumenmix wegen der Umstellung der Liefernetze einige Monate dauern kann. Abbildung 12 illustriert das Drehscheibenmodell, das Volkswagen im gesamten Konzern einführt.

Abbildung 12: Das Drehscheibenkonzept des Volkswagen Konzerns

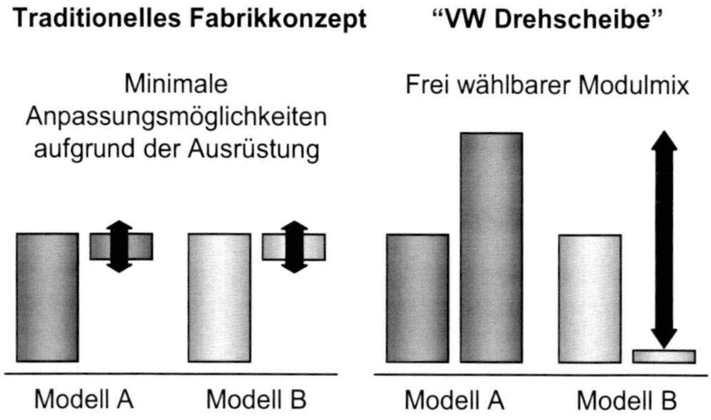

Quelle: Pötsch 2005.

Die Kombination einer komplementären Produktaufteilung mit einer Drehscheibe repräsentiert einen spezifischen Kompromiss zwischen den Zielen der Förderung eines Wettbewerbs zwischen den beiden Werken und der Anerkennung der Beschäftigungsinteressen beider Werke. Die Zuweisung jeweils exklusiv produzierter Modelle schafft Sicherheit über die Auslastung und begrenzt die Konkurrenz unter den Werken. Die Produktdrehscheibe hat zwei Seiten: Sie führt einen Wettbewerb um bestimmte Fahrzeugmodelle ein, erlaubt aber auch den Ausgleich der Auslastung in den Werken und ist damit ein wichtiges Instrument zum Ausgleich von Beschäftigungsinteressen zwischen den Standorten in Deutschland und Polen. Sie unterstützt den *Governance*-Kompromiss bei Volkswagen, in dem die Kooperation des Betriebsrats und der Beschäftigten im Hinblick auf Produktions- und Produktivitätsziele des Unternehmens auf der Garantie der Beschäftigungssicherheit für die Mitarbeiter beruht (Jürgens 1998; Haipeter 2000).

Wegen der guten Verkaufszahlen sowohl des Transporters als auch des Caddy gab es zum Untersuchungszeitpunkt keinen Wettbewerb zwischen den Werken, eine solche Konstellation ist aber für die Zukunft nicht auszuschließen. Ein Vertreter des Betriebsrats merkt allerdings dazu an:

»Wir haben nach meiner Auffassung eine faire Form, die Drehscheibe auszuhandeln. Es ist klar, dass es nicht geht, dass ein Werk in drei Schichten produziert und am Samstag Sonderschichten anberaumt, während das andere Personal abbaut. Auch das Management ist an der Optimierung beider Werke, nicht am Ausspielen interessiert« (DE-30).

Als im Jahr 2006 die Auslastung des Standorts Hannover sank, wurde im Rahmen der Drehscheibe die Produktion von etwa 20.000 Fahrzeugen aus Poznań nach Deutschland rückverlagert. Diese zwischen den betrieblichen Interessenvertretungen in Deutschland und Polen umstrittene Entscheidung sicherte die Beschäftigung in Deutschland. Der Produktionsausfall in Polen wurde dank günstiger Marktlage durch eine Erhöhung der Produktion des Caddy und durch eine Reduktion der Zahl der Leiharbeiter aufgefangen.

Sowohl aus der Perspektive des Managements als auch aus jener des Betriebsrats in Hannover waren damit die Vergabe der Produktion des Caddy nach Poznań und die Einrichtung der Drehscheibe von großer Bedeutung für die Sicherung des Standorts Hannover:

»Wir haben dafür gestritten und es schließlich erreicht, dass Poznań den Caddy kriegt, obwohl Wolfsburg große freie Kapazitäten hatte und der Caddy auf der Golf-Plattform gebaut wird. Dieser Zuschlag war also nicht selbstverständlich. Wir waren dafür, weil die Vergabe des Caddy nach Poznań auch die Konkurrenz zum Standort Hannover entschärfte und wir über die Drehscheibe die Auslastung unseres Standorts Hannover besser gestalten konnten. Je größer das gesamte Volumen bei VW-Nutzfahrzeuge, desto besser die Drehscheibenmöglichkeiten. Mit dem T5 in Hannover, dem Caddy in Poznań und der Drehscheibe können die Werke atmen, was für beide gut ist. Durch das Verschieben von Losen können wir die Produktionskapazitäten optimieren« (DE-30).

4.2.2 General Motors Europe

General Motors produziert in Europa seit der Übernahme von Opel im Jahre 1929. Es besitzt Montagewerke in Deutschland (Rüsselsheim, Bochum, Eisenach), Belgien (Antwerpen), Großbritannien (Ellesmere Port, Luton), Spanien (Saragossa), Schweden (Trollhättan) und Polen (Gliwice) sowie eine Vielzahl von Komponentenwerken. Die Entwicklung der europäischen Sparte von General Motors ist seit Anfang der 1990er Jahre durch einen Prozess der Zentralisierung der Entscheidungsmacht in der europäischen Zentrale in Zürich gekennzeichnet gewesen, in dessen Rahmen die Autonomie der früher weitgehend unabhängigen Töchter Opel, Vauxhall und Saab begrenzt wurde. Dieser Prozess war begleitet von einem Standortwettbewerb und so genannten »coercive comparisons« zwischen Werken. Es wurde ein formaler »site selection process« etabliert, im Zuge dessen Produktionsaufträge an Werke auf der Basis von Angeboten der Werke und eines Benchmarkings nach festen Kriterien vergeben werden. Die Benchmarking-Kriterien beziehen sich nicht nur auf Fragen der Produktivität und Qualität, sondern auch auf Fragen der Arbeitseinsatzflexibilität in den Werken. Auf der Beschäftigtenseite ist der Europäische Betriebsrat zu einem wichtigen Akteur der Arbeitsbeziehungen geworden, der seit dem Jahr 2000 mehrere Europäische Rahmenvereinbarungen mit dem Management erreicht hat (Herber/Schäfer-Klug 2002; Pulignano 2007).

GM begann 1996 mit dem Bau eines Werkes in der polnischen Stadt Gliwice, nachdem Verhandlungen mit der polnischen Regierung über den Kauf eines Werks in Warschau gescheitert waren. Das Werk wurde in einer Sonderwirtschaftszone errichtet und genoss die dazugehörigen Investitionshilfen. Das Werk begann mit der Produktion des Astra Classic, eines älteren Modells, das für den polnischen und mittelosteuropäischen Markt gedacht war. Im Jahre 2000 wurde das Produktionsprogramm auf den Kleinwagen Opel Agila ausgeweitet, der auf einem Suzuki-Modell beruhte, der im ungarischen Esztergom produziert wurde. Der Astra Classic und der Agila wurden ausschließlich in Gliwice produziert, eine Standortkonkurrenz zwischen dem polnischen und den westeuropäischen Werken gab es nicht. Das Werk Gliwice erreichte zu diesem Zeitpunkt die Beschäftigung von 2.000 Mitarbeitern und eine Kapazität von etwa 120.000 Fahrzeugen.

Ein Standortwettbewerb zwischen Gliwice und den westeuropäischen Werken entbrannte erst im Jahre 2004, als GM die Verlagerung eines Teils der Produktion des Modells Opel Zafira aus Bochum nach Rüsselsheim oder Gliwice ankündigte. Beide Werke hatten ein sehr großes Interesse an dieser Produktion: Gliwice stellte ältere Modelle her, deren Produktion in naher Zukunft zurückgehen würde; Rüsselsheim litt unter einer niedrigen Kapazitätsauslastung. GM verlangte von beiden Werken Angebote und setze so einen Wettbewerb um die Allokation der Produktion in Gang. Den Zuschlag erhielt schließlich das Werk in Gliwice, was den Ausbau der

Beschäftigung um weitere 1.000 Mitarbeiter und eine Erhöhung der Kapazität auf 180.000 Fahrzeuge bedeutete. Zu einem Konflikt zwischen den Gewerkschaftern in Polen und in Westeuropa führten dabei Zugeständnisse der polnischen Solidarność-Gewerkschaft, die aufgrund von Drohungen des Managements, die Produktion an GMs ukrainischen Partner AvtoZAZ zu vergeben, einer dreijährigen Einfrierung der Löhne zustimmte. Der Konflikt, der auf dieses mit anderen Gewerkschaften nicht abgestimmte Vorgehen folgte, führte schließlich zur Einsicht, dass die Kommunikation zwischen den Gewerkschaftsvertretern verbessert werden muss.

Die gewerkschaftlichen Kommunikationsstrukturen wurden bereits 2006 vor die nächste große Herausforderung gestellt. GM begann den *Site-Selection-Process* für den neuen Astra, der ab 2010 produziert werden soll, und forderte fünf Werke zum Wettbewerb auf: Antwerpen (Belgien), Bochum (Deutschland), Ellesmere Port (Großbritannien), Trollhättan (Schweden) und Gliwice (Polen). Als Antwort auf den Standortwettbewerb gründete der Europäische Betriebsrat die nach der Produktionsplattform des Astra so genannte »Delta-Gruppe«, die eine Verhandlungsstrategie ausarbeitete. Diese Strategie wurde im Rahmen einer Solidaritätserklärung von den Vertretern der Gewerkschaften beziehungsweise Betriebsräte aller betroffenen Werke unterschrieben und beinhaltete vor allem vier wichtige Eckpunkte (GME EEF 2006): Es wurde zum ersten vereinbart, dass kein Werk Zugeständnisse machen darf, die die im jeweiligen Land gültigen tariflichen Standards unterschreiten. Zum zweiten wurden für alle Werke Kapazitätsniveaus festgelegt. Die Gewerkschaften und Betriebsräte verpflichteten sich, keine Versuche zu unternehmen, die Kapazität ihrer Werke über das festgelegte Niveau hinaus auf Kosten anderer Werke zu erhöhen. Die Definition der Kapazitätsniveaus war eine besonders umstrittene Frage und es bedurfte langer Verhandlungen, um einen Kompromiss zu erreichen. Zum dritten wurde festgelegt, dass ein Angebot nur von allen Werken gemeinsam dem GM-Management unterbreitet werden darf und dass es keine lokalen Verhandlungen ohne eine Europäische Rahmenvereinbarung geben soll. Zum vierten schließlich waren sich alle Arbeitnehmervertreter einig, dass die angestrebte Europäische Rahmenvereinbarung Werksschließungen und betriebsbedingte Entlassungen ausschließen soll.

Der Widerstand galt dem Standortwettbewerb, akzeptiert wurde aber das Ziel einer Wiederherstellung der Wettbewerbsfähigkeit des Unternehmens. Im April 2007 betonte der Europäische Betriebsrat (EBR) seine Bereitschaft, durch Konzessionen 290 Millionen Euro Einsparungen mitzutragen, wenn diese solidarisch auf alle verteilt und Werksschließungen ausgeschlossen werden – »fair sharing of pain« war die Devise. Diese Ziele konnten nur teilweise erreicht werden: GM entschied im April 2007, die zukünftige Astra-Produktion in den Werken Bochum, Ellesmere Port, Trollhättan und Gliwice anzusiedeln. Das belgische Werk Antwerpen ging leer aus, zudem entschied GM bereits 2009 eine Schicht in Antwerpen zu streichen und 1.400 Arbeitsplätze mit Hilfe eines Abfindungsprogramms abzubauen. Erreicht wurde vom EBR das Ziel, Werksschließungen zu vermeiden – zumindest bis zum Ausbruch der Weltwirtschaftskrise 2008 und der Insolvenz von General Motors.

Mit der Insolvenz von General Motors im Zuge der Weltwirtschaftskrise und mit den Verhandlungen über den Verkauf und die Restrukturierung von Opel brachen verstärkt Konflikte zwischen den Gewerkschaftern und Betriebsräten der westeuropäischen Standorte aus. Im Zuge der Restrukturierung nach der Insolvenz verkaufte GM Saab und kündigte die Schließung des Werks Antwerpen an. Die Gewerkschafter der Standorte Antwerpen (Belgien), Saragossa (Spanien) und Luton (Großbritannien) warfen den deutschen Betriebsräten und der deutschen Bundesregierung vor, einseitig die Rettung der deutschen Standorte auf Kosten der westeuropäischen Nachbarn zu verfolgen. Der Eurobetriebsrat entschied sich, nur dann Konzessionen der Beschäftigten zur Rettung des Unternehmens zuzustimmen, wenn die Schließungsentscheidung zurückgenommen werden würde. Zum Zeitpunkt der Abfassung dieses Buches war der Ausgang des Konflikts noch offen.

4.2.3 MAN Bus und Volvo Bus

Die Bussparte ist ein Teil der Automobilindustrie, der sich deutlich von der Pkw-Herstellung unterscheidet. Der Unterschied resultiert aus dem Produkt: Die Produktion eines Busses ist sehr arbeitsintensiv und kaum automatisierbar. Während die Herstellung eines Pkw in heutigen Montagestandorten 15 bis 25 Arbeitsstunden dauert, nimmt die Herstellung eines Busses je nach Typ zwischen 1.000 und 2.000 Arbeitsstunden in Anspruch. Die Varianz der Kundenwünsche ist sehr groß und die daraus folgenden Losgrößen in der Busproduktion sind sehr klein; meist werden nur drei bis fünf identische Busse hergestellt. Es muss jeweils ein kundenspezifisches

Businterieur gebaut werden, dessen Produktionsprozess viel manuelle Arbeit erfordert. Die Arbeitskosten sind in der Busherstellung folgerichtig ein viel wichtigerer Faktor als in der Pkw-Montage.

Aufgrund dieser Spezifik ist die Busproduktion ein Bereich, in dem besonders starke Umbrüche der Arbeitsteilung zwischen Hochlohn- und Niedriglohnstandorten zu erwarten wären. Die Kernländer der westeuropäischen Busproduktion sind vor allem Schweden mit Volvo und Scania sowie Deutschland mit Mercedes und MAN, gefolgt von Frankreich (Renault) und Italien (Iveco). Zieht man Daten des VDA (International Auto Statistics, verschiedene Jahrgänge) heran, so ist seit Anfang der 1980er Jahre die Busproduktion in Westeuropa nach Stückzahlen weitgehend stabil geblieben, wenn man von den zyklischen Marktbewegungen absieht. Sie schwankt um einen Mittelwert von etwa 40.000 Bussen jährlich.[8]

Noch in den 1980er Jahren lag die Busproduktion in Mittelosteuropa auf einem mit Westeuropa vergleichbaren Niveau von 30.000 bis 35.000 Stück. Es gab große mittelosteuropäische Bushersteller, wobei an erster Stelle das ungarische Unternehmen Ikarus zu nennen ist. Aber auch die anderen MOE-Länder hatten eigene nationale Bushersteller aufgebaut: Autosan und Jelcz in Polen, Karosa in Tschechien oder Rocar in Rumänien. Die Transformation in Mittelosteuropa führte zu einem Zusammenbruch der Busproduktion. Die Produktionszahlen in MOE-Staaten sanken auf etwa 3.500 bis 4.000 Busse Mitte der 1990er Jahre, also etwa auf ein Zehntel ihres früheren Niveaus. Die Ursache war vor allem ein großer technologischer Rückstand gegenüber den westlichen Konkurrenten. Die mittelosteuropäischen Bushersteller konnten weder die Niederflurbusse bauen, die einen stufenlosen Einstieg ermöglichen und immer mehr den Markt für Stadtbusse dominierten, noch besaßen sie die technologischen Fähigkeiten in der Motorenherstellung, um die zunehmend strengeren Abgasnormen zu erfüllen. Zudem verloren die Unternehmen, insbesondere Ikarus, durch die Auflösung des Rats für Gegenseitige Wirtschaftshilfe (RGW) den russischen Markt. Der Produktionseinbruch war mit dramatischen Personalabbauprozessen verbunden. Die Beschäftigung beim ungarischen Ikarus reduzierte sich von 14.000 im Jahre 1991 auf 4.900 im Jahr 1994 und auf gut 500 Beschäftigte Anfang der 2000er Jahre (verglei-

8 Die Zahlen sind allerdings nur begrenzt interpretierbar, denn sie enthalten sowohl komplette Busse als auch Buschassis. Die Produktion eines kompletten Busses ist viel arbeitsintensiver als die Produktion von Chassis.

che Carter et al. 1998). Der polnische Bushersteller Autosan, der Anfang der 1990er Jahre noch etwa 3.000 Mitarbeiter beschäftigte, reduzierte die Zahl der Arbeitsplätze auf 800 Mitte der 2000er Jahre (PL-30).

Zu einer gewissen Renaissance der Busindustrie in Mittelosteuropa führte jedoch seit dem Ende der 1990er Jahre die Ansiedlung westeuropäischer Unternehmen, deren Verlauf und Ergebnisse an den Beispielen MAN und Volvo beschrieben werden. MAN war 2006 der nach produzierten Stückzahlen zweitgrößte Bushersteller (nach Mercedes) in Deutschland und der fünftgrößte Bushersteller in Europa (nach Volvo, Iveco, Mercedes und Scania). In Deutschland produziert MAN Bus an den Standorten Stuttgart und Salzgitter sowie in den mit der Übernahme von Neoplan akquirierten Werken im bayerischen Pilsting und im sächsischen Plauen. Motoren werden im Werk Nürnberg produziert, Pressteile kommen aus dem Werk Ginsheim-Gustavsburg bei Mainz, das allerdings im Jahr 2007 von MAN an eine Beteiligungsgesellschaft verkauft wurde.

Seit Mitte der 1990er Jahre begann MAN seine Expansion nach Mittelosteuropa. 1995 wurde bei Poznań in Polen ein Buswerk eröffnet. Der Grund war ein Auftrag der Stadt Poznań für die Herstellung von Stadtbussen, wobei die Montage der Busse vor Ort als Bedingung formuliert wurde (PL-51). Im Laufe der 1990er Jahre expandierte das Werk, zudem kaufte MAN 1999 den polnischen Lkw-Hersteller Star, dessen Werk zum großen Teil für die Busproduktion umgewidmet wurde. Die Expansion blieb aber nicht auf Mittelosteuropa begrenzt. MAN besaß seit den 1960er Jahren eine Bus- und Lkw- sowie eine Motorenfertigung in der Nähe von Istanbul (Türkei), die Modelle für den türkischen Markt und den Nahen Osten herstellte. Das Werk bei Istanbul wurde Mitte der 1990er Jahre verkauft, dafür eröffnete MAN ein neues Buswerk in Ankara, das allerdings nicht mehr auf den Nahen Osten, sondern als Exportplattform nach Westeuropa ausgerichtet wurde.[9]

Ende der 1990er Jahre und Anfang der 2000er Jahre wurde in mehreren Schritten ein großer Teil der Produktion von Stadtbussen und Standardreisebussen in die polnischen und türkischen Werke verlagert. Die Verlagerung war mit einem Abbau der Beschäftigung in Deutschland ver-

9 Mit MANs Engagement in Polen ist übrigens die Entstehung des polnischen Busherstellers Solaris verbunden. 1995 hatte die deutsche Firma Neoplan ein Buswerk bei Poznań errichtet. Nach der Übernahme Neoplans beschloss MAN, sich von diesem Werk zu trennen. Es kam zu einem *management buy-out*. Solaris wird heute von MAN und Mercedes als der wichtigste Konkurrent auf dem deutschen Markt wahrgenommen.

bunden, die in der Abbildung 13 illustriert wird. In den deutschen Buswerken reduzierte sich die Beschäftigung zwischen 2001 und 2006 von 4.600 auf 2.500 Mitarbeiter. Im gleichen Zeitraum expandierte sie in der Türkei von 1.800 auf 2.400 und in Polen von 1.300 auf 3.000 Mitarbeiter. Die deutschen Werke spezialisieren sich auf Premiumreisebusse (Coaches), bei denen der Wettbewerb nicht über den Preis, sondern über die Qualität geführt wird. Der einzige deutsche Standort, an dem MAN noch Stadtbusse fertigt, ist Salzgitter. Dort waren 2006 noch 1.400 Mitarbeiter in der Busproduktion beschäftigt, allerdings kündigte MAN im Juli 2007 an, dass eine Verlagerung der Stadtbusproduktion aus Salzgitter nach Polen erfolgt (*Handelsblatt*, 10.7.2007; *Automobilwoche*, 31.7.2007).

Abbildung 13: Beschäftigte in Buswerken von MAN 2001–2006

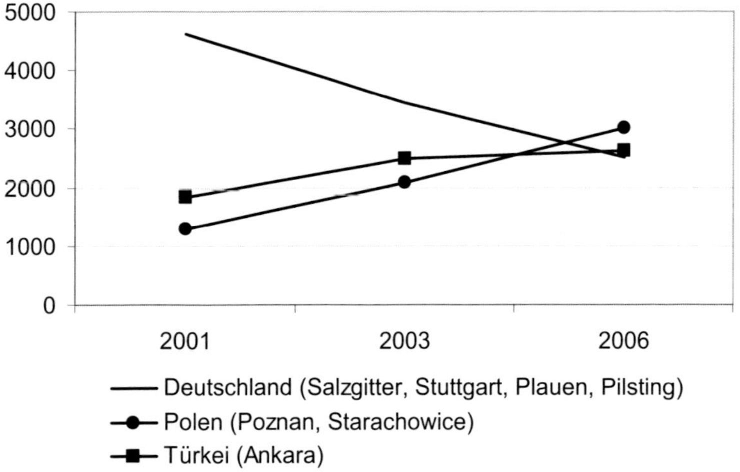

Quelle: Eigene Darstellung nach MAN, Jahresberichte.

Während MAN die Ost-West-Arbeitsteilung in der Busproduktion nach dem Muster Standardprodukte in Niedriglohnländern und Premiumprodukte in Deutschland gestaltet, folgt Volvo Bus einem etwas anderen Weg. Volvo Bus war in 2006 der nach produzierten Stückzahlen größte Bushersteller in Europa, wenngleich insbesondere der Markt für Premiumbusse von Mercedes dominiert wird. Volvo Bus ist Teil der Volvo Gruppe und repräsentiert etwa 8 Prozent ihrer Umsätze und Beschäftigung. In den 1990er Jahren befanden sich Volvos europäische Buswerke in Borås, Säffle und Uddevalla (Schweden), Tampere und Turku (Finnland), Heilbronn (Deutschland) und Aabenraa (Dänemark).

Volvos Engagement in Polen begann 1993, als das Unternehmen ein kleines Joint Venture mit dem polnischen Hersteller Jelcz zur Produktion von Lkws errichtete. Nach kurzer Zeit beendete Volvo aber die Kooperation und errichtete 1995 ein eigenes Lkw-Werk in Wrocław, welches 1998 zu einem Buswerk umgewandelt wurde. Die Entscheidung, in Wrocław Busse zu produzieren, war ein Element einer grundlegenden Reorganisation des Produktionssystems der Bussparte. Volvo produziert die Buschassis und den Busaufbau getrennt und hatte bis dahin zwei Chassiswerke (Borås und Uddevalla) und mehrere kleine Werke, die Busaufbauten herstellten. Die Produktion einer Chassis dauert etwa 60 bis 70 Arbeitsstunden, während ein Busaufbau, wie oben angemerkt, etwa 1.000 bis 2.000 Arbeitsstunden in Anspruch nimmt. Volvo entschied sich, die Produktion der Businterieurs und Aufbauten in Wrocław zu konzentrieren und das Werk zu einer »high-volume factory« auszubauen (PL-32). Die Produktion von Bussen aus den kleinen Werken wurde in mehreren Schritten nach Wrocław verlagert, die Werke in Heilbronn (130 Beschäftigte) und Aabenraa (200 Beschäftigte) in den Jahren 2004 und 2005 geschlossen. Das Werk in Wrocław expandierte auf 1.100 Beschäftigte im Jahr 2005. Die Chassisproduktion wurde in Borås (400 Beschäftigte) konzentriert. Auf diese Weise wurde eine Arbeitsteilung zwischen der arbeitsintensiven Produktion der Busaufbauten in Polen und der Produktion der Chassis in Schweden, die eine größere Nähe von Engineering und Produktion voraussetzt, etabliert. Für die Ansiedlung der Chassis-Produktion in Schweden sprachen zudem Logistikkosten, da die Chassis weltweit in CKD-Werke (*Completely Knocked Down*) verschickt werden, was über den Hafen in Göteborg besonders leicht möglich ist. Die Verlagerung der Chassis-Produktion nach Polen bleibt allerdings eine Option, weswegen das Werk in Borås unter sehr starkem Druck zur Erhöhung der Produktivität steht (SE-10).

Die Arbeitsteilung zwischen dem schwedischen und dem polnischen Werk hängt mit einem spezifischen *Governance*-Kompromiss bei Volo zusammen, der auf das schwedische System der industriellen Beziehungen und sozialen Sicherung zurückgeht. Volvo ist wie viele andere schwedische Großunternehmen durch einen sehr hohen gewerkschaftlichen Organisierungsgrad von 100 Prozent geprägt. Die Gewerkschaft wird in sehr hohem Ausmaß in Unternehmensentscheidungen einbezogen und stellt zudem gemäß der schwedischen Gesetzgebung ein Drittel des Executive Board der Volvo Gruppe. Die Berücksichtigung von Beschäftigteninteressen genießt dementsprechend einen hohen Stellenwert, allerdings hat Beschäftigungssicherung keine bedingungslose Priorität. Sowohl die Gewerkschaft bei Volvo als auch die nationalen Gewerkschaftsorganisationen lehnen Verlagerungen nicht grundsätzlich ab. Mitarbeiter der Forschungsabteilung der IF Metall erklären:

»We have to adapt, we are an open economy. We have always relied on regular restructuring according to the changing conditions. We concentrate on new, innovative industries and we focus on supporting the mobility of our workforce« (SE-19).

Grundsätzlich abgelehnt werden dagegen Vereinbarungen, die Konzessionen und Abweichungen von den Industrietarifverträgen akzeptieren, um Beschäftigung zu sichern.

»We do not try to save jobs, we try to save our system« (SE-19).

Wir werden in Kapitel sieben auf diese Haltung der schwedischen Gewerkschaften zurückkommen. Als Antwort auf den Wettbewerb der Niedriglohnländer gilt eine höhere Produktivität an Hochlohnstandorten; ist diese nicht zu erreichen, so wird Verlagerung akzeptiert. Ein hohes Niveau der sozialen Absicherung, intensive Weiterbildungsmaßnahmen und eine aktive staatliche Arbeitsmarktpolitik sichern die Akzeptanz des von Verlagerung ausgelösten Strukturwandels.

Anzumerken ist, dass es zum Untersuchungszeitpunkt zwischen den Gewerkschaften des schwedischen und des polnischen Standorts von Volvo Bus noch keinen direkten Austausch gab, was von den Gewerkschaften als Nachteil gesehen wurde (PL-36). Der polnische Standort ist im Eurobetriebsrat der Volvo Gruppe vertreten, der schwedische Standort aber nicht (SE-10).

4.2.4 Schlussfolgerungen

Anhand der Fallstudien wurden verschiedene Muster der Ost-West-Arbeitsteilung in der europäischen Automobilindustrie untersucht. Ein wichtiger Faktor, der die Formen dieser Arbeitsteilung beeinflusst, sind *Governance*-Kompromisse in den Unternehmen.

Einen zentralen Stellenwert im *Governance*-Kompromiss bei Volkswagen, wie bei vielen anderen deutschen Unternehmen, hat Beschäftigungssicherung. Volkswagen ist durch eine sehr starke Mitbestimmung von Betriebsräten und von Arbeitnehmervertretern im Aufsichtsrat geprägt. Die Betriebsräte tragen das Ziel der Wettbewerbsfähigkeit des Unternehmens mit, im Gegenzug genießt Beschäftigungssicherung arbeitspolitisch Priorität im Unternehmen. Die Priorität der Beschäftigungssicherung an deutschen Standorten wird im Hinblick auf Auslandsstandorte ergänzt durch den »solidarischen Ausgleich der Risiken und Entwicklungschancen, der dazu führen soll, Werksschließungen zu vermeiden und ein Ungleichgewicht von Entlassungen auf der einen sowie Einstellungen und Mehrarbeit auf der anderen Seite zu verhindern« (Widuckel 2001: 338). Ausdruck dieses *Governance*-Kompromisses ist die in der Fallstudie Volkswagen Nutzfahrzeuge untersuchte komplementäre Produktspezialisierung in West- und Mittelosteuropa, die durch eine Produktdrehscheibe ergänzt wird. Das besonders preissensitive Produkt wird in Polen und das in einem Qualitätswettbewerb befindliche Produkt in Deutschland hergestellt. Die Produktdrehscheibe hat einen doppelten Charakter: Sie führt einen Wettbewerb zwischen beiden Standorten ein, erlaubt aber auch den Ausgleich der Auslastung an beiden Standorten und damit Sicherung der Beschäftigung. Die Rückverlagerung eines Teils der Produktion aus Poznań nach Hannover belegt diese Funktion der Drehscheibe.

Einen anderen *Governance*-Kompromiss als bei Volkswagen zeigt die Fallstudie Volvo Bus. Wie Volkswagen ist Volvo durch eine sehr starke gewerkschaftliche Organisierung und Einbeziehung der Arbeitnehmervertreter in Unternehmensentscheidungen gekennzeichnet. Beschäftigungssicherung ist für die Gewerkschaften wichtig, genießt aber keine Priorität, wenn dafür Konzessionen bei Löhnen und Arbeitszeiten akzeptiert werden müssten. Verlagerung von arbeitsintensiven Tätigkeiten in Niedriglohnländer wird von den Gewerkschaften akzeptiert, wenn sie nicht durch Produktivitätserhöhungen an Hochlohnstandorten ausgeglichen werden kann. Die für das schwedische Modell charakteristischen Weiterbildungs- und Arbeitsmarktmaßnahmen und die starke soziale Sicherung haben die Aufgabe, den auf Verlagerung zurückgehenden Strukturwandel abzufedern. Bei Volvo Bus wurde eine vertikal komplementäre Arbeitsteilung zwischen Hochlohn- und Niedriglohnländern etabliert, derzufolge der polnische Standort die arbeitsintensive Montage der Busaufbauten übernimmt. Die kapital- und qualifikationsintensive Produktion der Chassis bleibt (bislang) in Schweden.

Den Fall eines Unternehmens, in dem kein Kompromiss über die Ost-West-Arbeitsteilung gefunden werden konnte, zeigt General Motors. Die Werke in West- und Mittelosteuropa konkurrieren um die gleichen Produkte. Der polnische Standort begann mit der Produktion eines älteren Modells für den mittelosteuropäischen Markt, ist aber schrittweise aufgewertet worden. Der Standortwettbewerb wird vom Unternehmen als Mittel im *Concession Bargaining* genutzt. Arbeitnehmervertreter versuchen, den Eurobetriebsrat als Gegengewicht zur Unternehmensführung zu etablieren und das Ausspielen der Werke gegeneinander zu verhindern.

4.3 Asiatische Automobilhersteller und Zulieferer

Nicht nur die europäischen Produzenten, sondern auch die Standortentscheidungen in Europa investierender japanischer und koreanischer Hersteller beeinflussen die Ost-West-Arbeitsteilung in Europa. Der Wettbewerb japanischer und koreanischer Automobilhersteller wird zu einem immer wichtigeren Faktor in der europäischen Automobilindustrie. Die japanischen Unternehmen haben ihren Marktanteil in Europa zwischen 1990 und 2008 zwar nur leicht von 12 Prozent auf 13 Prozent steigern können, die koreanischen Unternehmen (inklusive GMW-Daewoo) aber immerhin von 0 Prozent auf 4 Prozent (ACEA 2009). Der Aufbau von Produktionswerken japanischer und koreanischer Unternehmen beeinflusst die Ost-West-Arbeitsteilung in Europa und wird im Folgenden untersucht.

4.3.1 Japanische Automobilfirmen in Mittelosteuropa

Japanische Automobilhersteller begannen ihre Expansion nach Europa in den 1980er Jahren. Nissan eröffnete 1983 ein Werk für Geländewagen in Barcelona sowie 1986 ein Pkw-Werk in Sunderland (Großbritannien). Zu Beginn der 1990er Jahre folgten Toyota (Burnaston, Großbritannien), Honda (Swindon, Großbritannien), Mitsubishi (Übernahme von NedCar in den Niederlanden) und Suzuki (Esztergom, Ungarn). Der Grund für die besondere Rolle Großbritanniens war das Werben der konservativen Thatcher-Regierung um die japanischen Unternehmen (Kume/Totsuka 1991: 53; Elger/Smith 1994).

Seit dem Ende der 1990er Jahre verlor Großbritannien seinen Status als bevorzugter Ort von Investitionen japanischer Unternehmen der Automobilindustrie. In Westeuropa entstand das Werk von Toyota in Valenciennes (Frankreich). Polen wurde zu einem Zentrum der Motorenproduktion mit zwei Motorenwerken von Toyota und einem Motorenwerk von Isuzu. Schließlich nahm im Jahre 2005 das Joint Venture von Toyota und PSA im tschechischen Kolin die Produktion von Kleinwagen auf. Die Werksöffnungen in Polen und Tschechien deuten daraufhin, dass die Integration der mittelosteuropäischen Staaten in den Wirtschafts- und Rechtsrahmen der EU das Investitionsverhalten japanischer Automobilunternehmen verändert hat.

Abbildung 14: Gründungen von Produktionsstätten durch japanische Unternehmen in Europa (alle Branchen), 1991–2004

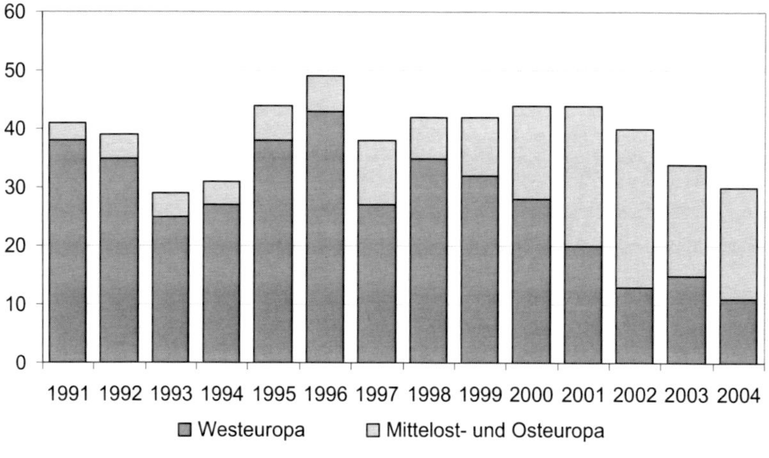

Einheit: Unternehmen. Quelle: Eigene Darstellung nach Jetro 2006.

Einen Anhaltspunkt für diese These bietet eine Studie der Japan External Trade Organization (Jetro). Die Studie zeigt einen zunehmenden Anteil Mittelosteuropas an den neu eröffneten Produktionsstätten japanischer Unternehmen (vergleiche Abbildung 14). Die Daten liegen leider nur branchenübergreifend vor.

Westeuropa zieht immer weniger Neuansiedlungen japanischer Unternehmen an, eine Verlagerung der japanischen Unternehmen aus Westeuropa in Niedriglohnländer findet bislang aber nicht statt (Jetro 2006). Jetro befragte die japanischen Unternehmen nach ihren Plänen bezüglich des Ausbaus beziehungsweise der Reduktion von Kapazitäten nach der EU-Osterweiterung, Abbildung 15 zeigt die Ergebnisse.

Abbildung 15: Pläne japanischer Unternehmen zur Ausweitung oder Reduktion ihrer Aktivitäten in West- und Osteuropa nach der EU-Osterweiterung (alle Branchen)

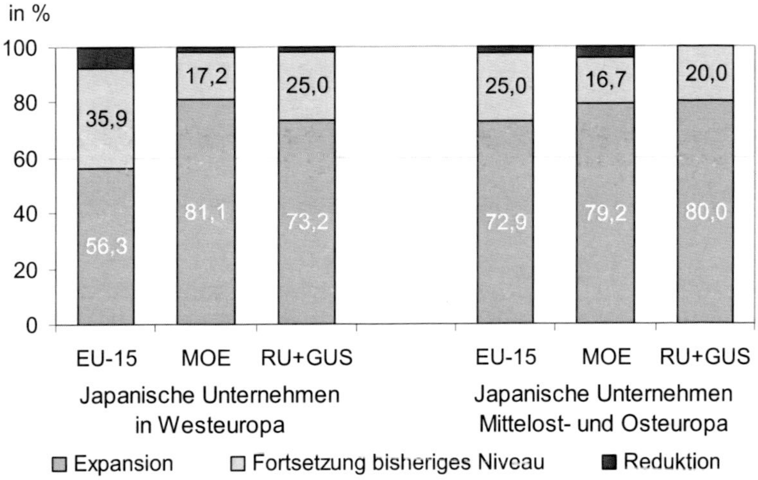

Quelle: Eigene Darstellung nach Jetro 2006. Mehrfachnennungen möglich.

Die in Westeuropa ansässigen japanischen Unternehmen wollen zu einem großen Teil ihre Aktivität in Mittelosteuropa und Russland ausweiten, aber nur ein kleiner Teil (7,8 Prozent) plant eine Reduktion der Aktivitäten in Westeuropa. Es ist zudem anzunehmen, dass die Verlagerung der Aktivität dieser 7,8 Prozent der Unternehmen nach Mittelosteuropa durch die Ausweitung der Aktivitäten anderer japanischen Unternehmen kompensiert werden wird. Immerhin planen auch 72,9 Prozent der japanischen Unternehmen, die in Mittelosteuropa ansässig sind, eine Ausweitung ihrer Aktivitäten in Westeuropa (EU-15). Diese branchenübergreifenden Daten zeigen, dass die dominierende Strategie der japanischen Unternehmen bisher auf Expansion in Mittelost- *und* Westeuropa und nicht auf eine Verlagerung innerhalb Europas ausgerichtet ist.

Wir haben auf der Grundlage von Presseberichten, Artikeln und der Recherche auf den Internetseiten der Unternehmen 58 japanische Automobilunternehmen (OEMs und Zulieferer) mit Standorten in Europa ermittelt. Die folgende Abbildung 16 zeigt die Aufteilung der Standorte auf verschiedene europäische Länder. In Westeuropa befinden sich insgesamt 111 Produktionsstätten und 29 FuE-Zentren japanischer Automobilunternehmen. Großbritannien ist weiterhin der wichtigste Produktionsstandort japanischer OEMs und Zulieferer mit 40 Werken. Die meisten japanischen FuE-Standorte befinden sich in Deutschland und an zweiter Stelle in Großbritannien.

Abbildung 16: Standorte japanischer Automobilhersteller und Zulieferer in Europa, 2006

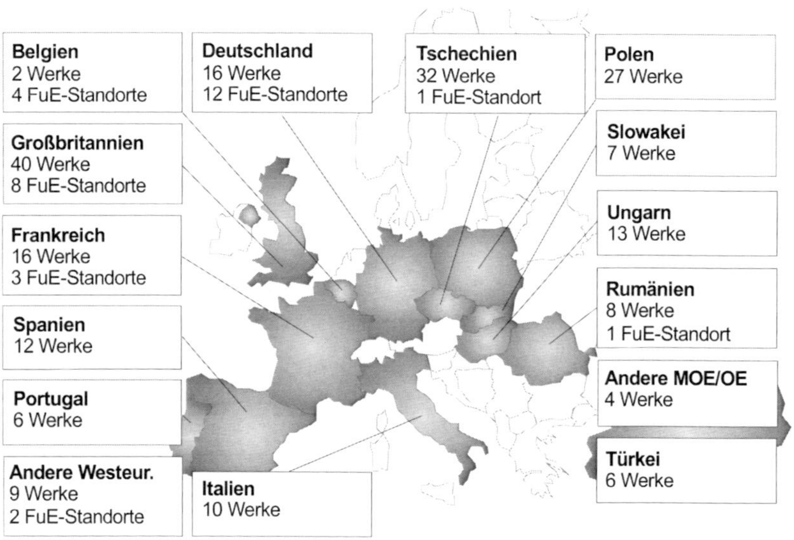

Quelle: Eigene Recherche und Darstellung.

In Mittelost-, Osteuropa und der Türkei gibt es 97 Werke und zwei FuE-Zentren. Damit sind die MOE-Staaten und insbesondere Tschechien und Polen zu einer wichtigen Produktionsbasis japanischer Unternehmen herangewachsen. Eine geringe Bedeutung hat übrigens Ostdeutschland. Nur vier der 16 in Deutschland angesiedelten Produktionsstandorte japanischer Automobilunternehmen befinden sich in Ostdeutschland. Während nach Produktionsstandorten Westeuropa und Mittelosteuropa weitgehend gleichauf liegen, gibt es nur wenige FuE-Standorte japanischer Unternehmen in Mittelosteuropa. Die Forschung und Entwicklung japanischer Unternehmen bleibt in Westeuropa lokalisiert.

Produktbezogene Spezialisierungen zwischen West- und Mittelosteuropa gibt es bei japanischen Unternehmen nur in einigen Produktbereichen. Die Produktion von Bordnetzen ist auf Mittelosteuropa sowie auf einige portugiesische und spanische Standorte konzentriert. Die Produktion von Motoren und Motorkomponenten durch japanische Unternehmen befindet sich fast ausschließlich in Mittelosteuropa. Dagegen ist der Großteil der Produktionsstandorte für Elektronikkomponenten in Westeuropa angesiedelt; unter den mittelosteuropäischen Staaten weist nur Tschechien eine größere Zahl japanischer Hersteller von Elektronikkomponenten für die Automobilproduktion auf. Die Standortentscheidungen für West- und Mittelosteuropa verfolgen wir im Folgenden genauer anhand einer Fallstudie des japanischen Automobilzulieferers Denso.

4.3.2 Denso

Denso (früher Nippondenso) war 2006 nach Bosch der nach Umsatz zweitgrößte Automobilzulieferer der Welt (zur Entwicklung von Denso vergleiche Shimokawa 1998). Das Unternehmen machte im Jahre 2006 etwa 22 Milliarden Euro Umsatz und beschäftigte weltweit 106.000 Mitarbeiter. Denso existiert seit 1949 als ein eigenständiges Unternehmen und gehört zur Toyota-Gruppe. Toyota und zugehörige Unternehmen hielten im Jahr 2006 Aktien von Denso mit 33 Prozent der Stimmrechte. Toyota ist zudem mit etwa 49 Prozent der Umsätze von Denso der wichtigste Kunde des Unternehmens (Denso 2006). Die Hauptprodukte von Denso sind Automobilelektronik, Klimaanlagen und Wärmetauscher und Motorkomponenten.

Denso eröffnete 1973 seine erste Vertretung in Europa. Dieser Standort in den Niederlanden ist bis heute Densos Europa-Zentrale. Im Jahr 1984 folgte ein Vertriebsstandort mit Testlabor in Deutschland (Eching bei München). Erst seit den 1990er Jahren hat das Unternehmen seine Präsenz in Europa ausgebaut (vergleiche Shimokawa 1998). Das Vorgehen Densos lässt sich dabei in drei Phasen einteilen:

1. In der ersten Phase folgte Denso dem neu eröffneten Toyota-Werk in Großbritannien und versuchte zudem, Joint Ventures für den Zugang zu den europäischen Endherstellern zu nutzen. Denso begann 1989 mit dem Aufbau seines ersten Produktionswerks in Shipley (Großbritannien) und gründete 1990 ein Joint Venture mit Magnetti Marelli, um ein

Werk in Telford (Großbritannien) zu betreiben. Die beiden Werke produzierten Wärmetauscher und Klimaanlagen für das Toyota-Werk in Burnaston. Außerdem gründete Denso ein Joint Venture mit Valeo in Barcelona, um aus dem Greenfield-Werk PSA und Renault zu beliefern. Später übernahm Denso das spanische Werk vollständig.

2. Die zweite Phase bildet die Übernahme der Rotating Machines Division (Anlasser, Lichtmaschinen und Elektromotoren) und der Thermal Systems Division (Klimaanlagen, Wärmetauscher) von Magnetti Marelli in den Jahren 1999 und 2001. Die Übernahme hatte das Ziel, das Geschäft mit Fiat, PSA und Renault auszubauen. Sie bedeutete die Übernahme von zwei italienischen, einem englischen, einem portugiesischen und einem polnischen Werk sowie weiteren Standorten außerhalb Europas. Denso avancierte mit der Übernahme zu einem der wichtigsten Hersteller von Klimaanlagen und Wärmetauschern in Europa mit knapp 20 Prozent des Marktvolumens.
3. Die dritte Phase ist durch den Ausbau der Fertigungsbasis in Mittelosteuropa und der Türkei geprägt. Sie überschneidet sich zeitlich etwas mit der zweiten Phase. In Ungarn (ab 1997) und Tschechien (2001) werden große Greenfield-Standorte mit jeweils über 2.000 Beschäftigten aufgebaut. Die Standorte produzieren nicht nur für Toyota und sind nicht immer in der Nähe von Toyota-Standorten angesiedelt. Das ungarische Werk produziert Common-Rail-Systeme für Dieselmotoren, Dieseleinspritzpumpen sowie Motorelektronikkomponenten. Der erste Kunde war das Motorenwerk von Isuzu in Polen, das Motoren für General Motors produziert. Später begannen auch Lieferungen an die Motorenwerke von Toyota in Polen und von Volkswagen in Ungarn (Denso 2002). Die tschechischen Standorte produzieren Wärmetauscher und Klimaanlagen sowie die dazugehörige Elektroniksteuerung. Die Kunden sind VW, Audi, BMW, Toyota/PSA Kolin und Suzuki Ungarn (Czechinvest 2006). In Istanbul wurde 2002 ein kleines Werk für Klimaanlagen eröffnet, das Toyota in der Türkei beliefert. In Polen gründete Denso 2003 ein Joint Venture mit Toyota Boshoku zur Produktion von Zylindern und Partikelfiltern für die Toyota-Motorenwerke in Polen. 2007 wurde ebenfalls in Polen ein Joint Venture mit Bosch zur Produktion von Dieselpartikelfiltern gegründet, das jedoch 2009 aufgrund der Wirtschaftskrise aufgelöst wurde. Auch in dieser Phase werden allerdings kleinere Standorte in der Nähe westeuropäischer Kunden eröffnet. Im Jahre 2000 nimmt ein Joint Venture mit

Toyota Industries im sächsischen Strassgräbchen die Produktion von Kompressoren für Klimaanlagen auf. 2002 wird ein Werk für Wärmetauscher im spanischen Vigo eröffnet, das PSA beliefert.

Eine klare Arbeitsteilung zwischen West- und Mittelosteuropa im Sinne der Übernahme unterschiedlicher Aufgaben gibt es nur begrenzt. Die Produktion von Wärmetauschern und Klimaanlagen ist sowohl in West- als auch in Mittelosteuropa angesiedelt. In Mittelosteuropa (Ungarn und Polen) konzentriert sich Densos gesamte europäische Fertigung von Motorkomponenten. Die Forschung und Entwicklung ist Standort München/ Eching konzentriert. Entwickelt werden dort von etwa 250 Mitarbeitern (Stand 2006) Wärmetauscher und Klimaanlagen.

Abbildung 17: Beschäftigung der Denso Corporation in Europa, 2000–2006

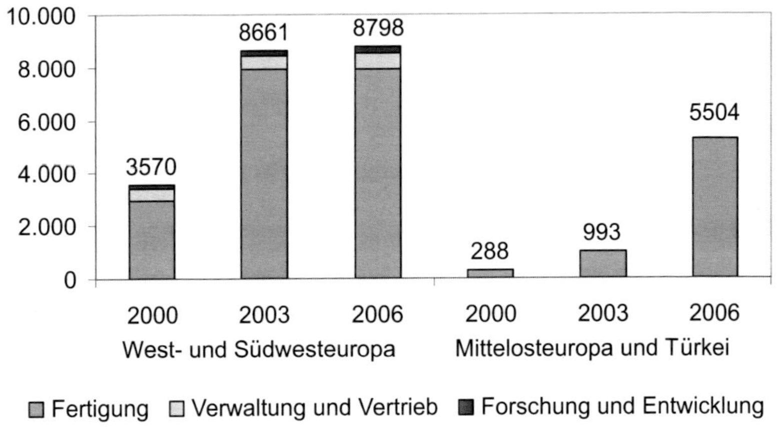

Quelle: Eigene Darstellung nach Denso Jahresberichte.

Der ungarischen Investment and Trade Development Agency (2006) zufolge soll sich zudem eine kleine Entwicklungsabteilung für Motorkomponenten auch am ungarischen Produktionsstandort Szekesfehervar befinden. Die Beschäftigungsentwicklung von Denso in West- und Mittelosteuropa zeigt Abbildung 17.

Es hat bei Denso in Europa bisher keine Verlagerungsfälle gegeben. Allerdings stagniert Densos Beschäftigung in Westeuropa, während sie in Mittelosteuropa wächst. Die Stagnation in Westeuropa geht auf Arbeitsplätzeabbau in den von Magnetti Marelli übernommenen Standorten in Großbritannien und Italien zurück, der auch durch den Ausbau der Werke in Spanien und Deutschland nicht kompensiert werden konnte.

4.3.3 Koreanische Automobilfirmen in Mittelosteuropa

Die koreanischen Automobilhersteller begannen später und unter anderen Voraussetzungen als die japanischen Unternehmen mit dem Aufbau eigener Produktionsstätten in Europa. Die koreanische Automobilindustrie war seit den 1960er Jahren als Folge einer direkten staatlichen Förder- und Lenkungspolitik entstanden. Ihre Entwicklung war zuerst durch die Produktion lizensierter Modelle von Nissan, Toyota, Ford und GM geprägt (Hyun 2003). Seit den 1970er Jahren unterstützte die koreanische Regierung die Entwicklung eigener Produkte durch die koreanischen Automobilhersteller, aber nur Hyundai gelang es, eigene international wettbewerbsfähige Modelle zu entwickeln. Zudem blieben die koreanischen Hersteller bis in die 1990er Jahre auf kleine und preiswerte Wagen spezialisiert, deren Qualität in Europa und Nordamerika keine gute Reputation besaß (Hyun 2003; Ravenhill 2004).

Während die koreanischen Hersteller in den 1960er und 1970er Jahren auf ihren Heimatmarkt beschränkt blieben, begannen sie in den 1980er Jahren eine internationale Expansion insbesondere auf dem nordamerikanischen Markt, die sich zuerst auf Exporte aus Korea stützte. Erst die Unzufriedenheit der US-amerikanischen Regierung mit den wachsenden Handelsbilanzdefiziten mit asiatischen Staaten und die Drohung mit protektionistischen Maßnahmen führten schließlich im Falle von Hyundai zu der Entscheidung, als erster koreanischer Automobilhersteller eine Produktionsstätte im Ausland aufzubauen. Hyundai eröffnete 1988 ein Werk im kanadischen Bromont. Da sich allerdings (a) Hyundais Absatzerwartungen in Nordamerika nicht erfüllten, (b) die Beschaffung und Logistik für das Werk mit erheblichen Schwierigkeiten konfrontiert waren, da kein koreanischer Zulieferer das Risiko auf sich nahm, Hyundai nach Kanada zu folgen, und (c) das Werk mit Arbeitskonflikten und Qualitätsproblemen zu kämpfen hatte, beschloss Hyundai Mitte der 1990er Jahre, das Werk zu schließen und die Ausrüstung für ein neues Werk in Indien zu verwenden (Chung 1998). Das Scheitern in Nordamerika führte bei Hyundai zu einer sehr vorsichtigen Internationalisierungsstrategie, die in den 1990er Jahre auf Asien beschränkt blieb.

In Europa war es daher nicht der stärkste koreanische Automobilhersteller Hyundai, sondern Daewoo, der als erster den Aufbau eigener Produktionsstätten wagte. Die Internationalisierung Daewoos war durch eine spezifische Problemlage motiviert. Daewoo hatte 1976 mit der Automobilproduktion begonnen, als es Saehan Motor erwarb, einen lokalen Partner von GM. Daewoo übernahm die Partnerschaft mit GM und produzierte weiterhin GM-Modelle. Da die Kooperationsvereinbarung mit GM dem Unternehmen allerdings nur sehr begrenzte Exporte erlaubte und Daewoo in Korea im Vergleich zu Hyundai und Kia eine relativ schwache Position hatte, wurde die Partnerschaft mit GM zunehmend als ein Problem wahrgenommen (Oh et al. 1998). Im Jahr 1992 kündigte Daewoo die Kooperation mit GM auf und versuchte, durch eine aggressive Expansion Marktanteile in Europa und Nordamerika zu gewinnen (Hyun 1998).

In Europa übernahm Daewoo in den Jahren 1994 und 1995 drei Automobilwerke in Mittelosteuropa: Zwei Pkw-Werke in Polen und Rumänien sowie ein Lkw-Werk in Tschechien. In der Ukraine wurde der Produzent AvtoZAZ mit der Herstellung von Daewoo-Fahrzeugen in Lizenz beauftragt. In der ersten Zeit sollten die mittelosteuropäischen Werke mit CKD-Kits aus Korea beliefert werden, bis eine lokale Zulieferbasis gewachsen war. In Polen wurden von den dreizehn wichtigsten Zulieferern des übernommenen polnischen Herstellers FSO Joint Ventures mit koreanischen Zulieferern von Daewoo gebildet. Bei vielen dieser koreanischen Daewoo-Zulieferer handelte es sich um relativ kleine Unternehmen, für die das Joint Venture in Polen der einzige Auslandsstandort war. Während Daewoos europäische Produktionsbasis auf Mittelosteuropa und Rumänien konzentriert wurde, baute das Unternehmen zwei FuE-Standorte in Westeuropa auf (in Worthing/UK und Frankfurt Main/Deutschland).

Daewoo setzte auf die Produktion von preiswerten Kleinwagen, die in Polen, der Ukraine und Russland sehr erfolgreich waren, aber kaum Käufer in Westeuropa fanden. Mangels eigener Technologie kaufte das Unternehmen kritische Komponenten von außen ein: Motoren von General Motors, Getriebe von ZF und japanischen Unternehmen (Ravenhill 2004). Daewoos Engagement in Mittelosteuropa endete allerdings plötzlich, als das Unternehmen zusammen mit weiteren koreanischen Automobilherstellern wie Kia, Ssangyong und Samsung im Zuge der Asienkrise 1997 in Schwierigkeiten geriet und kurz vor dem Bankrott stand. In dieser Situation entschied sich die koreanische Regierung, den Verkauf von Daewoo an General Motors zuzulassen.[10] Allerdings wurden Daewoos europäische Werke nicht von GM übernommen. Das polnische Werk wurde schließlich an das ukrainische Unternehmen AvtoZAZ verkauft und produziert in Lizenz Daewoo-Modelle, die seit 2005 unter der Marke Chevrolet von GM in Europa verkauft werden. Das rumänische Werk wurde 2008 an Ford verkauft.

Das Scheitern von Daewoo schloss allerdings nur die erste Phase des Engagements der koreanischen Automobilhersteller in Europa ab. Nach der überstandenen Asienkrise von 1997 und der Übernahme von Kia in 1998, entschied sich Hyundai zu Beginn der 2000er Jahre, die sehr vorsichtige und auf Asien begrenzte Internationalisierungsstrategie zu modifizieren und in Europa Werke zu errichten. Bereits 2000 wurde in der Türkei ein Joint Venture mit einem einheimischen Hersteller eingegangen. Im Jahre 2004 wurde mit dem Bau eines Kia-Werks im slowakischen Zilina begonnen, das 2006 die Produktion aufnahm. Im Jahr 2005 wurde mit dem Bau eines Hyundai-Werks im tschechischen Ostrava begonnen, das 2009 eröffnet wurde (vergleiche Pavlinek 2008: 252f). Das Engagement von Hyundai unterscheidet sich in vier wesentlichen Punkten von der von Daewoo in den 1990er Jahren verfolgten Herangehensweise: Zum ersten besitzt Hyundai eine wesentlich größere Entwicklungskompetenz als Daewoo. Zum zweiten setzt Hyundai im Unterschied zu Daewoo auf den Aufbau von eigenen Greenfields. Zum dritten ist die Zuliefererbasis von Hyundai stärker als im Falle Daewoos. Nach der Übernahme von Kia fasste Hyundai die Komponentenherstellung unter dem Dach von Hyundai Mobis zusammen. Dadurch ist ein zu Hyundai zugehöriger Großzulieferer entstanden, der den Internationalisierungsprozess bewältigen kann. Hyundai Mobis hat in der direkten Nachbarschaft des slowakischen Kia Werks ein Komponentenwerk errichtet, das mit 2.000 Beschäftigten Frontendmodule, Cockpitmodule und Chassisteile herstellt. Neben Mobis haben sich in der Slowakei sieben weitere koreanische Hyundai-Zulieferer mit knapp 5.000 Beschäftigten angesiedelt. Wie bei Hyundai selbst handelt es sich dabei vorwiegend um Greenfield-Werke. Im Kontext des Aufbaus des Hyundai-Werks in Tschechien war bis 2009 die Ansiedlung eines guten Dutzends weiterer koreanischer Zulieferer in Tschechien, der Slowakei und Polen angekündigt worden. Zum vierten setzt Hyundai nicht auf Klein-

10 Kia wurde von Hyundai übernommen, Samsung von Renault. Ssangyong wurde zuerst von Daewoo übernommen, kurz darauf aber wieder verkauft. Seit 2004 gehörte es dem chinesischen SAIC, der es 2009 in Insolvenz gehen ließ.

wagen für mittelosteuropäische Märkte, sondern auf die Produktion von Fahrzeugen, die als direkte Konkurrenten nach Westeuropa exportiert werden und die europäischen Hersteller in ihren Kernmärkten angreifen können.

Die Investitionen Hyundais in der Slowakei und in Tschechien stellen für die westeuropäischen Automobilhersteller eine viel größere Herausforderung dar, als es die Investitionen Daewoos waren. Hyundai ist in der Lage, Fahrzeuge nach westeuropäischen Standards zu entwerfen, und versucht, in einem Kernsegment des westeuropäischen Marktes Fuß zu fassen. Da Hyundai seine europäischen Produktionsstätten komplett auf Mittelosteuropa (Tschechien und Slowakei) sowie die Türkei konzentriert, würde sich Hyundais Gewinn von Marktanteilen in Europa als eine Substitution von Produktion in Westeuropa durch die mittelosteuropäischen Standorte auswirken.

Allerdings ist bemerkenswert, dass die koreanischen Hersteller, und zwar sowohl Daewoo als auch Hyundai, ihre Produktion zwar ausschließlich in Mittelosteuropa ansiedeln, ihre Entwicklungszentren aber in Westeuropa betreiben. Hyundai hat an seinem europäischen Hauptquartier in Rüsselsheim ein Entwicklungszentrum angesiedelt.

4.4 Verlagerung der Komponentenfertigung

Während die direkte Verlagerung der Automobilproduktion aus West- nach Mittelosteuropa bislang (noch) begrenzt ist und Gefahren für die Arbeitsplätze in Westeuropa vor allem von der Substitution westeuropäischer Produktion durch die mittelosteuropäischen Werke japanischer und koreanischer Unternehmen ausgehen, werden wir in der Komponentenfertigung eine stärkere Verlagerungsbewegung zeigen. Im Folgenden fassen wir zunächst die Ergebnisse verschiedener Studien zur Verlagerung in der europäischen Zulieferindustrie zusammen. Anschließend analysieren wir den Wandel der internationalen Arbeitsteilung anhand von drei Kurzfallstudien: der Motorenproduktion im Volkswagenkonzern, der Sitzproduktion beim US-amerikanischen Zulieferer Lear und der Kabelbaumproduktion beim deutschen Zulieferer Leoni. Die drei Fallstudien stellen die Entwicklung der Ost-West-Arbeitsteilung im Hinblick auf Komponenten unterschiedlicher Komplexität (Motoren/ Motorkomponenten, Sitze, Kabelbäume) und im Hinblick auf unterschiedliche Unternehmenstypen (OEM, US-amerikanischer Großzulieferer, ehemals mittelständischer deutscher Zulieferer) dar.

Eine auf den Zeitraum 1990 bis 1996 bezogene Umfrage unter nordrheinwestfälischen Automobilzulieferern ergab, dass zu dieser Zeit nur 34 Prozent im Ausland aktiv waren (Walker 1999). Von diesen suchten 38 Prozent nach niedrigen Lohnkosten für arbeitsintensive Prozesse (also 13 Prozent des gesamten Samples) und 62 Prozent nach neuen Absatzmärkten (also 21 Prozent des gesamten Samples). Allerdings veränderte sich die Situation seit dem Ende der 1990er Jahre und spätere Umfragen kommen zu dem Ergebnis einer stärkeren Verlagerung. Nach einer Umfrage des Fraunhofer ISI-Instituts schwankte bei deutschen Automobilzulieferern der Anteil der Unternehmen, die Produktionsverlagerungen aus Deutschland heraus vornehmen, in den Jahren 1997 bis 2001 zwischen 25 Prozent und 38 Prozent (Kinkel/Lay 2005: 71). Die unter dem Titel »Automobilstandort Deutschland in Gefahr« von Ernst & Young (2004) veröffentlichte Umfrage unter Automobilzulieferern stellte fest, dass 38 Prozent der befragten Zulieferunternehmen bereits Produktionsstätten in Osteuropa und China hatten. Von den bereits in Osteuropa und China präsenten Unternehmen planten 90 Prozent (!) weitere Verlagerungen aus Deutschland in diese Regionen. Von den Unternehmen ohne Standorte in Osteuropa und China planten 25 Prozent eine Verlagerung dorthin.

Eine weitere Quelle für die Zahl der Verlagerungen sind die Daten des European Restructuring Monitor (ERM). Die Gesamtzahl der vom ERM registrierten Verlagerungen in der Automobilindustrie und die durch sie hervorgerufenen Beschäftigungsverluste sind sehr gering. Von Anfang 2002 bis Ende 2007 hat der ERM in der westeuropäischen Automobilindustrie den Verlust von 20.000 Arbeitsplätzen durch Verlagerungen registriert, das ist nur 1 Prozent der Beschäftigung nach NACE 34 in einem Zeitraum von fünf Jahren (also 0,2 Prozent jährlich). Auffallend ist dabei allerdings, dass es starke Unterschiede zwischen westeuropäischen Ländern gibt. Am größten sind die vom ERM gemeldeten Beschäftigungsverluste durch Verlagerung in Portugal (5.700 Arbeitsplätze), Belgien (3.700 Arbeitsplätze) und Großbritannien (3.500 Arbeitsplätze). Erst an vierter Stelle kommt Frankreich (2.600 Arbeitsplätze) und an fünfter Stelle Deutschland (1.700 Arbeitsplätze), wobei aber in diesen Ländern die vom ERM gemeldeten Verlagerungen im Vergleich zur Größe der Industrie vernachlässigbar sind.

Abbildung 18: Wert der Komponentenimporte pro produziertes Fahrzeug in westeuropäischen Ländern, 1995 und 2008

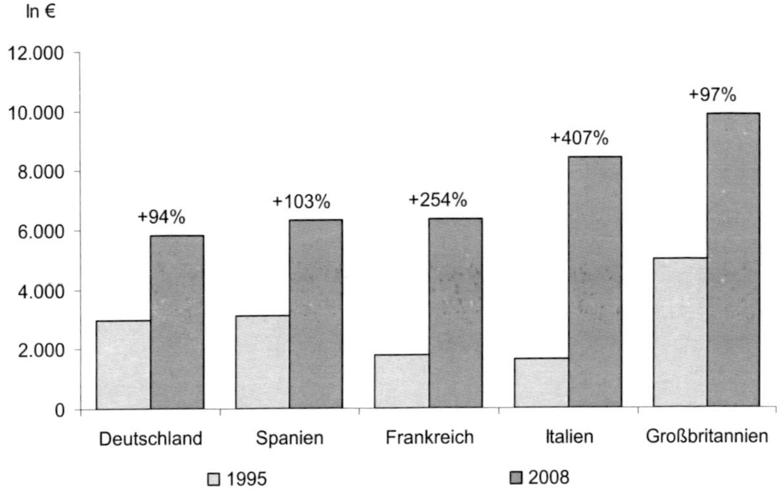

Quelle: Eigene Berechnungen nach Eurostat DS-018995 und VDA International Auto Statistics. Komponentenimporte nach SITC 784, 71321-23, 71391-92, 77313.

Schließlich kann die Entwicklung der Komponentenimporte aus Mittelosteuropa nach Westeuropa als ein Indikator für die Verlagerung von Produktion dienen. Die Verlagerung der Produktion von Teilen und Komponenten in Niedriglohnländer sollte sich in Westeuropa in einem Anstieg des Werts der Komponentenimporte pro produziertes Fahrzeug ausdrücken.[11] Abbildung 18 vergleicht den Wert der Komponentenimporte pro produziertes Fahrzeug in Deutschland und in anderen westeuropäischen Staaten, um Unterschiede der Durchdringung der jeweiligen Automobilproduktion durch Importe zu untersuchen. Dabei ist zu berücksichtigen, dass der Wert der Komponentenimporte nicht gleichbedeutend

11 Eine Analyse der Importdurchdringung wird meist auf der Grundlage von Input-Output-Matrizen durchgeführt. Ein Beispiel ist die vom Bundesministerium für Wirtschaft und Technologie beim Prognos-Institut in Auftrag gegebene Studie über die »Veränderung der europäischen Wertschöpfungsstrukturen im Zuge der Vollendung des europäischen Binnenmarktes und der EU-Erweiterung« (Prognos 2007). Die Durchführung einer solchen Analyse für eine größere Zahl europäischer Staaten wäre recht aufwendig. Eine einfacher zu handhabende Alternative bieten vorhandene Daten der Außenhandelsstatistik, die im Folgenden genutzt werden.

ist mit der Wertschöpfung im Ausland, da in den Wert der Komponentenimporte auch der Wert der eventuell zuvor exportierten Vorleistungen eingeht (also z.B. in den Wert der nach Deutschland importierten Motoren der Wert der in Deutschland hergestellten und ausgeführten Motorkomponenten[12]). Die faktische im Ausland geleistete Wertschöpfung ist also niedriger als der in der Abbildung angegebene Wert der Komponentenimporte. Für einen Ländervergleich reicht dieser Indikator aus, er gibt aber nicht die absolute Importdurchdringung an.

In allen in der Abbildung 18 aufgeführten westeuropäischen Ländern nimmt der Wert der Komponentenimporte pro produziertem Fahrzeug deutlich zu.[13] Es ist allerdings schwierig, das absolute Niveau der Importe zu interpretieren. Als Interpretationshilfe kann der Wert der Komponentenimporte mit dem Durchschnittspreis der produzierten Fahrzeuge in Bezug gesetzt werden; auf diese Weise wird eine komplizierte Verflechtungsrechnung vermieden. In Deutschland lag der durchschnittliche Produzentenpreis (ohne Steuern) eines Pkw im Jahr 2008 bei etwa 23.300 Euro.[14] Pro produziertes Fahrzeug wurden durchschnittlich Komponenten für 5.810 Euro nach Deutschland importiert, wobei dieser Wert auch Ersatzteile, Teile und Komponenten für Busse und Lkw sowie aus Deutschland stammende Vorleistungen beinhaltet. Wenn wir dies dennoch als eine Annäherung akzeptieren, gehen im Jahre 2008 durchschnittlich etwa 25 Prozent des Werts eines in Deutschland produzierten Fahrzeugs

---

12 Um ein Beispiel zu geben: Der Import von Motoren aus Ungarn nach Deutschland wird hier mit seinem vollen Wert als Komponentenimport berücksichtigt. Allerdings bildeten im Jahre 2005 in Deutschland hergestellte Motorkomponenten 36 Prozent des Werts der ungarischen Motorenproduktion (eigene Berechnungen nach Eurostat). Nur max. 64 Prozent des hier voll angerechneten Werts der Motorenimporte aus Ungarn nach Deutschland sind also wirkliche Auslandswertschöpfung, zumindest wenn man von Importen/Exporten auf tiefer gelagerten Prozessstufen abstrahiert.

13 Die Importe sind in laufenden Preisen angegeben, da die Preise für Automobilkomponenten aufgrund des Preisdrucks der Endhersteller seit Anfang der 1990er Jahre nicht steigen. Nach Angaben der deutschen Bundesbank gab es in Deutschland bei den Erzeugerpreisen für Automobilkomponenten zwischen 1995 und 2005 gar keine Veränderung (vergleiche VDA 2006: 323).

14 Eigene Berechnung auf der Grundlage der von der Europäischen Kommission in ihren Car Price Reports zusammengestellten Daten (vergleiche Europäische Kommission 2008). Es handelt sich um Listenpreise, die Rabattaktionen nicht berücksichtigen. Da es sich zudem um Preise für Privatkäufer handelt, werden die etwas niedrigeren Preise für Flottenkäufe, die einen wachsenden Teil des Marktes ausmachen, nicht berücksichtigt. Berücksichtigt wird zudem nur die Basisversion der Fahrzeuge, das heißt ohne Berücksichtigung unterschiedlicher Ausstattungen und Modellvarianten.

auf Komponenten aus dem Ausland zurück – wobei diese Annäherung die tatsächliche Wertschöpfung im Ausland wahrscheinlich überzeichnet. Im Falle Frankreichs, Spaniens und Italiens lag der durchschnittliche Produzentenpreis eines dort produzierten Fahrzeugs im Jahr 2008 deutlich unter 20.000 Euro. Damit machen Teile- und Komponentenimporte über 30 Prozent des Werts der in diesen Ländern produzierten Fahrzeuge aus. Bemerkenswert ist, dass sowohl das Wachstum der Komponentenimporte als auch ihr absolutes Niveau in Deutschland unter den Werten anderer westeuropäischer Länder liegen.

Wenn wir auf den Anteil der Importe aus Niedriglohnländern blicken (vergleiche Abbildung 19), fällt ein frappierender Unterschied zwischen Deutschland und den anderen westeuropäischen Ländern auf.

Abbildung 19: Herkunft von Automobilkomponentenimporten westeuropäischer Länder 1995 und 2008 (Säulenhöhe gibt Prozent an, Werte innerhalb der Säulen die Importe in Mrd. Euro)

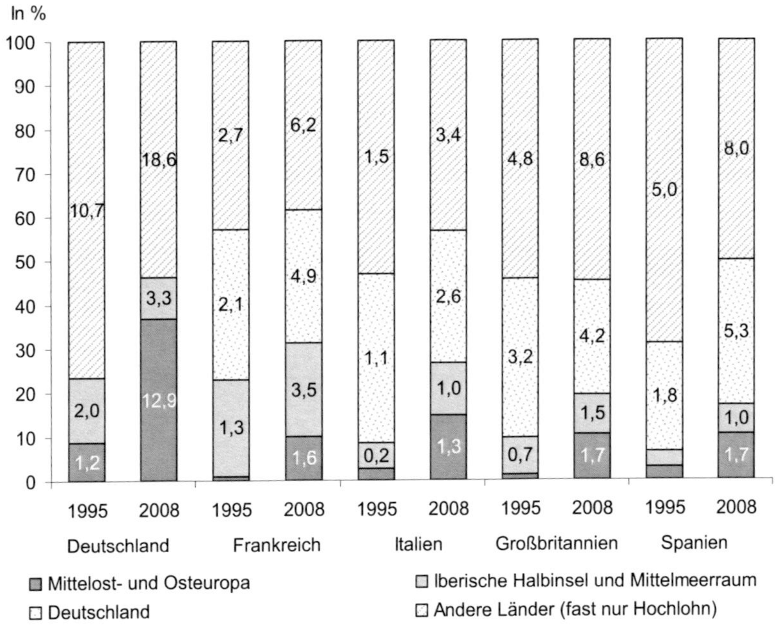

Mittel- und Osteuropa ist: PL, CZ, SK, HU, SL, ROM, UA, RU. Mittelmeerraum ist: TR, MA, TN, DZ. Iberische Halbinsel ist: ES, PT. Andere Niedriglohnländer (auch China) spielen als Komponentenlieferanten eine marginale Rolle und liefern weniger als 1 Prozent der Importe. Quelle: Eigene Berechnungen nach Eurostat, DS-018995.

Der Anteil Mittelost- und Osteuropas an den Komponentenimporten nach Deutschland wuchs zwischen 1995 und 2008 von 9 Prozent auf 37 Prozent. Dieses Wachstum ging auf Kosten der Importe aus West- und Südwesteuropa (vergleiche auch Nunnenkamp 2005: 50). Deutschland ist das einzige westeuropäische Land, das seine Komponentenimporte so stark nach Mittelosteuropa reorientiert hat. Etwa 45 Prozent der deutschen Komponentenimporte konnten 2008 als Niedriglohnimporte gelten, wenn man auch Spanien als Niedriglohnland einstuft. Für Frankreich spielen die iberische Halbinsel und der Mittelmeerraum weiterhin die zentrale Rolle als Niedriglohnstandort, wenngleich Mittelosteuropa an Bedeutung gewinnt. Im Fall der italienischen, britischen und spanischen Automobilindustrie haben Importe aus Mittelosteuropa jene von der iberischen Insel und aus dem Mittelmeerraum bereits überholt, wenngleich auf einem niedrigeren Niveau als in Deutschland. Bemerkenswert ist auch, dass Frankreich, Italien, Großbritannien und Spanien mehr Komponenten aus Deutschland als aus Niedriglohnländern importieren.

Es ist weiterhin hervorhebenswert, dass die annähernde Verdoppelung der Komponentenimporte in allen westeuropäischen Ländern sowie im Falle Deutschlands der massive Ausbau der Importe aus Mittelosteuropa keine eindeutige Auswirkung auf die Entwicklung der aggregierten Beschäftigungszahlen bei Automobilzulieferern in Westeuropa hat. Nun wird die Entwicklung der Beschäftigung von verschiedenen Faktoren beeinflusst: Neben Verlagerung spielen das allgemeine Umsatzwachstum und nicht zuletzt die seit den 1990er Jahren in Europa einsetzenden *Outsourcing-*Prozesse von Endherstellern an Zulieferer eine Rolle. Schon allein durch das *Outsourcing* sind positive Beschäftigungseffekte bei Zulieferern zu erwarten. Vor diesem Hintergrund ist ein paradoxes Phänomen zu unterstreichen: In Deutschland zeigt sich eine positive Beschäftigungsentwicklung bei der Herstellung von Automobilkomponenten, obwohl das Land einen rasanten Anstieg der Komponentenimporte aus Mittelosteuropa erfahren hat und zudem nach Umfragen über Verlagerungspläne bei Zulieferern am stärksten unter Verlagerung leiden sollte (vergleiche Abbildung 20).[15]

15 Die Zunahme der Beschäftigung in der italienischen Zulieferindustrie ist zum Teil ein statistisches Artefakt. Fiat hat seine Komponentenfertigung ausgegliedert, wodurch sie nicht mehr bei der Automobilherstellung, sondern bei der Komponentenherstellung registriert wird.

Abbildung 20: Beschäftigung bei der Herstellung von Automobilkomponenten (NACE 34.3) in Deutschland, Italien, Frankreich und Großbritannien, 1995–2007 (1995=100 Prozent)

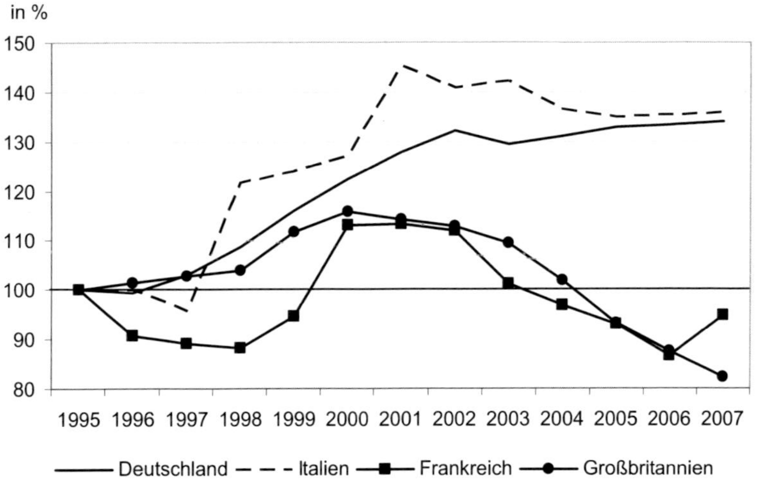

Quelle: Eigene Darstellung nach VDA, International Auto Statistics.

Quantitative Indikatoren zu Verlagerungsfällen, Beschäftigungszahlen und Handelsverflechtungen zeigen, dass Mittelosteuropa als Zuliefererstandort an Bedeutung gewinnt. Der Umfang der Verlagerungen und ihre Beschäftigungseffekte bleiben aber umstritten. Zudem ist es auf der Basis quantitativer Indikatoren schwierig, den qualitativen Wandel der Arbeitsteilung zwischen West- und Mittelosteuropa zu erfassen. Aus diesem Grund wird der Wandel der Arbeitsteilung im Folgenden anhand von qualitativen Fallstudien untersucht. In allen drei Fallstudien werden wir fragen, ob es zu Verlagerung von Produktion und Beschäftigung nach Mittelosteuropa kam und welche Auswirkungen die eventuelle Verlagerung für die westeuropäischen Standorte hatte.

– Anhand einer Fallstudie über die Motorenfertigung im VW-Konzern wird die Verlagerung der Komponentenfertigung durch die Endhersteller selbst analysiert. Seit der zweiten Hälfte der 1990er Jahre haben Unternehmen wie GM, VW, Toyota oder auch Ford die Fertigung von Motoren und Getrieben in Mittelosteuropa aufgenommen. Mittlerweile ist die Fertigung von Motoren zu einem sehr wichtigen Bestandteil der mittelosteuropäischen Automobilindustrie geworden.

- Anhand einer Fallstudie über den US-amerikanischen Sitzehersteller Lear werden die Auswirkungen der Konzentrationsprozesse unter Zulieferern und der Verlauf der Konsolidierung der Standortstruktur untersucht. Die Konzentrationsprozesse sind das Ergebnis der Modularisierungsbestrebungen und der Globalisierung der Automobilhersteller und haben auch Folgen für die internationale Arbeitsteilung.
- Anhand einer Fallstudie über den deutschen Kabelbaumhersteller Leoni werden wir die Entwicklung der Ost-West-Arbeitsteilung im Bereich der Kabelbaumherstellung untersuchen. Kabelbäume sind ein besonders arbeitsintensives Produkt, das als einer der ersten in Niedriglohnländer verlagert wurde. Die Fallstudie Leoni zeigt die Entwicklung eines mittelständischen Unternehmens in Deutschland zu einem global operierenden Konzern mit Produktion in Niedriglohnländern. Die Fallstudie wirft die Frage nach dem Zusammenhang zwischen Wachstum und Verlagerung auf.

4.4.1 Motorenfertigung im VW Konzern

Die Internationalisierung der Motorenfertigung des Volkswagen Konzerns in Europa erfuhr Anfang der 1990er Jahre einen wichtigen Schub. Zu Beginn der 1990er Jahre waren Salzgitter als das Motorenleitwerk von Volkswagen und Ingolstadt als der Fertigungsstandort der Audi-Motoren die beiden wichtigsten Motorenwerke im Volkswagenkonzern. Im Werk Salzgitter arbeiteten Anfang der 1990er Jahre knapp 10.000 Mitarbeiter, bei Audi in Ingolstadt waren es in der Motorenfertigung etwa 1.000.

In der ersten Hälfte der 1990er Jahre – also noch vor dem Aufbau von Motorenwerken in Mittelosteuropa – kam es bereits zu einer Zunahme des Wettbewerbs der deutschen Motorenwerke im VW-Konzern (Eckhardt 2003: 230ff). Ein wichtiger Auslöser war dabei die Krise des VW-Konzerns in der ersten Hälfte der 1990er Jahre. Zudem wurde 1992 ein neues Motorenwerk im sächsischen Chemnitz in Betrieb genommen und somit eine innerdeutsche »Niedriglohnkonkurrenz« zu den westdeutschen Werken geschaffen. Mitte der 1990er Jahre lagen die monatlichen Löhne im sächsischen Motorenwerk bei 60 Prozent des Lohnniveaus in den westdeutschen Motorenwerken, bis Mitte der 2000er Jahre ist die Differenz auf 85 Prozent geschrumpft. Hinzu kommen die längeren Regelwochenarbeitszeiten in Ostdeutschland. Dieser innerdeutsche Wettbewerb übte während der gesamten 1990er Jahre einen erheblichen Druck auf die Entgelt- und Beschäftigungsbedingungen in den westdeutschen Werken aus. Der innerdeutsche Wettbewerb führte zu Konzessionen des Betriebsrats im Motorenleitwerk Salzgitter, etwa als Ende der 1990er Jahre zur Kostensenkung vereinbart wurde, dass 12,5 Prozent der Beschäftigten im Werk aus dem VW-Haustarifvertrag herausgenommen und nach schlechteren Konditionen beschäftigt werden können (Eckhardt 2003: 230).

Bereits in der ersten Hälfte der 1990er Jahre begannen zudem Diskussionen über die Verlagerung von besonders arbeitsintensiven Komponenten, deren Produktion geringere Qualifikationsanforderungen hatte. So wurde bis Ende der 1990er Jahre die Herstellung der Motorverkabelung outgesourct und in Niedriglohnländer verlagert (Eckhardt 2003: 215ff; DE-31). Auch Teile der Ventile- und Zylinderkopffertigung wurden an externe Anbieter vergeben und verlagert.

Eine neue Phase begann in der zweiten Hälfte der 1990er Jahre mit dem Aufbau von Motorenwerken in Mittelosteuropa. Nun waren nicht nur einzelne Komponenten, sondern die gesamte Motorenfertigung von Verlagerung bedroht. Im Jahre 1994 nahm das Audi-Motorenwerk im ungarischen Györ den Betrieb auf. Bis Ende der 1990er Jahre wurde das Werk schrittweise ausgebaut und die Produktion der Audi-Motoren aus Ingolstadt nach Györ verlagert. Ingolstadt hatte in der ersten Hälfte der 1990er Jahre durchschnittlich 500.000 Motoren pro Jahr produziert, in der zweiten Hälfte der 1990er Jahre lief die Produktion wegen der Verlagerung nach Ungarn langsam aus, die letzten Motoren wurden in Ingolstadt im Jahre 2000 hergestellt.

Beim Aufbau des Werks in Györ versprach Volkswagen, dass nur die Produktion der Audi-Motoren nach Ungarn gehen würde und dass die VW-Werke nicht betroffen wären (DE-31). Allerdings wurde bereits kurz nach der Eröffnung des Werks in Györ die Fertigung eines Benziner-Motors für Wagen der Golf-Plattform in Salzgitter heruntergefahren und schrittweise nach Györ verlagert. Eine kurze Zeit lang hoffte der Betriebsrat in Salzgitter, dass sich eine stabile Arbeitsteilung nach dem Muster Dieselmotoren in Salzgitter und Benzinmotoren in Györ herausbilden würde. Doch schon 1997 wurde die Vergabe eines Dieselmotors in einem Wettbewerb zwischen Salzgitter und Györ entschieden, wobei ein Teil der Produktion nach Ungarn ging. Die Kapazität des ungarischen Motorenwerks wurde schrittweise auf 2,1 Millionen Stück Mitte der 2000er Jahre ausgebaut.

Im Jahre 1999 wurde ein weiteres VW-Motorenwerk im polnischen Polkowice eröffnet, das die Produktion von Dieselmotoren mit einer Kapazität von 500.000 Motoren jährlich (später 640.000) aufnahm. Das Management versprach damals, dass das Werk Salzgitter von der Motorenproduktion in Polen profitieren würde, da man einen Verrechnungspreis für die Motoren kalkulieren würde, der die Kosten von Salzgitter und von Polkowice kombiniert (Mischkalkulation). Dieses Versprechen wurde jedoch dem Betriebsrat in Salzgitter zufolge nicht realisiert:

»Die Mischkalkulation gab es immer nur in der Theorie. Die Verrechnung der unterschiedlichen Kosten war ein leeres Versprechen. Als es um die Realität ging, hieß es, das sei rechtlich gar nicht möglich« (DE-31).

Schließlich wurde in den Jahren 2001 bis 2002 das Skoda-Motorenwerk in Mlada Boleslav modernisiert. Das Werk produziert jährlich etwa 250.000 3-Zylinder Benziner-Motoren, wobei etwa die Hälfte an VW-Standorte außerhalb Tschechiens geliefert wird.

Abbildung 21 zeigt die Entwicklung der Produktionsmengen der europäischen Motorenwerke des VW-Konzerns. Die Produktion in Deutschland steigt von 1,6 Millionen Anfang der 1990er Jahre auf knapp 2,8 Millionen im Jahr 1998 und fällt dann stetig auf 1,4 Millionen im Jahre 2006 zurück, um 2007 leicht wieder auf 1,7 Millionen anzusteigen. Dabei wird die Produktion in Ingolstadt aufgegeben, die Produktion in Salzgitter reduziert und der ostdeutsche Standort Chemnitz aufgebaut. Stark expandiert die Produktion in Mittelosteuropa. Sie erreicht 2,8 Millionen Stück in 2007.

In der ersten Zeit nach ihrer Gründung besaßen die Motorenstandorte in Mittelosteuropa noch keine mechanische Bearbeitung für die Kernkomponenten des Motors, so dass die bearbeiteten Motorblöcke, Pleuel, Zylinderköpfe, Kurbel- und Nockenwellen aus Deutschland (vor allem Salzgitter) geliefert wurden. Nach einiger Zeit wurden aber auch hierfür die benötigten Anlagen in den mittelosteuropäischen Werken installiert, so dass die Werke nun selbst die Rohgussteile bearbeiten können. Damit produzieren Standorte in Deutschland und in Mittelosteuropa die gleichen Modelle mit einer vergleichbaren Fertigungstiefe und stehen in direkter Konkurrenz. Salzgitter besitzt noch eine etwas höhere Fertigungstiefe als die anderen Werke, da nur in Salzgitter Anbauteile für die Motoren (Gehäuse, Rohre, Pumpen, Stößel, Hebel etc.) hergestellt und an alle anderen Werke geliefert werden. 1.100 Mitarbeiter, das heißt immerhin knapp

20 Prozent der Beschäftigung in Salzgitter, sind in der Produktion dieser Anbauteile beschäftigt.

Abbildung 21: Produktion der VW-Motorenwerke in Deutschland und Mittelosteuropa in Millionen Stück, 1990–2007

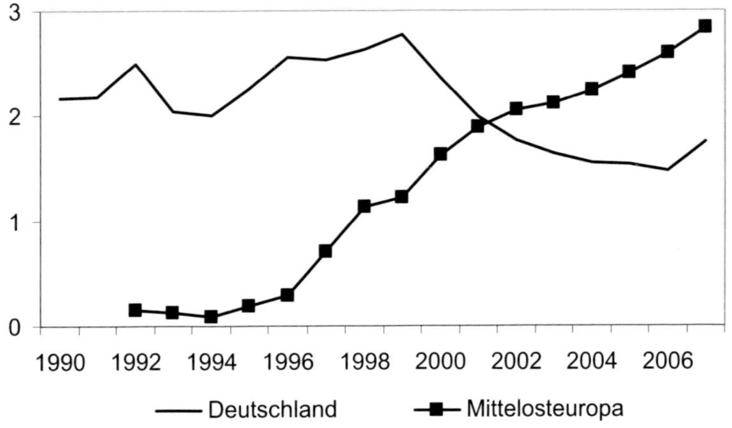

Quelle: Eigene Darstellung nach Geschäftsberichten von VW, Audi und Skoda sowie eigenen Interviews.

Zusammenfassend lässt sich der Fall der Motorenwerke des VW-Konzerns als ein Beispiel eines direkten Wettbewerbs zwischen den deutschen und mittelosteuropäischen Werken charakterisieren, in dem es eine Verlagerung nach Mittelosteuropa gegeben hat. Diese Verlagerung zog eine Reduktion der Beschäftigung in Deutschland nach sich. Die Beschäftigung in Salzgitter lag Anfang der 1990er Jahre bei knapp 10.000 Mitarbeitern, Mitte der 1990er Jahre bei etwa 7.000 und sank auf 6.400 in 2007. Seit 2000 wurden in Salzgitter keine Neueinstellungen mehr vorgenommen und Abgänge nicht ersetzt (DE-31). In Ingolstadt waren zirka 1000 Arbeitsplätze von der Verlagerung nach Ungarn betroffen. In Chemnitz wurde die Beschäftigung in der Motorenfertigung auf 900 Mitarbeiter im Jahre 2007 ausgebaut. Den 7.800 Mitarbeitern in Deutschland standen im Jahre 2007 5.000 Beschäftigte in Györ, 1.050 in Polkowice und etwa 500 in Mlada Boleslav gegenüber.

Der verlagerungsbedingte Beschäftigungsabbau in Deutschland war mit einer Veränderung des Qualifikationsprofils der Beschäftigten verbunden.

Im Zuge der Automatisierung der Motorenproduktion in den 1980er Jahren hatte sich die Rekrutierungsstrategie bei VW verändert. Waren bis in die 1980er Jahre vornehmlich angelernte Arbeitskräfte in der Motorenmontage eingesetzt worden, da man Facharbeiter für zu hoch qualifiziert hielt, so führte die Automatisierung zu einer Kehrtwende: Nun wurden nur noch Facharbeiter eingestellt (Eckhardt 2003: 210; Jürgens 2003). Die Verlagerung der Komponentenfertigung (z.B. Verkabelung) führte zu einem Abbau von Arbeitsplätzen für angelernte Arbeitskräfte, vor allem Frauen. Das Zusammenwirken der neuen Rekrutierungspolitik und der Verlagerung resultierte Ende der 1990er Jahre in einem 80 Prozent-Anteil der Facharbeiter an der Beschäftigung in den VW-Motorenwerken (Eckhardt 2003: 210).

Es ist allerdings charakteristisch für VW und für den *Governance*-Kompromiss im Unternehmen, dass die Stakeholder des Unternehmens in Deutschland (das Management, der Betriebsrat, das Land Niedersachsen) dem internen Wettbewerb und der Verlagerung Grenzen setzen. Diese Grenzen nehmen die Form von Investitions- und Kapazitätszusagen für die deutschen VW-Werke an, die seit den 1990er Jahren immer wieder neu ausgehandelt wurden (Jürgens/Krzywdzinski 2006). Der VW-Tarifvertrag von 2006 hat die Position der deutschen Motorenwerke gestärkt. Für das Werk Salzgitter wurden bis 2011 eine Beschäftigungshöhe von 7.000 Mitarbeitern und Investitionen in eine neue Motorengeneration zugesagt. Von großer Bedeutung war zudem die Zusicherung, die Komponentenfertigung im Werk Salzgitter zu behalten und nicht outzusourcen. Vergleichbare Garantien wurden auch den anderen deutschen VW-Werken gegeben. Die gesamte Belegschaft der Volkswagen AG musste im Gegenzug eine Arbeitszeiterhöhung von 28,8 auf 33 Wochenstunden ohne Lohnausgleich, das heißt eine 14-prozentige Reduktion der Lohnkosten pro Stunde, hinnehmen.

Die Verlagerung der Motorenfertigung nach Mittelosteuropa ist allerdings nur ein Teil der Entwicklung. Die Fertigung von Motor*komponenten* bleibt nämlich bis Mitte der 2000er Jahre weiterhin vor allem in Deutschland konzentriert. Der Aufbau der Motorenfertigung in Mittelosteuropa führt damit zu einer Expansion der deutschen Motorkomponentenexporte. Es hat also eine Verlagerung der Motorenproduktion aus Deutschland nach Mittelosteuropa stattgefunden, zugleich sind aber die mittelosteuropäischen Standorte noch immer hochgradig von Motorkomponentenimporten aus Deutschland abhängig. Im Falle des größten mittelosteuropäischen Motorenwerks im ungarischen Györ (Audi) stammen nur 15 bis 20 Prozent der Wertschöpfung aus Ungarn.

Mit Hilfe der Außenhandelsdaten kann die historische Entwicklung der Verflechtung Deutschlands und Mittelosteuropas in der Motorenfertigung und die Bedeutung von Komponentenimporten der mittelosteuropäischen Länder aus Deutschland nachvollzogen werden (Abbildung 22). Im Jahre 1995 gab es nur zwischen Deutschland und Ungarn eine relevante Verknüpfung in der Motorenproduktion. Deutschland lieferte Motorkomponenten, die knapp 40 Prozent des Werts der ungarischen Motoren ausmachten. Die in Ungarn produzierten Motoren wurden wiederum fast vollständig exportiert.

Fünf Jahre später, im Jahre 2000 ist die Verflechtung bereits viel komplexer geworden. Ungarn (VW, GM) und Polen (VW, GM) liefern Motoren an Deutschland. Es gibt aber auch Motorenlieferungen aus Deutschland nach Tschechien (an Skoda), Slowakei (an VW Bratislava) und an Polen (VW Poznań). Deutschland liefert Motorkomponenten an Ungarn und Polen, es gibt aber auch mittlerweile Lieferungen von Motorkomponenten aus Polen und Tschechien an Deutschland. Bemerkenswert ist, dass es kaum Verflechtung der mittelosteuropäischen Länder untereinander gibt.

Im Jahre 2005 ist die Verflechtung noch dichter geworden. Hinzugekommen sind zudem erste größere Lieferverflechtungen zwischen den mittelosteuropäischen Ländern. Allerdings ist Deutschland immer noch der mit Abstand größte Lieferant von Motorkomponenten an die mittelosteuropäischen Länder. Im Falle Ungarns machen auch 2005 Motorkomponentenimporte aus Deutschland immer noch 36 Prozent des Werts der in Ungarn produzierten Motoren aus. Interessant ist aber, dass auch Polen und Tschechien anfangen, Motorkomponenten an Ungarn zu liefern. Das könnte ein Zeichen für den Aufbau einer Motorkomponentenindustrie in Mittelosteuropa sein, die die Bedeutung Deutschlands als Lieferant von Motorkomponenten in Zukunft mindern könnte. Wichtig sind dabei die Ansiedlung von japanischen Motorkomponentenherstellern in Polen, Tschechien und Ungarn (Denso, Aisin, Aisan, Daido Metal, Ishimitsu, NGK) sowie der Aufbau von Standorten von deutschen Motorkomponentenherstellern (Bosch in Tschechien, Mahle in Polen). Die Fallstudie Motorenproduktion führt also zu einem ambivalenten Ergebnis.

Abbildung 22: Handel mit Motoren und Motorkomponenten zwischen Deutschland und den MOE-Staaten in Mio. Euro, 1995–2005

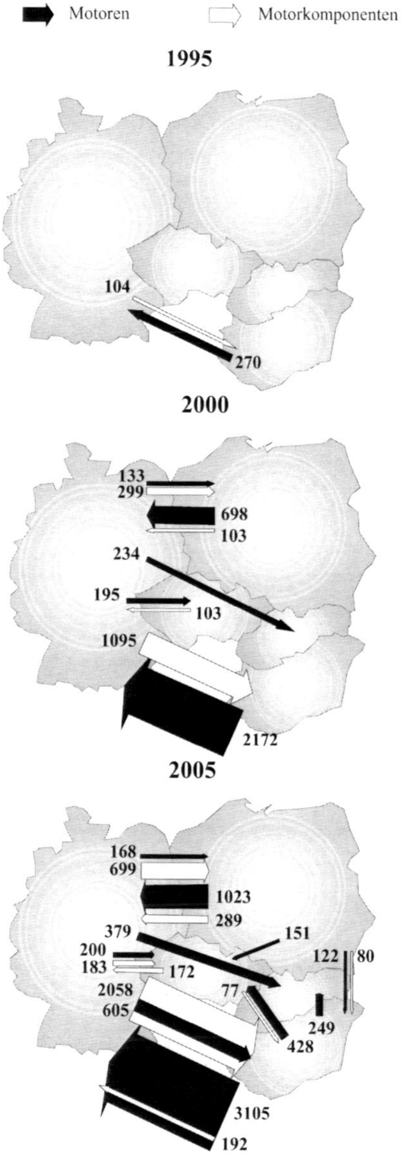

Quelle: Eigene Berechnungen und Darstellung nach Eurostat, DS-018995.

Sie zeigt eine Verlagerung der Produktion nach Mittelosteuropa, die zu einer Reduktion der Beschäftigung in Deutschland geführt hat, ohne aber die Produktion in Deutschland ganz in Frage zu stellen. Zugleich bleibt die Produktion von Motorkomponenten bislang in Deutschland konzentriert. Der Aufbau der Motorenproduktion in Mittelosteuropa eröffnete deutschen Motorkomponentenherstellern neue Exportmärkte. Seit Anfang der 2000er Jahre ist aber die Entstehung einer Motorkomponentenfertigung in Mittelosteuropa festzustellen, die mittelfristig zu einem Umbruch der Ost-West-Arbeitsteilung führen könnte. Das starke Wachstum der Motorenherstellung in Mittelosteuropa brigt allerdings nicht nur Vorteile, sondern auch Gefahren vor dem Hintergrund der Veränderungen der Antriebstechnologien und dem möglichen Bedeutungsverlusts des Verbrennungsmotors.

4.4.2 Sitzfertigung bei der Lear Corporation

Lear ist einer der größten amerikanischen Automobilzulieferer und ist vor allem auf Sitze und in geringerem Maße auf Innenraumkomponenten (Cockpit- und Türverkleidung) sowie Elektronik spezialisiert. Seit Anfang der 1990er Jahre hat Lear durch eine Vielzahl von Übernahmen kleinerer Unternehmen einen schnellen Expansionskurs eingeschlagen. Zwischen 1995 und 2006 verdreifachte sich die Beschäftigung von Lear. Die Expansion war die Antwort auf zwei Probleme: Zum ersten erwarteten die Automobilhersteller, dass ihre *First-Tier*-Zulieferer Modulhersteller und Systemintegratoren werden. Dazu musste Lear seine traditionelle Spezialisierung auf Sitze aufgeben und die »total interior capability« entwickeln, wie es das Unternehmen nennt (Lear 2007). Zum zweiten musste Lear seine Abhängigkeit von den *Big Three* reduzieren. Die Umstellung des Unternehmens gelang aber nicht schnell genug. Das Unternehmen wurde vom Einbruch der US-amerikanischen Automobilindustrie ab 2007 hart getroffen und musste 2009 Insolvenz (*Chapter-Eleven*-Verfahren) anmelden. Die europäischen Unternehmensteile sind von der Insolvenz allerdings nicht betroffen.

Lears Expansion durch Übernahmen ging einher mit einem expliziten Verlagerungsprozess der Produktion aus Hochlohn- in Niedriglohnländer – das heißt aus den USA nach Mexiko und aus Westeuropa nach Mittelosteuropa. Zwischen 1995 und 2006 stieg der Anteil von Niedriglohnländern (Mittelost- und Osteuropa, Asien, Südamerika inklusive Mexiko) an der

Beschäftigung von Lear von 35 Prozent auf 62 Prozent (vergleiche Tabelle 7). Innerhalb Europas vervielfachte sich der Beschäftigungsanteil mittelosteuropäischer Länder im genannten Zeitraum von 6,3 Prozent auf 53,3 Prozent. Das Unternehmen setzt aber weiterhin auf Verlagerung und kündigte im Jahre 2005 einen »accelerate move to low-cost countries« (Lear 2005) an.

Tabelle 7: Beschäftigung der Lear Corporation nach Region, 1995 und 2006

	1995	2006
Weltweit	36.000	104.000
Westeuropa	7.400	14.000
Mittelost- und Osteuropa	500	16.000
Asien	400	14.000
Nordamerika	16.100	26.000
Südamerika	11.600	34.000
Anteil der Niedriglohnländer weltweit	34,7%	61,5%
Anteil der Niedriglohnländer in Europa	6,3%	53,3%

Quelle: Eigene Zusammenstellung anhand von Geschäftsberichten der Lear Corporation und eigenen Interviews (DE-10, PL-40). Niedriglohnregionen sind Mittelost- und Osteuropa, Asien, Südamerika und Mexiko.

Aufgrund der Überlappung von Akquisitionen und Verlagerungen ist es nicht möglich, die Beschäftigungseffekte der *Going-East*-Strategie in westeuropäischen Ländern direkt zu messen. Die Meldungen des European Restructuring Monitor (ERM) bieten jedoch einige Informationen über Werksschließungen von Lear. Mit Hilfe des ERM und einer weiteren Presserecherche konnten wir sieben Werksschließungen in Westeuropa zwischen 1998 und 2007 identifizieren, die einen Beschäftigungsabbau von insgesamt 3.900 Arbeitsplätzen bedeuteten (vergleiche Tabelle 8). Es ist bemerkenswert, dass Portugal, Spanien und Großbritannien besonders vom Beschäftigungsabbau betroffen waren. Das steht im Einklang mit den bisher ausgewerteten Fallbeispielen und Daten. Nicht die Hochlohnländer Deutschland und Frankreich, sondern in erster Linie die bisherige Südperipherie der europäischen Automobilindustrie (Portugal und Spanien) ist von Verlagerungen betroffen. In Mittelosteuropa hat Lear zwischen 1995 und 2007 zehn neue Werke eröffnet und die Beschäftigung von 500 auf etwa 16.000 ausgebaut.

Tabelle 8: Werkschließungen der Lear Corporation in Westeuropa (in Klammern betroffene Arbeitsplätze)

2007	Nottingham, Großbritannien (400)
2006	Valongo, Portugal (285)
2005	Povoa de Llanhoso, Portugal (800)
2002	Cervera, Spanien (1.000)
1999	Bengtsfors, Schweden (860)
1998	Nuneaton, Großbritannien (300)
	Colne, Großbritannien (350)

Quelle: Eigene Zusammenstellung anhand des European Restructuring Monitor und anhand von Pressemeldungen.

In Deutschland hatte Lear im Jahr 2006 etwa 7.000 Beschäftigte. Das Unternehmen begann in den 1970er Jahren, in Deutschland Sitze zu produzieren, als es den Matratzen- und Federnhersteller Schlaraffia übernahm. Lear expandierte in Deutschland seit Ende der 1990er Jahre mit der Übernahme eines Teils der Sitzfertigung von Keiper im Jahre 1997 und dem Kauf des Elektronikkomponentenherstellers Grote und Hartmann im Jahre 2004. Standortschließungen hat es bei Lear in Deutschland noch nicht gegeben, die Zahl der Werke ist sogar durch die Eröffnung von *Just-in-Time* (JIT)-Standorten gewachsen. Im Kontext der Weltwirtschaftskrise 2008 reduzierte Lear die Beschäftigung an den westeuropäischen Standorten, auch wenn neue Werksschließungen in 2008 und 2009 nicht gemeldet wurden.

Die meisten Werke Lears sind auf bestimmte Kunden und auf bestimmte Produkte spezialisiert (DE-10). Entscheidend für die Zukunft der Werke ist die Frage, ob es einen Folgeauftrag bei Modellwechseln gibt. Eine direkte Konkurrenz zwischen bestehenden Werken gibt es damit nur begrenzt, aber einen hohen Verlagerungsdruck, wie der Betriebsrat betont:

»Wir können leicht verlagert werden. Der Betrieb besteht ja quasi aus Schweißzellen, die mit einem Gabelstapler einfach an einen anderen Ort gefahren werden können. Das einzige Verlagerungshemmnis ist unsere Facharbeiterbasis. Es ist nicht selbstverständlich, überall Arbeiter zu finden, die Roboter selbst programmieren können, die Werkzeugmechaniker sind und den Produktionsprozess eigenständig kontrollieren können.«

Die Endhersteller verlangen von Lear die Kalkulation von Preisen auf der Grundlage des mittelosteuropäischen Lohnniveaus, weswegen vor allem arbeitsintensive Prozesse nach Mittelosteuropa verlagert werden.

»Bei uns wird das so diskutiert. Wenn wir eine Wertschöpfungszeit von mehr als 10-15 Min. pro Produkt haben, können wir das nach Osteuropa geben« (DE-10).

An den deutschen Standorten von Lear werden die Regeln des deutschen Mitbestimmungssystems eingehalten und es herrscht ein kooperatives Verhältnis zwischen Management und den Betriebsräten. Eine europaweite Koordination der Arbeitnehmervertreter ist allerdings bislang gescheitert. Lear besaß 2005/06 49 Werke in Westeuropa und 12 Werke in Mittelost- und Osteuropa. Die Standortstruktur ist sehr zersplittert, was sich auch im Eurobetriebsrat ausdrückt, der aus Vertretern aus zwölf Ländern zusammengesetzt ist. Viele der mittelosteuropäischen Standorte haben keine gewerkschaftliche Vertretung und sind im Eurobetriebsrat nicht vertreten. Es gibt keine starke zentrale Arbeitnehmervertretung, die direkt Einfluss auf die europäische Unternehmenszentrale ausüben könnte und die US-amerikanische Zentrale ist außerhalb der Reichweite der europäischen Arbeitnehmervertreter. Auf der Arbeitnehmerseite fehlt somit ein Akteur, der stark genug wäre, die Arbeitsteilung zwischen den europäischen Standorten von Lear zu beeinflussen.

An den westeuropäischen Standorten von Lear setzt sich der Trend zur Reduktion der Volumenfertigung und zu einer Spezialisierung auf Produkte mit geringen Volumina und einer hohen Varianz durch (z.B. Luxussitze für Daimler). Diese Art der Produktion bleibt in Westeuropa an Standorten in Kundennähe. Die Produktion von Standardsitzen kann in Westeuropa nur noch selten profitabel durchgeführt werden und wird nach Osteuropa verlagert. Jedoch werden in Westeuropa noch JIT-Standorte für die kundennahe Endmontage der Sitze neu eröffnet. Die Sitzgerüste, Sitzbezüge und Sitzelektronik werden in großen Komponentenwerken in Mittelosteuropa hergestellt und an die JIT-Werke geliefert, wo eine kleine Zahl von Arbeitern sie für die Montage im Automobil zusammensetzt und just-in-time an das Automobilwerk liefert. Das gleiche Muster der Zunahme von kleinen JIT-Werken in Westeuropa und von großen Komponentenwerken in Osteuropa hat Frigant (2007) für Faurecia festgestellt.

4.4.3 Kabelbaumherstellung bei Leoni

Die Geschichte des Unternehmens Leoni geht auf Werkstätten zur Draht- und Leitungsherstellung im Raum Nürnberg zurück. Seit 1956 stellt das Unternehmen Kabelbäume für die Automobilindustrie her. Mit 2,9 Milliarden Euro Umsatz und 50.821 Mitarbeitern war das Unternehmen im Jahre

2008 Weltmarktführer bei Automobilverkabelung, nicht zuletzt nachdem 2008 die Kabelbaumsparte von dem französischen Automobilzulieferer Valeo übernommen wurde. Die zwei Unternehmensbereiche Kabelbäume sowie Kabel und Drähte machen je etwa die Hälfte des Umsatzes des Unternehmens aus. Insbesondere Kabelbaumfertigung ist ein sehr arbeitsintensiver Prozess mit einem entsprechend sehr hohen Lohnkostenanteil an den Gesamtkosten.

Der Internationalisierungsprozess von Leoni begann im Jahre 1977, als das Unternehmen den ersten Kabelbaumfertigungsstandort in Tunesien eröffnete. Das tunesische Werk fertigte Vorprodukte und Halbfertigprodukte, die an die deutschen Werke geliefert wurden. Der Aufbau des Werkes in Tunesien resultierte nicht in einer Verlagerung aus Deutschland: Die Produktion der Vorprodukte in Tunesien und ihre Endbearbeitung bildeten für das Unternehmen eine »Mischkalkulation« (DE-33), die die Wettbewerbsfähigkeit der deutschen Standorte erhöhte. Die Beschäftigung in Deutschland verdoppelte sich zwischen den 1970er Jahren und 1990 von etwa 2.000 auf 4.157 Arbeitsplätze. Die wichtigsten deutschen Fertigungsstandorte waren zu Beginn der 1990er Jahre Kitzingen bei Würzburg und Neuburg für die Kabelbaumproduktion, Roth bei Nürnberg für die Kabelherstellung sowie Kitzingen für die Drahtherstellung.

Die internationale Arbeitsteilung innerhalb von Leoni erfuhr zu Beginn der 1990er Jahre eine grundlegende Veränderung. Seit Ende der 1980er Jahre begannen die deutschen Automobilhersteller auf massive Kostensenkungen bei Bordnetzen zu drängen und die Verlagerung in Niedriglohnländer zu fordern. Dabei gab es manchmal explizite Vorgaben über den Zielort der Verlagerung. In den 1990er Jahre musste Leoni beispielsweise die Fertigung für Audi nach Ungarn verlagern, die Fertigung für Porsche in die Slowakei (DE-33). Aus dem Werk Kitzingen wurde bis 1997 die gesamte Kabelbaumfertigung verlagert. Die Kabelbaumproduktion im Werk Neuburg wurde im Juni 2007 beendet. Die Verlagerung der Kabelbaumproduktion ging in der ersten Hälfte der 1990er Jahre mit einem starken Beschäftigungsabbau einher. Betroffen waren vor allem Frauen, die 90 Prozent der Produktionsbelegschaft in der Kabelbaumfertigung ausmachten. Die Beschäftigung in Deutschland fiel von 4.157 Mitarbeitern 1990 auf 2.029 im Jahre 1996. Seit Mitte der 1990er Jahre wächst Leonis Mitarbeiterzahl in Deutschland wieder, das Wachstum geht jedoch vor allem auf Akquisitionen von Herstellern von hochwertigen Spezialkabeln für Medizin, Telekommunikation, Industrieanlagen aber auch der Automobilindustrie zurück (Abbildung 23).

Abbildung 23: Beschäftigung von Leoni in Deutschland und im Ausland, 1990–2008

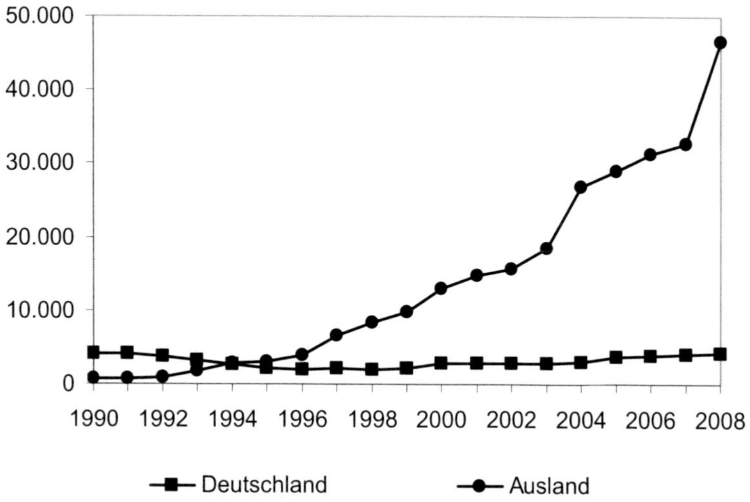

Quelle: Eigene Darstellung nach Leoni, Geschäftsberichte.

Mit diesen Akquisitionen expandiert das Unternehmen in Hochtechnologischen, nicht zuletzt, um sich vom zyklischen Automobilgeschäft unabhängiger zu machen (Leoni 2006). Leonis Beschäftigung außerhalb Deutschlands ist von 654 in 1990 auf 46.578 im Jahre 2008 expandiert.

Die Kabelbaumproduktion wurde vollständig aus Deutschland in große Werke in Mittelosteuropa sowie in das expandierende Werk in Tunesien verlagert. Die wichtigsten Kabelbaumwerke von Leoni in Europa und im Mittelmeerraum waren im Jahr 2008: das 1977 eröffnete Werk in Tunesien, das 1991 eröffnete Werk in Portugal, die 1992 und 1993 eröffneten Werke in der Slowakei, das 2004 eröffnete Werk in der Ukraine, und das ebenfalls 2004 eröffnete Werk in Rumänien.

Am Anfang lieferten alle osteuropäischen Werke an Leoni-Standorte in Deutschland, wo die Produkte kontrolliert und für die Kunden verpackt wurden. Bei den meisten Werken wurde aber wegen der sehr guten Qualität schon bald dieser Umweg über Deutschland aufgegeben. Es gibt nur noch einen kleinen Teil der Kabelbaumproduktion im Ausland, der den

Umweg über die deutschen Werke nimmt. Technologisch sind die Produktionsstätten in Osteuropa auf dem neuesten Stand (DE-33).

Die derzeitige Standortkonstellation ist allerdings nicht stabil. Es kündigt sich bereits eine nächste Verlagerung an, von der aber nicht Deutschland, sondern vor allem Ungarn betroffen ist. In den ungarischen Leoni-Werken sind die Lohnkosten deutlich höher als in anderen MOE-Ländern. Die Produktion aus Ungarn wurde bereits in die Ukraine verlagert und das 1992 eröffnete ungarische Werk geschlossen. Im Kontext der Weltwirtschaftskrise 2008 schloss Leoni auch das 1995 eröffnete polnische Kabelbaumwerk und verlagerte die Produktion in die Ukraine.

In Deutschland geblieben ist noch die Herstellung von Kabeln, da Kabelproduktion stark automatisiert ist und einen geringen Lohnkostenanteil hat. Kabel werden weiterhin von 700 Mitarbeitern im Werk Roth bei Nürnberg gefertigt, zudem hat Leoni eine Reihe von kleinen Spezialkabelherstellern in Deutschland gekauft. Leoni hat zwar auch ein Kabelwerk in Polen erworben und ausgebaut, dieses beliefert bisher aber nur Osteuropa und hat nicht die Fertigung in Deutschland verdrängt. Nach Einschätzung des Betriebsrats ist der Bereich Kabelfertigung wegen der niedrigen Lohnkosten nicht verlagerungsgefährdet (DE-33).

Im Jahr 2008 entsprach die Beschäftigung von Leoni in Deutschland in etwa dem Stand von 1990. Im Zuge der Verlagerung hat sich die Beschäftigungsstruktur in Deutschland aber grundlegend verändert, wie man am Beispiel des Standorts Kitzingen zeigen kann. An diesem Standort arbeiteten zu Beginn der 1990er Jahre 1.500 Mitarbeiter in der Kabelbaumfertigung – zu 90 Prozent Frauen als angelernte Arbeitskräfte. Im Jahr 2006 waren unter den 620 Mitarbeitern des Standorts noch 80 gewerblich Beschäftigte, die in der Herstellung von Prototypen und Mustern sowie als Techniker beschäftigt waren. Unter den 530 Angestellten war die Hälfte in Forschung und Entwicklung tätig (teilweise mit Arbeitsplätzen an Standorten der OEMs), die andere Hälfte waren Vertriebs- und Verwaltungsmitarbeiter. Der Frauenanteil am Standort Kitzingen lag noch bei 29 Prozent.

Zusammenfassend repräsentiert die Kurzfallstudie Leoni das Beispiel einer radikalen Verlagerung aus Deutschland nach Mittelost- und Osteuropa. Diese Verlagerung war Teil eines rasanten Wachstumsprozesses. Innerhalb einer Dekade ist Leoni von einem mittelständischen deutschen Unternehmen zu einem Global Player geworden. Es ist fraglich, ob diese Expansion ohne die Verlagerung der arbeitsintensiven Produktionsprozesse möglich gewesen wäre – zumal die Endhersteller diese Verlagerung explizit verlangten. Der Wachstumsprozess schuf die Nachfrage nach Forschungs- und Entwicklungsaktivitäten, die in Deutschland konzentriert bleiben. Im Jahr 2008 hatte Leoni 1073 FuE-Mitarbeiter, die an der Entwicklung von kundenspezifischen Kabelbaumarchitekturen und an der Integration elektronischer Komponenten in die Kabelbaumarchitekturen arbeiteten (Leoni 2008; Leoni 2006). Verlagerung hat also Wachstumsprozesse ermöglicht, die zur Zunahme der wissensbezogenen Beschäftigung in Deutschland beigetragen haben. Auch wenn die Anpassungsentwicklung so schnell wie möglich an die osteuropäischen Werke gegeben wird, findet keine Verlagerung von FuE ins Ausland statt (DE-33). An den mittelosteuropäischen Standorten gibt es nur kleine Abteilungen mit je etwa 10 bis 20 Ingenieuren für Anpassungsentwicklung. Am rumänischen Standort Arad wird seit 2006 ein Kompetenzzentrum für Lkw-Bordnetze aufgebaut. In China und den USA gibt es Entwicklungsabteilungen, die auch Produktentwicklung betreiben, die aber aus Gründen der Kundennähe errichtet wurden.

4.4.4 Schlussfolgerungen

In der Komponentenfertigung spielt Verlagerung in die Niedriglohnländer Mittelosteuropas eine deutlich größere Rolle als bei den Automobilherstellern. Auch hier nehmen allerdings *Governance*-Kompromisse in den Unternehmen einen erheblichen Einfluss auf die Form der Ost-West-Arbeitsteilung. In drei Fallstudien wurden die Formen, das Ausmaß und die Folgen der Verlagerungsprozesse untersucht.

Die Fallstudie der Motorenproduktion des VW-Konzerns zeigt sowohl eine direkte Verlagerung als auch eine mittelfristig anhaltende Verschiebung der Produktionskapazitäten aus Deutschland nach Mittelosteuropa, die Beschäftigungsverluste in Deutschland nach sich gezogen haben. Zugleich ist es nicht zu einer kompletten Aufgabe der Motorenproduktion in Deutschland gekommen. Vielmehr ist es den Betriebsräten gelungen, mit dem Management einen Kompromiss über die Anpassung des Arbeitsmodells zu finden. Der Kompromiss beinhaltet Konzessionen der Beschäftigten (etwa längere und flexiblere Arbeitszeiten), aber auch die Garantie einer mittelfristigen Auslastung der deutschen Werke. Zudem wurde gezeigt, dass zwar die Motorenmontage nach Mittelosteuropa verlagert wurde, dass aber bis Mitte der 2000er Jahre das Gros der Komponenten aus Deutschland geliefert wurde. Auf diese Weise findet ein großer Teil der Wertschöpfung mit den dazugehörigen Beschäftigungseffekten weiterhin in Deutschland statt.

Die Fallstudie des US-amerikanischen Großzulieferers Lear zeigt die Überlappung eines durch Übernahmen angetriebenen Wachstumsprozesses und einer Verlagerung der Produktion aus West- nach Mittelosteuropa. Lear war zu einem schnellen Expansionsprozess durch Übernahmen gezwungen, um einerseits seine Kompetenzen als Modulhersteller auszubauen und andererseits seine Abhängigkeit von den amerikanischen Endherstellern zu reduzieren. Nach den Übernahmen erfolgt eine Konsolidierung der Standortstruktur, die mit Verlagerungen verbunden wird. Die aggregierten Daten von Lear weisen aufgrund von Übernahmen einen Anstieg der Beschäftigung in Hochlohnländern aus, obwohl faktisch Arbeitsplätze abgebaut und in Niedriglohnländer verlagert werden. Es kristallisiert sich eine Ost-West-Arbeitsteilung heraus, bei der die Massenproduktion von Sitzkomponenten (Sitzgerüste, Sitzbezüge) in großen Komponentenwerken in Mittelosteuropa stattfindet, während in Westeuropa einerseits kleine JIT-Werke die Endmontage der Sitze kundennah vornehmen und andererseits kleinere Produktionswerke die Herstellung von Spezialsitzen mit kleinen Serien und großer Varianz übernehmen. Forschung und Entwicklung bleibt bislang an Hochlohnstandorten. Die zersplitterte Standortstruktur des Unternehmens wirkt sich einer fragmentierten Struktur der Arbeitnehmervertretung aus. Auf der Arbeitnehmerseite gibt es keinen zentralen Akteur, der im Hinblick auf die Ost-West-Arbeitsteilung auf Kompromisse drängen könnte, die Beschäftigungsinteressen der Standorte berücksichtigen.

Die Fallstudie des deutschen Kabelbaumherstellers Leoni untersucht schließlich einen Produktbereich, in dem sehr schnell die komplette Produktion in Niedriglohnländer verlagert wurde. Es handelt sich um die sehr arbeitsintensive Kabelbaumherstellung. Die komplette Verlagerung der Produktion bedeutete einen Arbeitsplatzabbau in Deutschland, von dem besonders Frauen betroffen waren, die als angelernte Arbeitskräfte in der Kabelbaumontage arbeiteten. In Deutschland blieben die Verwaltungs- und Managementfunktionen des Unternehmens sowie die Forschung und Entwicklung. Die massive Verlagerung der Produktion in Niedriglohnländer ermöglichte es dem Unternehmen, von einem mittelständischen Betrieb zu einem *Global Player* aufzusteigen. Der Wachstumsprozess schuf zudem einen neuen Bedarf für Arbeitsplätze in der Entwicklung, Verwaltung und Distribution, die in Deutschland entstanden sind – wenngleich

Kabelbäume sicherlich kein besonders FuE-intensiver Produktbereich sind.

In den Fallstudien wird deutlich, dass es keinen einfachen Zusammenhang zwischen Verlagerung und Beschäftigungswachstum gibt. Verlagerung in Niedriglohnländer kann in manchen Fällen Wachstumsprozesse und Beschäftigungszunahme in Hochlohnländern befördern (Fall Leoni). In anderen Fällen ist aber Wachstum von Unternehmen mit einer aggressiven Verlagerungsstrategie und mit Beschäftigungsverlusten in Hochlohnländern verbunden (Fall Lear). In aggregierten Daten sind die jeweiligen Wirkungsrichtungen nicht sichtbar. Sie werden erst in einen längeren Zeitraum abdeckenden Fallstudien deutlich.

Ein Ergebnis aller drei Fallstudien ist zudem der Wandel der Beschäftigungszusammensetzung in Hochlohnländern. Gering qualifizierte Arbeitskräfte gehören in allen drei Fallstudien zu den Verlierern der Verlagerung. Wenn durch Verlagerung Wachstumsprozesse an Hochlohnstandorte angestoßen werden, so profitieren von den neuen Arbeitsplätzen vor allem Facharbeiter und noch mehr Beschäftigte mit Universitätsabschluss. Diese Entwicklung wird uns im folgenden Abschnitt beschäftigen.

4.5 Bessere Qualifikationen: Schutz vor Verlagerung?

Verlagerung trifft nicht alle Arbeitsplätze gleichermaßen. Eine Studie des deutschen Statistischen Bundesamtes (2008) kommt zum Ergebnis, dass zwischen 2001 und 2006 etwa 27.400 Industriearbeitsplätze jährlich aus Deutschland heraus verlagert wurden. Dabei waren gering qualifizierte Arbeitskräfte besonders betroffen: 69 Prozent der verlagerten Arbeitsplätze in der Industrie betrafen gering qualifizierte Arbeitskräfte, aber nur 46 Prozent der durch Wachstum neu generierten Industriearbeitsplätze hatten geringe Qualifikationsvoraussetzungen.

Auch unsere Fallstudien sprechen dafür, dass die Arbeitsplätze gering qualifizierter Arbeitskräfte am stärksten von der Verlagerung bedroht sind. Im Falle der Kabelbaumfertigung, in der nur angelernte Arbeitskräfte beschäftigt wurden, kam es im Laufe der 1990er Jahre zu einer fast vollständigen Verlagerung in Niedriglohnländer. Im Falle der Sitzfertigung zeigten wir den Trend der Verlagerung der Fertigung von Standardprodukten in Niedriglohnländer. In Hochlohnländern bleibt noch die Herstellung von besonders komplexen Produkten und Kleinserien, wobei qualifizierte Arbeiter beschäftigt werden. Im Falle der Motorenherstellung kam es zuerst zur Verlagerung der Fertigung einfacher Komponenten in Niedriglohnländer, wovon angelernte Arbeitskräfte betroffen waren. Allerdings folgte die Verlagerung eines Teils der Motorenproduktion selbst, die auch Facharbeiterarbeitsplätze gefährdet.

Wie verallgemeinerbar sind die Fallstudienbefunde? Für den Fall der Beschäftigung in der deutschen Automobilindustrie nach Qualifikationsgruppen haben Jürgens und Meissner (2005) eine Sonderauswertung des Betriebspanels des Instituts für Arbeitsmarkt- und Berufsforschung (IAB) vorgenommen (vergleiche Tabelle 9). Verlagerung ist nur ein Faktor unter vielen, die die Beschäftigungsentwicklung beeinflussen, insofern sind die Ergebnisse mit einer gewissen Vorsicht zu interpretieren. Insgesamt bleibt der jeweilige Anteil der Facharbeiter und der gering qualifizierten Arbeiter an der Produktionsbelegschaft stabil, in absoluten Zahlen nimmt die Beschäftigung beider Gruppen in den Jahren 1996 bis 2001 gleichmäßig um 15 bis 16 Prozent zu. Allerdings gibt es einen klaren Unterschied zwischen Endherstellern und Zulieferern. Wir haben argumentiert, dass Zulieferer stärker als Endhersteller Arbeitsplätze verlagern, da die Endhersteller den auf ihnen lastenden Preisdruck auf die Zulieferer abwälzen. In Tabelle 9 ist sichtbar, dass die Beschäftigung von Facharbeitern in der Komponentenherstellung zugenommen und die Beschäftigung von gering qualifizierten Arbeitern abgenommen hat.

Tabelle 9: Veränderung der Beschäftigungsstruktur in der deutschen Automobilindustrie 1996–2001 nach Qualifikationsgruppen

	Herstellung von Pkw u. Motoren	Herstellung von Teilen u. Zubehör	Ausgewählte Vorleistungssparten	Gesamt
Ungelernte Arbeiter	+26%	-12%	+13%	+15%
Facharbeiter	-2%	+64%	+20%	+16%
Ungelernte Angestellte	-88%	-56%	-48%	-55%
Qualifizierte Angestellte	+94%	+8%	+36%	+34%

Quelle: Jürgens/Meissner 2005: 227 auf der Grundlage des IAB-Betriebspanels.

Das lässt sich als ein Indiz für Verlagerung von gering qualifizierten Arbeitsplätzen auffassen, wenngleich sicherlich weitere Faktoren diese Entwicklung beeinflussen. Bei den Automobilherstellern zeigt sich interessanterweise ein entgegen gesetztes Muster. Hier haben zwischen 1996 und 2001 die Beschäftigung von Facharbeitern leicht ab- und die Beschäftigung von angelernten Arbeitern zugenommen. Jürgens und Meissner (2005: 67) führen das auch auf eine Trendwende in der Arbeitsorganisation in der deutschen Automobilindustrie zurück, die eine Rückkehr zur kurztaktigen Fliessbandproduktion und eine Beschränkung der Arbeitsinhalte der Beschäftigten beinhaltet (Springer 1999; Jürgens 2004). Diese Entwicklung ist aber auch mit unserer bisherigen Argumentation kompatibel, wonach Verlagerung bei Automobilherstellern bislang sehr begrenzt geblieben ist.

Sowohl bei den Automobilherstellern als auch bei den Zulieferern ist die Abnahme der Beschäftigung von Angestellten mit einfachen Tätigkeiten und der Anstieg der höher qualifizierten Angetellten deutlich. Der Anstieg der Beschäftigung von höher qualifizierten Angestellten ist der wichtigste Faktor, der die Zusammensetzung der Beschäftigung in der deutschen Automobilindustrie beeinflusst. Er geht auf eine überdurchschnittliche Intensivierung der Innovationsaktivitäten deutscher Unternehmen der Automobilindustrie als Antwort auf den Wettbewerb zurück. Während das FuE-Personal im deutschen Verarbeitenden Gewerbe ohne die Automobilindustrie zwischen 1995 und 2002 stabil geblieben ist, erhöhte sich das FuE-Personal in der deutschen Automobilindustrie in diesem Zeitraum um fast 50 Prozent auf knapp 77.000 Beschäftigte (Jürgens/Meissner 2005: 22). Mit 7,8 Prozent war der Anteil der Innovationsaufwendungen am Umsatz der deutschen Automobilindustrie fast doppelt so hoch wie im Durchschnitt des deutschen Verarbeitenden Gewerbes.

> »Durch Intensivierung der Innovationsanstrengungen mit der Perspektive, neue Felder hochwertiger Beschäftigung zu eröffnen, könnte die bisherige High-Road-Entwicklung möglicherweise weitergeführt werden« (Jügens/Meissner 2005: 15).

Leider liegen uns keine mit dem IAB-Betriebspanel vergleichbaren internationalen Daten vor. Um die Entwicklung in Deutschland vergleichend einzuordnen, greifen wir daher auf die Unterscheidung von Produktions- und Nichtproduktionstätigeiten zurück. Im Anschluss an Nunnenkamp und Spatz (2002) nutzen wir die Abnahme des Anteils der Produktionsarbeiter[16] an der Gesamtbeschäftigung in der Automobilindustrie als einen Indikator für die Zunahme der Spezialisierung auf »humankapitalintensive« Prozessstufen.

Abbildung 24 vergleicht die Entwicklung des Anteils der Arbeiter an der Gesamtbeschäftigung in der Automobilindustrie in Deutschland und den USA. In der deutschen Automobilindustrie sinkt der Anteil der Arbeiter an der Gesamtbeschäftigung zwischen 1980 und 2004 von 79 Prozent auf 70 Prozent. Es gibt bereits einen Abnahmetrend in den 1980er Jahren, der sich aber in den 1990er Jahren beschleunigt. In absoluten Zahlen erreichte die Beschäftigung von Arbeitern 1991 mit etwa 630.000 ihren Höhepunkt. Nach einem Einbruch wegen der Konjukturkrise in der ersten Hälfte der 1990er Jahre erholte sich die Beschäftigung von Arbeitern wieder auf 570.000 im Jahr 2001 und sinkt seitdem. Die Zahl der Angestellten steigt dagegen seit Anfang der 1980er Jahre ununterbrochen. Ab 2005 unterscheidet die deutsche Beschäftigungsstatistik zwar nicht mehr zwischen Arbeitern und Angestellten, eine solche Unterscheidung gibt es aber im Mikrozensus. Der Mikrozensus zeigt auch nach 2004 eine weitere Abnahme des Anteils der Arbeiter an der Gesamtbeschäftigung in der Automobilindustrie.

In den USA bleibt der Anteil der Arbeiter an der Gesamtbeschäftigung in der Automobilindustrie seit Anfang der 1980er Jahre konstant bei etwa 80 Prozent. Das bedeutet aber keineswegs die Stabilität der absoluten Beschäftigungszahlen. Der Höhepunkt der Beschäftigung von Arbeitern wurde 1999 mit 964.000 erreicht, seitdem sank die Beschäftigung von Arbeitern und erreichte 750.000 im Jahr 2006. Auch in den USA sind also Arbeitsplätze für Arbeiter verloren gegangen. Was die USA jedoch von Deutschland unterscheidet, ist, dass der Abbau der Arbeitsplätze in der Fertigung nicht von einem Aufbau von Arbeitsplätzen in Verwaltung, Forschung und Entwicklung gekennzeichnet war. Angestelltenarbeitsplätze nahmen im gleichen Maße ab wie Arbeiterarbeitsplätze. Die in der Abbildung 24 dargestellte Entwicklung lässt sich als ein Indiz lesen, dass die deutsche und die amerikanische Automobilindustrie sehr verschieden auf die Globalisierung und auf den Wettbewerb der Niedriglohnländer reagieren.

16 Die amerikanische Statistik unterscheidet *production workers* und *non-production employees*. Die deutsche Statistik unterscheidet Arbeiter und Angestellte. Wir sehen im Folgenden aus Einfachheitsgründen von den Unterschieden der Definitionen der Konzepte ab.

Abbildung 24: Anteil von Arbeitern an der Gesamtbeschäftigung in der Automobilindustrie in Deutschland und den USA, 1980–2004

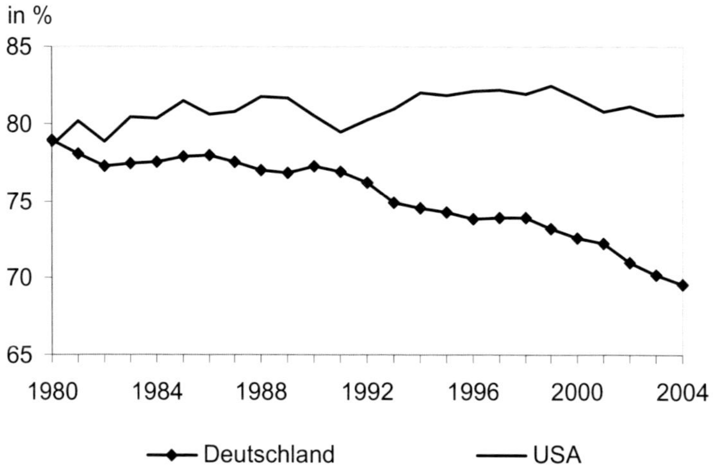

Quellen: Eigene Darstellung nach US Census Bureau: Annual Survey of Manufactures und Economic Census Industry Series Reports Manufacturing 1992, 1997, 2002. VDA: Tatsachen und Zahlen.

In der deutschen Automobilindustrie sinkt der Anteil der Produktionsbelegschaft und steigt der Anteil der Angestellten. Das lässt sich als Ausdruck einer stärkeren Spezialisierung auf Forschung und Entwicklung, das heißt auf Innovationstätigkeiten, interpretieren, während die Fertigung zumindest zum Teil verlagert wird. In den USA hat eine solche Spezialisierung offenbar nicht stattgefunden.

Wie ist der Unterschied zwischen Deutschland und den USA zu interpretieren? Im dritten Kapitel haben wir festgestellt, dass sich die deutsche und die US-amerikanische Automobilindustrie in Bezug auf das Niveau der Expansion in Niedriglohnländern kaum unterscheiden. Warum hat diese Expansion aber so unterschiedliche Folgen in beiden Ländern?

Die erste Erklärung sind Unterschiede der Institutionen der Arbeitsregulierung in beiden Ländern. Das Flächentarifsystem in Deutschland begrenzt die Möglichkeiten, auf Verlagerungsdruck mit einer Absenkung der Löhne von Arbeitern zu reagieren. Die Unternehmen der deutschen Automobilindustrie haben zwar seit Anfang der 1990er Jahre die Löhne von Beschäftigten in fertigungsnahen Dienstleistungen (Logistik, Sicherheit etc.) gesenkt, indem sie diese Aktivitäten outsourcten oder für sie neue

Tarifverträge aushandelten. Die Unternehmen haben zudem in so genannten Beschäftigungspakten das Lohnwachstum stark gebremst (Jürgens/Krzywdzinski 2006). Die IG Metall hat Abweichungen vom Flächentarif zugelassen, aber in einer kontrollierten und begrenzten Weise (Bispinck 2004). Mit Beschäftigungspakten, *Outsourcing* und der Öffnung von Flächentarifverträgen ist das Lohnverhandlungssystem in der deutschen Automobilindustrie zwar stark differenziert und flexibilisiert worden, aber für Kernbelegschaften in der Fertigung gibt es dennoch Grenzen für Lohnreduktionen. Lohnabsenkung war keine hinreichende Antwort auf den Wettbewerb der Niedriglohnländer, was zu einer teilweisen Verlagerung von Fertigungsarbeitsplätzen, insbesondere bei Tätigkeiten mit geringen Qualifikationsanforderungen geführt hat.

In den USA hat dagegen eine Absenkung der Löhne von Produktionsarbeitern stattgefunden und so deren Beschäftigung (relativ zu der Beschäftigung von Angestellten) stabilisiert (vergleiche McKinsey 2003). Zum ersten fand in den 1980er und 1990er Jahren eine Verlagerung der Produktion innerhalb der USA statt, wobei der Süden als eine Niedriglohnregion diente (Katz/Darbishire 2000: 31; Rubenstein 2001: 161). Zum zweiten hat der Zuzug japanischer Zulieferer den Durchschnittslohn in der US-amerikanischen Automobilindustrie gesenkt. Während sich die japanischen Automobilhersteller in den USA an den Löhnen der *Big Three* orientieren, sind die Löhne der japanischen Zulieferer liegen deutlich niedriger, was auch erheblichen Druck auf Lohnsenkungen bei US-amerikanischen Zulieferern ausübte (Katz/Darbishire 2000: 44). Besonders weitgehende Konzessionen haben Mitte der gegenwärtigen Dekade die Beschäftigten der von GM und Ford ausgegliederten Zulieferkonzerne Delphi und Visteon akzeptiert, um die Unternehmen vor dem Bankrott zu retten.

Die zweite Erklärung für die Unterschiede zwischen Deutschland und den USA ist die unterschiedliche Industriestruktur. In Kapitel drei wurde dagestellt, dass sich die deutsche im Vergleich zu der US-amerikanischen Automobilindustrie dadurch auszeichnete, dass sie durch eine geringere vertikale Integration der Automobilhersteller sowie durch die Existenz vieler innovationsstarker Zulieferer gekennzeichnet war und ist. Die deutschen Zulieferer waren in der Lage, die Verlagerung von Teilen der Fertigung in die mittelosteuropäischen Niedriglohnländer durch eine Stärkung der innovationsbezogenen Beschäftigung in Deutschland zu kompensieren, beziehungsweise die aus der Verlagerung resultierende Kostenreduktion für eine Stärkung der Innovationsaktivitäten zu nutzen.

4.6 Schlussfolgerungen

Kommen wir zurück zu unserer Ausgangsfrage nach der Verlagerung aus West- nach Mittelosteuropa und dem Wandel der Arbeitsteilung in der europäischen Automobilindustrie. Wir haben in diesem Kapitel anhand von Fallstudien verschiedene Formen der Arbeitsteilung untersucht und dabei die Bedeutung der *Governance*-Kompromisse in Unternehmen hervorgehoben. Zusammenfassend können die folgenden Punkte hervorgehoben werden:

- Bei Automobilherstellern sind Verlagerungen aus West- nach Mittelosteuropa bislang begrenzt geblieben. Es gibt unterschiedliche Formen der Ost-West-Arbeitsteilung, die auf unterschiedliche *Governance*-Kompromisse in den Unternehmen zurückgehen. Anhand der Fallstudie Volkswagen Nutzfahrzeuge haben wir eine komplementäre Produktverteilung zwischen Ost und West untersucht, die durch eine Produktdrehscheibe ergänzt wird. Die Drehscheibe schafft einen begrenzten Wettbewerb zwischen den Standorten, aber auch die Möglichkeit des Ausgleichs der Auslastung und damit der Sicherung der Beschäftigung. Diese Arbeitsteilung geht auf den *Governance*-Kompromiss bei Volkswagen zurück, in dem Beschäftigungssicherung einen besonders hohen Stellenwert hat. Anhand der Fallstudie Volvo Bus wurde eine vertikal komplementäre Arbeitsteilung analysiert, bei der arbeitsintensive Fertigungsstufen nach Mittelosteuropa verlagert wurden, während die kapital- und qualifikationsintensiven Fertigungsschritte in Schweden verbleiben. Hintergrund dieser Arbeitsteilung bei Volvo Bus ist ein *Governance*-Kompromiss, in dem Verlagerung in Niedriglohnländer akzeptiert wird, wenn die Hochlohnstandorte keinen ausreichenden Produktivitätsvorteil genießen. Schließlich wurde anhand des Falls General Motors die Strategie des *Whipsawing* illustriert, bei der das Unternehmen die gleichen Produkte parallel in West und Ost herstellen und die Werke um die Produktzuweisung konkurrieren lässt.
- Bei den Zulieferern sind Verlagerungsaktivitäten stärker ausgeprägt. Verlagert wird die Produktion von Komponenten unterschiedlicher Komplexität und Arbeitsintensität: Von Kabelbäumen über Sitze bis zu Motoren. Die deutsche Automobilindustrie bezieht im westeuropäischen Vergleich besonders viele Komponenten aus den Niedriglohnländern Mittelosteuropas, was sich aber bislang nicht in Beschäftigungsverlusten ausgedrückt hat. Zugleich hat die deutsche Automobil-

industrie aus der besonders extensiven Nutzung der Niedriglohnstandorte einen Kostenvorteil gezogen, der ihre Marktchancen erhöht und zu der Stabilität der Beschäftigung in Deutschland beigetragen hat.

- Die Fallstudien der Ost-West-Arbeitsteilung bei der Herstellung von Automobilkomponenten zeigen unterschiedliche Zusammenhänge zwischen Verlagerung, Wachstum und Beschäftigung: Am Beispiel eines US-amerikanischen Großzulieferers von Sitzen wurde die Überlagerung eines Wachstumsprozesses durch Übernahmen und einer Verlagerung aus Hochlohn- in Niedriglohnländer dargestellt, die zu Beschäftigungsverlusten in Hochlohnländern führt. Aufgrund der zersplitterten Standortstruktur des Unternehmens gibt es keine zentralisierte und starke Arbeitnehmervertretung, die Einfluss auf die Ost-West-Arbeitsteilung nehmen könnte. Die Arbeitsteilung ist durch die Spezialisierung der mittelosteuropäischen Standorte auf die Massenproduktion von Sitzkomponenten gekennzeichnet, während die westeuropäischen Werke die Fertigung von Kleinserien und die *Just-in-Time*-Endmontage der Sitze an Standorten der Endhersteller übernehmen. Am Beispiel der arbeitsintensiven Kabelbaumproduktion eines deutschen Unternehmen wurde die komplette Verlagerung der Fertigung in Niedriglohnländer dargestellt, die jedoch Voraussetzung war für das Wachstum des untersuchten Zulieferers von einem mittelständischen Unternehmen zu einem *Global Player*. Am Beispiel der Motorenherstellung des Volkswagen Konzerns wurde schließlich die Verlagerung der Motorenmontage nach Mittelosteuropa untersucht. Durch Standortsicherungsvereinbarungen ist es allerdings den deutschen Betriebsräten gelungen, einen Teil der Motorenmontage in Deutschland zu erhalten. Auch hier zeigt kommt der Charakter des *Governance*-Kompromisses bei Volkswagen zum Tragen. Bemerkenswert ist zudem, dass die mittelosteuropäischen Motorenwerke weiterhin einen Großteil der Komponenten aus Deutschland beziehen.
- Bestätigt wurde die Annahme, dass gering qualifizierte Arbeitskräfte in Hochlohnländern von dem Wettbewerb der Niedriglohnländer besonders betroffen sind. Die vorgestellten Fallstudien und Analysen zeigen aber auch, dass institutionelle Systeme die Auswirkungen des globalen Wettbewerbs beeinflussen. Seit Anfang der 2000er Jahre nimmt in der deutschen Automobilindustrie die Zahl der Arbeiterarbeitsplätze ab, dabei sind vor allem in Zulieferunternehmen Arbeitsplätze mit geringen Qualifikationsanforderungen verloren gegangen. Das kann als Aus-

druck einer tendenziellen Spezialisierung der deutschen Automobilindustrie auf humankapitalintensive Tätigkeiten interpretiert werden. Der Verlust von Arbeitsplätzen in der Fertigung wurde zwar durch den Aufbau von Beschäftigung in der Forschung, Entwicklung und im Design kompensiert. Für die betroffenen Menschen kann dieser Verlust aber eine Gefährdung ihrer Existenz bedeuten. Dass die in der deutschen Automobilindustrie zunehmende Spezialisierung auf humankapitalintensive Tätigkeiten Ausdruck eines institutionellen Umfeldes ist, das eine solche Antwort fördert, zeigt der Vergleich mit den USA. In den USA ist es nicht zu einer vergleichbaren Spezialisierung gekommen, vielmehr hat eine Senkung der Löhne von Produktionsarbeitern stattgefunden, die in Deutschland nur begrenzt möglich war. Die US-amerikanische Automobilindustrie reagierte also auf den Niedriglohnwettbewerb vor allem mit einer Lohnsenkung, die deutsche auch mit einer stärkeren Spezialisierung auf humankapitalintensive Aktivitäten.

5. Industrielles Upgrading in Mittelosteuropa

5.1 Mittelosteuropa in der internationalen Arbeitsteilung – Forschungsstand und Kontroversen

Nach dem Zusammenbruch des kommunistischen Regimes setzten die mittelosteuropäischen Ökonomien auf eine schnelle Integration in den westeuropäischen Wirtschaftsraum. Alle MOE-Länder hatten bereits am Anfang des Transformationsprozesses nach dem Zusammenbruch des Ostblocks die freie Konvertibilität ihrer Währungen eingeführt und ihre Zölle an die GATT-Regeln angepasst, was die Aufgabe eines Großteils der Zölle bedeutete. Im Jahr 1991 wurden die Europa-Abkommen mit der EU abgeschlossen, die eine schrittweise Implementierung einer Freihandelszone mit der EU vorsahen. Im Rahmen der wirtschaftlichen Öffnung wurden große Hoffnungen auf ausländische Direktinvestitionen als Instrument zur Finanzierung des Technologieimports und des wirtschaftlichen Aufholprozesses gesetzt, wie eine im Auftrag der polnischen Regierung angefertigte Studie über Kosten und Vorteile eines EU-Beitritts argumentiert:

»Die binnengenerierten Ersparnisse reichen in Polen nicht für die Finanzierung der Investitionen zur Modernisierung und zum Ausbau des Produktionsapparats aus, die für die Sicherung eines hohen Wirtschaftswachstums nötig sind. Es ist also notwendig, Investitionsmittel aus dem Ausland einzuführen. Das ist vor allem vor dem Hintergrund eines hohen Abnutzungsgrades der Produktionsmittel in Polen und des Bedarfs an modernen, produktiven und an die Bedingungen des 21. Jahrhunderts angepassten Maschinen und Anlagen hervorzuheben« (Centrum Europejskie Natolin 2003: 13; eigene Übersetzung).

Um ausländische Investitionen anzuziehen, konnten die mittelosteuropäischen Staaten ihr niedriges Lohnniveau (zu Beginn der 1990er Jahre lag es bei rund 10 Prozent des westeuropäischen Niveaus), ihre gut ausgebildeten Arbeitskräfte und staatliche Förderprogramme in die Waagschale werfen. Es entwickelte sich in den 1990er Jahren ein Wettbewerb zwischen den mittelosteuropäischen Staaten um die Attraktivität für ausländische Investoren. Ungarn führte als erstes Land bereits 1991 allgemeine Steuernachlässe für ausländische Investitionen in so genannten Industrieparks ein (WTO 1998). Im Jahre 2007 gab es über 160 Industrieparks in Ungarn. In Polen gab es bis Mitte der 1990er Jahre kein allgemeines System von Investitionsanreizen, diese konnten aber von der Regierung nach Einzelfallabwägung bewilligt werden. Insbesondere große Unternehmen wie Fiat, Volkswagen und Daewoo erhielten im Rahmen der Privatisierung der polnischen Automobilwerke Zusagen über den zollfreien Import von Komponenten und die Befreiung von der Körperschaftssteuer in Höhe der Investitionssumme (NIK 2002). Im Jahr 1995 wurden in Polen Sonderwirtschaftszonen mit speziellen Investitionsanreizen eingeführt. Ursprünglich sollten sie in strukturschwachen Regionen gebildet werden, es bürgerte sich aber schließlich ein, die Grenzen der Sonderwirtschaftszonen den Wünschen der Investoren anzupassen. Im Jahre 2007 waren 14 Sonderwirtschaftszonen in Betrieb. Die Sonderwirtschaftszonen spielen vor allem für das Verarbeitende Gewerbe und insbesondere für die Automobilindustrie eine große Rolle. Insgesamt gingen von 1995 bis 2006 etwa ein Drittel aller *Foreign Direct Investments* (FDI) der Automobilindustrie in Polen in die Sonderwirtschaftszonen. Das waren bis Ende 2006 113 Unternehmen mit einem Investitionsvolumen von etwa 3,2 Milliarden Euro (MGiP 2005).

Tschechien und die Slowakei folgten dem Beispiel Ungarns und Polens mit Verzögerung. Tschechien hatte seit der Regierungsübernahme durch Vaclav Klaus im Jahre 1992 einen Kurs eingeschlagen, der auf industriepolitische Interventionen verzichtete, aber tschechische Eigentümer bevorzugte und den Zugang ausländischen Kapitals behinderte. Das bedeutete nicht nur den Verzicht auf Investitionsanreize, sondern auch Widerstand gegen Übernahme tschechischer Unternehmen durch ausländische Investoren, wie Pavlinek (2002) für eine Reihe von tschechischen Automobilzulieferern berichtet (vergleiche auch Dörr/Kessel 2002). Diese Entwicklung hatte nach Pavlinek negative Konsequenzen für die tschechischen Zulieferer, denn sie schloss diese vom Zugang zu ausländischem Kapital und Technologie ab. Mit der Übernahme der Regierung durch die Sozialdemokraten 1998 veränderte sich die Politik und es wurde eine Investitionsförderung eingeführt, welche im Umfang über die Praxis Polens und Ungarns hinausging. Im Falle der Automobilindustrie wurden bis Ende 2006 409

Unternehmen mit einem Investitionsvolumen von etwa 13 Milliarden Euro gefördert (Czechinvest 2007a). Die Slowakei folgte dem tschechischen Beispiel.

Die Investitionsfördermaßnahmen beinhalten in allen Ländern vor allem eine zeitlich begrenzte Befreiung von der Körperschaftssteuer. Im Zuge der Verhandlungen über den EU-Beitritt wurden diese Steuervergünstigungen gekürzt, um den EU-Wettbewerbsregeln zu entsprechen. Für die Automobilbranche gilt im Allgemeinen, dass die Summe der durch Steuernachlässe gewährten Hilfen nicht mehr als ein Drittel der Investitionssumme betragen darf (MGIP 2005; Czechinvest 2007b). Die Steuervergünstigungen für Investoren werden in Mittelosteuropa allerdings von generell niedrigen Körperschaftssteuersätzen begleitet. Nach Angaben des deutschen Sachverständigenrates für die Begutachtung der wirtschaftlichen Entwicklung lagen die effektiven Steuersätze auf Unternehmensgewinne in Mittelosteuropa im Jahre 2004 bei 17 bis 25 Prozent, in Deutschland und Frankreich dagegen bei etwa 35 Prozent. Die steuerlichen Vorteile Mittelosteuropas »verstärken [...] die Anreize zur Verlagerung von Produktionsstätten«, so der Sachverständigenrat (2004: 370).

Die Weltmarktöffnung und die Fördermaßnahmen für ausländische Investoren haben zu einem hohen Zufluss von FDI nach Mittelosteuropa geführt, aber dennoch ist der Erfolg dieser Strategie aus der Perspektive der industriellen Entwicklung und der *Upgrading*-Chancen in der Forschung umstritten. Das Konzept des *Upgrading* stammt aus der Diskussion über »global commodity chains« und »value chains« (Bair 2005; Gereffi/ Korzeniewicz 1994; Hopkins/Wallerstein 1977). *Upgrading* wird definiert als

> »the process by which economic actors – nations, firms, and workers – move from low-value to relatively high-value activities in global production networks« (Gereffi 2005b: 171).

In den 1990er Jahren, also kurz nach dem Beginn der Transformation, dominierten skeptische Einschätzungen bezüglich der Chancen Mittelosteuropas, sich im globalen Wettbewerb zu behaupten. Guerrieri (1998) stellte fest, dass Mittelosteuropa zwar Weltmarktanteile gewann, aber sich vor allem auf arbeitsintensive *Low-Tech*-Industrien spezialisierte. Nur Ungarn gelang es, auch in *Middle-Tech*-Industrien Marktanteile zu gewinnen. Lemoine und Freudenberg (1999) sahen eine klare Spezialisierung auf »down market und middle market«-Produkte in Mittelosteuropa, allerdings bemerkten sie eine Veränderungstendenz:

»Between 1993 and 1996, the contribution to the trade balance improved for all Central European countries in up-market products, strongly contrasting with the situation of Balkan and Baltic states« (Leomine/Freudenberg 1999: 9).

Kurz und Wittke (1998) unterschieden in ihrer Bilanz der Entwicklungen der 1990er Jahre zwei Ansätze der Arbeitsteilung zwischen West- und Mittelosteuropa. Der erste Ansatz war der »least cost approach«, das heißt eine Arbeitsteilung zwischen *High Tech* im Westen und *Low Tech* im Osten. Das Ziel der Investitionen in Mittelosteuropa war ausschließlich die Nutzung niedriger Lohnkosten. Es wurden Vorprodukte mit einer geringen Fertigungstiefe produziert und die Entwicklungsmöglichkeiten für die mittelosteuropäischen Standorte blieben begrenzt. Der zweite Ansatz zweite Form war die »complementary specialization«. In diesem Fall siedelten Unternehmen auch komplexe Produktionsabläufe und kapitalintensive Anlagen in Mittelosteuropa an. Das Ziel war, das Produktspektrum nach unten zu erweitern, ohne die Qualitätsansprüche zu senken. Diese Form der Arbeitsteilung bot Entwicklungsmöglichkeiten für die MOE-Staaten, aber Kurz und Wittke konstatierten zugleich:

»An industrial dualism is developing in the CEECs: the new companies and plants set up by Western companies stand detached from traditional industrial structures which were formed in the era of state socialism« (Kurz/Wittke 1998: 89; vergleiche auch Hardy 1998).

Die Diskussion bleibt auch in den 2000er Jahren kontrovers. Hardy (2007: 767) sieht insbesondere Polen auf dem Weg zu einer fortschreitenden Spezialisierung auf »low technology and basic materials« und macht als Ursache die Weltmarktöffnung und die fehlende aktive Industriepolitik aus (vergleiche auch Groht 2005). Dagegen sehen Bohle und Greskovits (2007) einen deutlichen Unterschied zwischen den mittelosteuropäischen Ländern und den baltischen Staaten. In Mittelosteuropa beobachten sie »virtuous circles accumulating complex-industry FDI; especially after 2000, we can observe signs of further upgrading: the relocation of more sophisticated production processes, as well as R&D facilities, marketing, logistics and other production-related services« (Bohle/Greskovits 2007: 461). Die baltischen Staaten dagegen »could neither establish linkages to the Visegrad cluster, nor attract adequate FDI to build their own complex manufacturing growth pole« und werden immer mehr zu »low-cost assembly sweatshops of the EU«. Bohle und Greskovits interpretieren diese Unterschiede dahingehend, dass die von mittelosteuropäischen Staaten verfolgte Strategie der Weltmarktintegration bei gleichzeitiger Aufrechterhaltung von sozialen Sicherungssystemen und Mindeststandards der Arbeitsregulierung auch für transnationale Unternehmen attraktiv ist und zu einem erfolgreicheren Aufholprozess geführt hat als der von den baltischen Staaten verfolgte Weg einer Deregulierung. Allerdings kommt es laut Bohle (2002: 282ff) aufgrund der Unfähigkeit der mittelosteuropäischen Staaten, für eine regionen- und sektorenübergreifende gleichmäßige Entwicklung zu sorgen, dennoch zu einer »Heterogenisierung räumlicher, sozialer und ökonomischer Beziehungen« und damit zu »Desintegration« in Mittelosteuropa.

Trotz Anzeichen für ein industrielles *Upgrading* in Mittelosteuropa bleiben also seine Tiefe und insbesondere die Auswirkungen der ausländischen Direktinvestitionen (FDI) auf einheimische Unternehmen umstritten. Es lassen sich sowohl ökonometrische Studien mit Belegen für geringe (Konings 2001) als auch solche mit Belegen für größere *Spillover*-Effekte der FDI auf einheimische Unternehmen in Mittelosteuropa finden (Damijan et al. 2003). Es gibt weitere Widersprüche. Während die ökonometrische Analyse von Damijan, Knell und Rojec (2003) zum Schluss kommt, dass vor allem kostenmotivierte (so genannte »vertikale«) FDI positive *Spillover*-Effekte haben, kommen Estrin, Hughes und Todd (1997: 235) auf der Basis von Fallstudien zum Ergebnis, dass kostenmotivierte FDI nur begrenzte *Spillover*-Effekte haben, während bei *marktorientierten* Investitionen »companies invest considerably in developing technology, labour training, managerial know-how and an orientation to market and customers«. Eine Ursache der Heterogenität der Befunde können unterschiedliche Branchendynamiken sein. Die meisten Studien beruhen auf branchenübergreifenden Daten und gehen nicht weiter auf die Branchenzusammensetzung ihres Samples ein. Je nach Zusammensetzung des Datensamples können somit unterschiedliche Branchenentwicklungen das Ergebnis beeinflussen. Im Unterschiede zu diesen Ansätzen werden wir uns im Folgenden auf die Entwicklung und Entwicklungsmöglichkeiten mittelosteuropäischer Länder in einer bestimmten Branche, der Automobilindustrie, konzentrieren.

5.2 Struktur der mittelosteuropäischen Automobilindustrie

Ein wichtiger Einflussfaktor auf die zukünftigen Entwicklungsperspektiven der Automobilindustrie in Mittelosteuropa ist die technologische Entwicklung in der Branche. Zu den zentralen Studien, die vor dem Ausbruch der Weltwirtschaftskrise erstellt wurden, gehörte die Untersuchung »Future Automotive Industry Structure FAST 2015« der Consulting-Firma Mercer und zweier Fraunhofer Institute (Mercer et al. 2004). Die so genannte FAST-Studie traf detaillierte Aussagen zur Wertschöpfungs- und Beschäftigungsentwicklung auf der Ebene der Hauptmodule des Automobils (vergleiche Tabelle 10). Sie erwartete, dass die Automobilzulieferer in fast allen Produktsegmenten Beschäftigung aufbauen, indem sie Wertschöpfungsfunktionen von den Automobilherstellern übernehmen. Dabei wurde ein besonders starkes Wertschöpfungs- und Beschäftigungswachstum im Bereich der Elektronik vorhergesagt. Zu ähnlich Ergebnissen kamen weitere Studien: So betonten McKinsey und das Institut für Produktionsmanagement der TU Berlin (McKinsey/PTW 2003), dass die Innovationsdynamik in den Bereichen Ausstattung, Antrieb, Fahrwerk und Karosserie maßgeblich von einem verstärkten Elektronikeinsatz getrieben sein wird.

Tabelle 10: Veränderung der Wertschöpfungsstrukturen in der Automobilindustrie weltweit und die Beschäftigungswirkungen in Europa (2002–2015) nach »FAST 2015«

	Jährliches Wachstum 2002–2015	Zuwachs der Wertschöpfung (in Mrd. Euro)	Zuwachs der Beschäftigung (in Tsd.)
Elektrik/Elektronik	7,2%	+157	+612
Interior	0,5%	+7	+202
Fahrwerk	1,1%	+13	+137
Motor und Aggregate	3,3%	+30	+137
Antriebssteuerung	5,9%	+38	+127
Body	3,7%	+19	+24
Karosseriestruktur	19,5%	+19	-25

Quelle: Eigene Zusammenstellung nach Mercer Management Consulting et al. 2004: 25.

Die Wirtschaftskrise in den Jahren 2008 bis 2009, die von einem besonders starken Einbruch in der Automobilindustrie begleitet war, und die Diskussionen über die ökologische Krise haben die Suche nach Alternativen zum Verbrennungsmotor beschleunigt. Es gibt mittlerweile eine Reihe von Studien, die mögliche Szenarien der Entwicklung der Antriebstechnologien analysieren. Diese Studien erwarten, dass elektrische und Hybridfahrzeuge bis 2020 etwa 20 Prozent des Automobilmarkts einnehmen (Valentine-

Urbschat/Bernhart 2009; Wirtschaftsministerium Baden Württemberg et al. 2010). Das bedeutet eine erhebliche Reduktion des Marktvolumens für Verbrennungsmotoren und der damit verbundenen Beschäftigung.

Wie sieht vor dem Hintergrund dieser Erwartungen die Struktur der Automobilindustrie in Mittelosteuropa aus? Wir konzentrieren uns im Folgenden auf die ausländischen Unternehmen der Automobilindustrie in Mittelosteuropa. Unsere Recherchen (MOE-Datenbank) zeigen eine sehr diversifizierte Industriestruktur, vor allem in Polen und Tschechien, wo die Endherstellung von Fahrzeugen, die Motorenproduktion, die Herstellung von Fahrwerks- und Antriebsstrangkomponenten, die Sitzproduktion, die Produktion verschiedener Metall- und Kunststoffteile und die Kabelbaumproduktion jeweils einen größeren Teil der Beschäftigung stellen. Die Zusammensetzung der ausländischen Unternehmen in Rumänien und der Slowakei ist dagegen deutlich weniger diversifiziert. Hier waren 2006 die Endherstellung von Fahrzeugen und die Kabelbaumherstellung die mit Abstand beschäftigungsintensivsten Aktivitätsbereiche.

Bemerkenswert ist die große Bedeutung der Motorenherstellung in Mittelosteuropa. Polen, Tschechien und Ungarn haben sich hier zu wichtigen Standorten entwickelt. Nach unseren Recherchen waren 2006 in Polen und Tschechien 13 Prozent bzw 12,3 Prozent der Mitarbeiter ausländischer Unternehmen in der Automobilindustrie in der Herstellung von Motoren und Motorkomponenten beschäftigt. Um die Motorenwerke herum ist die Entstehung einer Zuliefererbasis für Motorkomponenten festzustellen, wie in Kapitel drei gezeigt wurde. Damit spezialisiert sich aber Mittelosteuropa auf ein Produkt, nämlich den Verbrennungsmotor, dessen Zukunft angesichts der zunehmenden Attraktivität von alternativen Antrieben zumindest langfristig in Frage gestellt ist.

Auffallend ist weiterhin eine relativ hohe Bedeutung der Beschäftigung bei der Herstellung einfacher und standardisierter Metall- und Kunststoffteile. Diese machten 2006 etwa 18 bis 19 Prozent der Beschäftigung in ausländischen Unternehmen der polnischen und tschechischen sowie sogar 25 Prozent der Beschäftigung in der slowakischen Automobilindustrie aus (eigene Recherchen, MOE-Datenbank).

Als ein weiteres Charakteristikum ist die geringe Beschäftigtenzahl im Bereich der Automobilelektronik, einem stark expandierenden und zudem innovationsintensiven Bereich der Automobilindustrie, hervorzuheben. Nur 3,9 Prozent der Beschäftigung in ausländischen Unternehmen der Automobilindustrie in Polen (5.700 Mitarbeiter) und nur 2,2 Prozent in der

Slowakei (1.300 Mitarbeiter) waren nach unseren Recherchen mit der Herstellung von Elektronikkomponenten für die Automobilindustrie befasst. Eine Ausnahme bildet Tschechien. Dort hat sich zum ersten eine Reihe japanischer Hersteller von Elektronikkomponenten für die Automobilindustrie angesiedelt. Dazu gehören ALPS, TRIS, Koito, Matsushita/Panasonic und Futaba, die unter anderem Elektronikkomponenten, Audiosysteme und Displays herstellen. Denso und Mitsubishi produzieren in Tschechien elektronische Steuerungseinheiten für Klimaanlagen beziehungsweise für die Servolenkung. Neben japanischen Zulieferern produziert auch eine größere Zahl deutscher Unternehmen Elektronikkomponenten in Tschechien. Dazu gehören sowohl KMUs, die kleine Elektrobaugruppen, Sensoren und Elektromotoren herstellen (Bühler Motor, Gebrüder Swoboda, Gerresheimer Wilden, HJS Kunststoff, InTiCom, Kostal, Micro Epsilon, Prettl), als auch mit Siemens VDO ein Großzulieferer. Schließlich ist eine Reihe amerikanischer Zulieferer mit Standorten für Elektronikkomponenten in Tschechien zu nennen: Cooper Standard Automotive, Eaton, TRW, Visteon, Magna und Cherry. Nach unseren Recherchen waren knapp 20.000 Mitarbeiter in ausländischen Unternehmen mit der Herstellung von Elektronikkomponenten beschäftigt.

Allerdings bedeutet die Ansiedlung von Produktionsstandorten für Automobilelektronik in Tschechien nicht, dass auch entsprechende Forschungs- und Entwicklungskapazitäten entstehen und eine entsprechende Diffusion von Wissen in die lokale beziehungsweise nationale Ökonomie stattfindet. Am Beispiel der Elektronikindustrie in Thailand argumentieren Hobday und Rush (2007), dass das *Upgrading* in der Wertschöpfungskette von reinen Montagetätigkeiten zu stärker wissensbasierten Aktivitäten vor allem von der Technologiestrategie der Unternehmen abhängt: In Unternehmen, in denen Entscheidungen über Technologieentwicklung stark zentralisiert waren, hatten Standorte in Niedriglohnländern nur geringe Chancen für ein *Upgrading*. Nur in Unternehmen mit einer dezentralisierten Struktur bestanden größere Spielräume für ein *Upgrading* von Niedriglohnstandorten.

Bemerkenswert ist im Fall Mittelosteuropas schließlich die geringe Beschäftigung der ausländischen Unternehmen in der Forschung und Entwicklung sowie der Ausrüstungsproduktion. Wir werden diesen Punkt später aufgreifen.

Die Struktur der Automobilindustrie deutet also zumindest in Polen und Tschechien nicht auf eine Konzentration auf arbeitsintensive und mit einem geringen Technologie- und Kompetenzbedarf verbundene Produktbereiche. Die ausländischen Automobilunternehmen haben in diesen Ländern ein breites Spektrum von Produkten angesiedelt, das von der Motoren- und Motorkomponentenherstellung, über Fahrwerks- und Antriebsstrangskomponenten, Metall- und Kunststoffteile bis hin zu Kabelbäumen reicht. Diese starke Diversifikation ist sicherlich eine Stärke, stabilisiert die Beschäftigung und eröffnet Wachstumschancen.

Allerdings zeigt sich, dass Mittelosteuropa in den innovationsintensivsten Segmenten des Automobils relativ schwach aufgestellt ist. Das betrifft zum ersten die Elektronik. Nur Tschechien hat bislang eine größere Zahl von Produktionsstätten in diesem wichtigen Bereich aufbauen können. Zudem zeigt sich eine Spezialisierung Mittelosteuropas auf den Verbrennungsmotor, die beim Übergang zu alternativen zu Strukturproblemen führen kann. Schließlich ist zu betonen, dass Mittelosteuropa ein fast reiner Produktionsstandort geblieben ist.

Da unsere Datenbank Informationen über die Industriestruktur nur für das Jahr 2006 enthält, ist eine Analyse der zeitlichen Entwicklung der Kompetenzprofile und damit auch der Arbeitsteilung zwischen West- und Mittelosteuropa nicht möglich. An dieser Stelle ist es also sinnvoll auf die Unternehmensebene zu wechseln.

Anhand von Kurzfallstudien bei Valeo und Delphi in Polen können wir für die Standorte von transnationalen Zulieferkonzernen die folgenden drei Phasen der Entwicklung unterscheiden:

- In der ersten Phase (Mitte der 1990er Jahre) wurden Produktionsstätten für arbeitsintensive Teile mit einem geringen Technologiebedarf errichtet (»verlängerte Werkbänke«), die einfache Produktionsschritte innerhalb der europäischen Produktionsnetzwerke übernahmen und oft den mittelost- und osteuropäischen Markt bedienten oder als JIT-Montagestandorte für einzelne Zulieferer fungierten. In diesem Zeitraum war es für die transnationalen Zulieferer schwierig, lokale Sublieferanten in Mittelosteuropa zu finden, die ihren Qualitätsansprüchen genügten. Die meisten Vorleistungen wurden daher aus dem Ausland bezogen und die lokale Wertschöpfungstiefe war sehr begrenzt.
- In der zweiten Phase (zweite Hälfte der 1990er, Anfang der 2000er Jahre) wurden die Fertigungstiefe sowie das Produktspektrum der Werke erweitert. In diesem Rahmen entwickelten die Werke eigene Prozessengineeringkompetenzen und erhielten begrenzte Beschaffungskompetenzen, so dass der Anteil der Beschaffung bei lokalen

Zulieferern zunahm. Zudem wurden die Produktionsstandorte ausgebaut und bedienten nun oft mehrere Kunden, was mit einem steigenden Export nach Westeuropa (vor allem Deutschland) einherging (vergleiche auch Frigant/Layan 2007). Daneben gab es allerdings auch eine Reihe von Standorten, die auf der Stufe von JIT-Montagewerken für Automobilhersteller in Mittelosteuropa verblieben.

– In der dritten Phase ab Mitte der 2000er Jahre übernahmen einige MOE-Standorte weitere Dienstleistungsfunktionen für die Konzernverbünde. Diese Entwicklung trifft allerdings nur für eine Minderheit der Standorte zu. So wurden in manchen Fällen bestimmte IT-Dienstleistungen für den europäischen Produktionsverbund in Mittelosteuropa zentralisiert. Es kam auch zu der Ansiedlung von Entwicklungsaktivitäten in Mittelosteuropa. Diese haben in der Regel eine relativ untergeordnete Funktion (etwa die Anpassung eines existierenden Produkts), in wenigen Fällen sind aber auch größere Entwicklungszentren entstanden. Ein Beispiel hierfür ist der amerikanische Zulieferer Delphi, dessen FuE-Zentrum in Polen (etwa 700 Ingenieure) der zentrale Standort der Unternehmensgruppe für die Entwicklung von Stoßdämpfern ist.

5.3 Entwicklung einheimischer mittelosteuropäischer Zulieferer

In der Forschungsliteratur werden die Chancen lokaler Zulieferer aus Schwellenländern, In die Beschaffungsketten der transnationalen Automobilhersteller einbezogen zu werden, als gering eingeschätzt. Humphrey (1999: 181ff) sieht als realistische Entwicklungsstrategien für diese lokalen Zulieferer entweder die Spezialisierung auf eine Produktnische, in der sie zum *Second-Tier*-Zulieferer für transnationale Großzulieferer werden können, oder die Spezialisierung auf Produkte mit geringen Logistikanforderungen (einfache Transportfähigkeit, kein *just-in-time*), bei denen die lokalen Zulieferer von besonders niedrigen Lohnkosten oder einem guten Rohstoffzugang profitieren können. Die Alternative zu diesen Strategien wäre eine forcierte Internationalisierung, die neben dem Aufbau einer globalen oder zumindest europäischen Struktur von Produktionsstandorten auch die Entwicklung von FuE-Kapazitäten impliziert. Eine solche Internationalisierung ist von vielen lokalen Zulieferern aus Schwellenländern nicht zu leisten, wie Humphrey (1999) am Beispiel Brasilien und Indien argumentiert (vergleiche Aláez et al. 1999).[17] Die Gründe für die Schwierigkeiten der lokalen Zulieferer, Zugang zu den Liefernetzen der OEMs zu finden, wurden in unseren Interviews mit Einkaufsleitern der OEMs auf zwei Faktoren zurückgeführt:

- Zum ersten benötigen die OEMs nicht zuletzt wegen der steigenden Bedeutung von Plattformstrategien Zulieferer, die global an alle OEM-Standorte liefern können. Der von VW in Poznań produzierte Caddy wird auf der Golf-Plattform hergestellt. Für alle plattformspezifischen Teile werden Zulieferer gesucht, die den gesamten VW-Konzern und nicht nur den Standort Poznań beliefern (PL-22). Der Skoda Octavia wird ebenfalls auf der Golf-Plattform, der Skoda Fabia auf der Polo-Plattform hergestellt. Das GM-Werk in Gliwice produziert den Astra und den Zafira, die zu GMs Delta-Plattform gehören. Auch hier werden Zulieferer für die gesamte Plattform gesucht (PL-46). Nur im Falle von Fahrzeugen, die außerhalb der existierenden Plattformen, speziell für Niedriglohnländer entwickelt wurden – wie der Dacia Logan – sind die Möglichkeiten der lokalen Zulieferer größer.
- Zum zweiten reduzieren die OEMs die Zahl ihrer Zulieferer und verlangen von ihren System- und Modullieferanten die Fähigkeit zur Entwicklung der Module und Komponenten. Zulieferer, die detaillierte Produktspezifikationen benötigen, haben keine Chance, zu *First-Tier*-Zulieferern zu werden. Die begrenzten Entwicklungsfähigkeiten der lokalen Zulieferer in Mittelosteuropa sind die zweite große Hürde für den Einstieg in die Liefernetze der OEMs (PL-22).

Wie hat sich angesichts dieser Entwicklungsbarrieren die einheimische Automobilzulieferindustrie in den mittelosteuropäischen Ländern entwickelt? Tschechien ist das mittelosteuropäische Land mit der stärksten einheimischen Zulieferindustrie dar. Wir haben etwa 68.000 Beschäftigte bei einheimischen tschechischen Zulieferern, etwa 43.000 bei polnischen und etwa 16.000 bei slowakischen Zulieferern gezählt. Die wichtigsten Produktbereiche einheimischer Zulieferer sind die Herstellung von Motor-

---

17 Spanien ist ein Beispiel, in dem lokale Unternehmen erfolgreich den Weg der Expansion und Internationalisierung einschlagen konnten. Genannt werden können Grupo Antolin, Mondragon oder Ficosa. Diese spanischen Unternehmen unterhalten übrigens inzwischen auch eine Reihe von Standorten in Mittelosteuropa.

komponenten (vor allem um Metallgussteile und einfache Kunststoffteile wie Filter und Benzin- oder Kühlwasserschläuche) sowie die Herstellung von einfachen Metall- und Kunststoffteilen, wo etwa 30 bis 35 Prozent der Beschäftigten einheimischer Zulieferer arbeiten (überwiegend kleinere Press- und Stanzteile, Schrauben und kleine Kunststoffformteile). Im Elektronikbereich bildet die Herstellung von einfachen Elektronikkomponenten (Schalter und Platinen) ein Aktivitätsfeld lokaler Zulieferer; das gilt insbesondere in Tschechien, wo es eine größere Tradition der Elektronikindustrie gibt als in Polen oder der Slowakei.

Wir werden im Folgenden die Beschaffungsstrategien der OEMs und transnationalen Großzulieferer zum Ausgangspunkt der Analyse der Entwicklung lokaler Zulieferer nehmen. Im Falle der OEMs bieten sich Fiat Tychy in Polen und Skoda in Tschechien für die Analyse an, da es in beiden Fällen schon am Anfang der 1990er Jahre zur Übernahme der Werke durch ausländische OEMs kam und die Zuliefererstruktur anfänglich von lokalen Unternehmen dominiert wurde. Sowohl Fiat Polen als auch Skoda haben bis heute einen sehr hohen *Local Content*, der bei 65 bis 70 Prozent liegt.

Fiat übernahm 1992 das FSM-Werk in Tychy, in dem Werk seit 1971 Fiat-Modelle in Lizenz gebaut wurden. Damals hatte der Standort Tychy 405 polnische und 215 ausländische Zulieferer (vergleiche Tabelle 11), wobei der Löwenanteil der ausländischen Zulieferer aus Standorten außerhalb Polens lieferte. Neben dem Automobilwerk wurden von Fiat sieben große Komponentenwerke übernommen (Balcet/Enrietti 2002). In den 1990er Jahren vollzog Fiat eine Restrukturierung des Zulieferernetzes (Balcet/Enrietti 2002):

- Die von Fiat übernommenen Komponentenwerke wurden an die zur Fiat-Gruppe zugehörigen Zulieferer Magnetti Marelli und Teksid sowie an weitere Unternehmen verkauft.
- Italienische Zulieferer begannen, Betriebe in Polen aufzubauen (Balcet/Enrietti 2002). Von Anfang bis Ende der 1990er Jahre wuchs die Zahl der ausländischen Zulieferer von Fiat Tychy mit Produktion in Polen von wenigen Unternehmen auf 41 Fälle; 2006 belieferten bereits 74 ausländische Unternehmen Fiat von Polen aus. Gleichzeitig sank die Zahl der Zulieferer, die Fiat von außerhalb Polens belieferten.
- Fiat reduzierte die Zahl seiner polnischen Zulieferer erheblich von 405 im Jahre 1992 auf 120 im Jahre 2006. Dabei wurde eine strenge Auswahl nach Qualitätskriterien und nach Kriterien der Entwicklungs-

fähigkeit durchgeführt. Von allen Zulieferern wurde mindestens die ISO 9000 Zertifizierung verlangt. Zudem wurde die Zahl von Zulieferern reduziert, die nur nach detaillierter Spezifikation fertigen können. In diesem strengen Selektionsprozess unterstützte Fiat die Zulieferer durch ein Schulungsprogramm. Ausgewählte Unternehmen erhielten von Fiat zwei Jahre lang Schulungen mit dem Schwerpunkt auf Qualitätssicherung (PL-13).

Tabelle 11: Polnische und ausländische Zulieferer von Fiat Tychy, 1992–2006

	Polnische Unternehmen	Ausländische Unternehmen mit Produktion in Polen	Ausländische Unternehmen mit Produktion außerhalb Polens
1992	405	215	
1999	184	41	122
2006	120	74	100

Quelle: Balcet/Enrietti 2002 für 1992 und 1999. Eigene Interviews für 2006 (PL-53).

Einen etwas anderen Verlauf mit allerdings ähnlichem Ausgang nahm die Restrukturierung des Zulieferernetzes von Skoda in Tschechien. Im Jahr 1990 hatte Skoda 181 tschechische Zulieferer, 29 Zulieferer in anderen mittelosteuropäischen Ländern (inklusive der damals noch mit Tschechien verbundenen Slowakei) sowie 20 Zulieferer in Westeuropa (vergleiche Tabelle 12). Gefertigt wurde der Skoda Favorit, ein Auto, das die italienische Designfirma Bertone für Skoda entworfen hatte und für dessen Design und die Lizensierung von Technologien die tschechische Regierung große Summen aufgewendet hatte (Pavlinek 2003). So kam es auch, dass bereits 1990 20 westeuropäische Zulieferer für Skoda tätig waren.

Im Jahre 1991 übernahm Volkswagen Skoda und setzte sich damit im Wettbewerb mit Renault vor allem wegen des Versprechens durch, die Marke Skoda zu erhalten und den Favorit weiter zu produzieren. Für die tschechischen Zulieferer war die Fortsetzung der Produktion des Favorit von großer Bedeutung, denn dadurch wurden sie weiterhin von Skoda gebraucht. Sie bekamen auf diese Weise etwas Zeit, um sich den neuen Bedingungen anzupassen – sie mussten aber innerhalb dieser Zeit ihre Qualität und ihre Entwicklungsfähigkeit erhöhen. Parallel dazu begann VW seine deutschen Zulieferer nach Skoda nachzuziehen. Trotz der den tschechischen Zulieferern gewährten Anpassungszeit reduzierte sich ihre Zahl bis Mitte der 1990er Jahre auf 126.

Die zweite Hälfte der 1990er Jahre durch einen Wiederanstieg der Zahl der tschechischen Zulieferer von Skoda gekennzeichnet. Nach Pavlinek (2003) gelang es einer Reihe von tschechischen Unternehmen, ihre Qualität zu erhöhen und dadurch wieder in das Skoda-Zulieferernetzwerk einzusteigen. Produziert wurde in dieser Zeit der Skoda Felicia, der auf dem Favorit aufbaute und immer noch relativ wenig VW-Komponenten beinhaltete, sowie der Skoda Octavia. Die Vielzahl spezifischer Skoda-Komponenten im Felicia war ein Faktor, der den Wiedereinstieg tschechischer Zulieferer erleichterte. Die Zahl tschechischer Skoda-Zulieferer erhöhte sich wieder auf 189 im Jahre 1999.

Tabelle 12: Tschechische und ausländische Zulieferer von Skoda, 1990–2006

	Tschechische Unternehmen	Ausländische Unternehmen mit Produktion in Tschechien	Ausländische Unternehmen mit Produktion außerhalb Tschechiens
1990	*181	–	49
1995	126	**60	184
1999	189	90	627
2006	102	146	1.092

* Inkl. Slowakei. ** Stand Ende 1993. Quelle: Pavlinek 2003, Pavlinek/Janak 2007, Skoda 2006.

Eine neuerliche Wende kam am Ende der 1990er Jahre. Bereits seit 1996 wurde der Octavia produziert, der auf der Golf-Plattform aufsetzt und viele VW-Komponenten nutzt. Im Jahr 1998 hatte das *Facelift* des Skoda Felicia auch bei diesem Modell zu einer Erhöhung von VW-Komponenten geführt. Im Jahr 1999 wurde der Felicia schließlich durch den Fabia ersetzt, der auf der VW Polo-Plattform aufsetzt und wie der Octavia viele VW-Komponenten nutzte. Die Umstellung auf die Plattformstrategie senkte die Zahl der Skoda-spezifischen Teile. In dieser Situation gab es für viele tschechische Zulieferer nur die Alternativen, zu Zulieferern des gesamten VW-Konzerns zu werden – was eine höhere Entwicklungsfähigkeit und eine zumindest europaweite Lieferfähigkeit voraussetzte – oder von westeuropäischen Zulieferern verdrängt zu werden. Einigen tschechischen Zulieferern gelang die Transformation, viele wurden aber zu *Second-* und *Third-tier-*Zulieferern oder mussten ganz aufgeben (Pavlinek/Janak 2007).

Die Zahl tschechischer Zulieferer von Skoda sank bis 2006 auf 102, die Zahl ausländischer Zulieferer mit Produktionsstätten in Tschechien erhöhte sich auf 146. Die Plattformstrategie führte auch zu einem rasanten Anstieg der Zahl von Skoda-Zulieferern außerhalb Tschechiens (vergleiche auch Pavlinek 2008: 236ff).

Skoda und Fiat sind besondere Fälle, da es sich um Brownfield-Investitionen handelte, bei denen eine existierende Zuliefererstruktur übernommen wurde und restrukturiert werden musste. Nur bei der Übernahme Dacias durch Renault 1999 gab es eine ähnliche Konstellation, ansonsten dominieren bei den Automobilwerken in Mittelosteuropa Greenfield-Investitionen der OEMs, bei denen die Zuliefererstruktur neu aufgebaut wird. Dabei erwies es sich für einheimische Zulieferer als sehr schwierig, Zugang zu den Liefernetzen der Unternehmen zu bekommen. Das GM-Werk in Gliwice wird von 20 polnischen Betrieben, 97 Betrieben ausländischer Unternehmen in Polen und 153 Zulieferern mit Standort im Ausland beliefert (Stand 2006; PL-46). Das VW-Werk in Poznań hat nur 48 Zulieferer in Polen, von denen der Großteil ausländische Unternehmen sind (Stand 2006; PL-22).[18] Etwas größer ist die Bedeutung einheimischer Zulieferer im Fall von Suzuki Ungarn. Havas (2007) berichtet, dass im Jahre 2003 von den 320 Zulieferern des Werks 66 in Ungarn angesiedelt waren; 15 bis 25 davon waren ausländische Unternehmen und 40 bis 50 ungarische Zulieferer.

Auf der Basis unserer MOE-Datenbank können wir feststellen, wie gut es einheimischen Zulieferern gelungen ist, Zugang zu den Liefernetzwerken unterschiedlicher ausländischer OEMs zu bekommen (vergleiche Tabelle 13). Die Daten beruhen auf den von den Unternehmen selbst in Interviews, in der Presse und im Internet gegebenen Informationen über ihre Kunden. Die beiden Konzerne mit der größten Zahl von einheimischen Zulieferern aus MOE-Ländern sind VW und Fiat.[19] Im Falle des VW-Konzerns handelt es sich im größeren Umfang nur um tschechische Zulieferer. Skoda ist zu einem wichtigen Türöffner für tschechische

18 Das VW-Werk in Poznań ist zwar keine Greenfield-Investition, die dort vor 1989 angesiedelte Produktion von Pickups und Transportern wurde aber von VW aufgegeben und das Werk in den 1990er Jahren zu einem CKD-Werk für VW-Modelle umgebaut. Als Anfang der 2000er Jahre der Ausbau zu einem voll integrierten Werk begann, musste die Zuliefererstruktur von Null aufgebaut werden.

19 Sicherlich gibt es auch im Falle von Renault eine größere Zahl rumänischer Zulieferer, die Dacia beliefern, allerdings haben wir keine Informationen über einheimische Zulieferer in Rumänien.

Unternehmen geworden. Im Falle von Fiat sind es dagegen fast ausschließlich polnische Zulieferer, die den Zugang zum OEM geschafft haben.

Im Hinblick auf den Einkauf in Mittelosteuropa folgen GM, Daimler und BMW mit großem Abstand zu VW und Fiat. Im Falle der MOE-Zulieferer von Daimler und BMW handelt es sich mehrheitlich um tschechische Unternehmen. Hier könnte die Belieferung von Volkswagen und Audi den Weg zu anderen deutschen Herstellern geebnet haben, denn viele der tschechischen Unternehmen, die gemäß unserer Recherche an Daimler und BMW liefern, liefern auch an den Volkswagen Konzern.

Tabelle 13: Mittelosteuropäische Zulieferer, die nach eigenen Angaben westliche und asiatische Automobilhersteller beliefern (Stand 2006)

	Tschechische Unternehmen (Angaben für 227 Betriebe)	Polnische Unternehmen (Angaben für 121 Betriebe)	Slowakische Unternehmen (Angaben für 23 Betriebe)	Gesamt
Skoda	73	1	6	80
VW	33	9	5	47
Fiat	2	40	0	42
Audi	18	1	1	20
GM	8	11	0	19
Daimler	12	2	1	15
BMW	8	5	1	14
Toyota	3	5	0	8
Suzuki	4	3	1	8
Renault	2	3	1	6
Ford	3	1	1	5
PSA	2	0	2	4
Hyundai	0	1	2	3
Keine Angaben	45 Betriebe (16%)	76 Betriebe (38%)	21 Betriebe (48%)	142

Quelle: Eigene Recherche (MOE Datenbank).

Deutlich wird dagegen bei der Auswertung der Datenbank, dass es im Falle von Ford, PSA, Hyundai und Toyota den einheimischen Zulieferern in Mittelosteuropa bisher (Stand 2006) nur in Ausnahmefällen gelungen ist, direkten Zugang zu den Liefernetzen zu finden. Inwieweit sich das in Zukunft durch die Werksöffnungen von Toyota, PSA und Hyundai/Kia in Tschechien und der Slowakei verändern wird, ist offen.

Eine größere Chance als bei Pkw-Werken haben lokale Zulieferer übrigens bei der Belieferung von Bus- und Lkw-Werken, da hier die globale Lieferfähigkeit wegen der geringen möglichen *Economies of Scale* keine so entscheidende Bedeutung hat. Die großen, werthaltigen Aggregate wie Motoren, Getriebe und Elektronik werden von den Busherstellern in Polen zwar aus dem Ausland bezogen, weswegen der *Local Content* in den von uns untersuchten Fällen Volvo und Solaris in Polen nur bei etwa 40 Prozent liegt. Von lokalen Unternehmen wird aber eine Vielzahl von Kunststoff- und Metallteilen für die Businterieurs bezogen. Unter Volvos Zulieferern für das Werk Wrocław sind immerhin 87 polnische Unternehmen, 29 ausländische Unternehmen mit Standort in Polen und 58 Zulieferer mit Standort im Ausland (Stand 2006; PL-34). Der polnische Bushersteller Solaris hatte 2006 140 polnische Zulieferer, 100 ausländische Zulieferer mit Standort in Polen und 100 Zulieferer im Ausland (PL-52).

Zusammenfassend zeigen sich begrenzte Chancen der einheimischen Zulieferer in Mittelosteuropa, direkt an ausländische OEMs zu liefern; wenngleich Skoda und Fiat Entwicklungschancen für eine Reihe von Zulieferern eröffnet haben. Eine Rolle spielte auch die stattliche Politik. Auffällig ist, dass nur in Tschechien größere Zulieferunternehmen wie Brano (Metallkomponenten für Bremsen und Fahrwerk), Ceska Gumarenska Spolectnost (Gummi- und Kunststoffteile), Karsit (Sitzgerüste und Karosserieteile) oder Motor Jikov (Metallkomponenten und Metallgussteile) entstanden sind; als größere Zulieferer sind in Polen nur der Sitzhersteller Inter Groclin und in der Slowakei nur der Hersteller von Karosserie- und Bodyteilen Matador zu nennen. Eine Ursache hierfür könnte unterschiedliche Privatisierungspolitik sein, was an dieser Stelle nicht untersucht werden kann.

Die meisten mittelosteuropäischen Zulieferer werden zu *Second-Tier-* oder *Third-Tier*-Zulieferern. Für diese Entwicklung spielen die *Sourcing*-Strategien der großen transnationalen Zulieferer eine entscheidende Rolle. Im Folgenden werden diese mit Hilfe der Kurzfallstudien Delphi und Valeo untersucht.

5.3.1 Zulieferer der Delphi Corporation

Delphi war im Jahre 2008 der nach Johnson Controls und Goodyear drittgrößte amerikanische und der sechstgrößte Automobilzulieferer weltweit mit etwa 18 Milliarden Euro Umsatz und 146.000 Beschäftigten. Die US-amerikanische Sparte des Unternehmens befand von 2005 bis 2009 unter Gläubigerschutz des US-amerikanischen Insolvenzrechts und durchlief in dieser Zeit einen massiven Restrukturierungsprozess. Noch 2006 war Delphi der größte US-amerikanische und der drittgrößte Zulieferer weltweit mit etwa 185.000 Mitarbeitern.

Das Unternehmen entstand 1999 durch die Ausgliederung der Komponentenproduktion von General Motors, worauf eine Vielzahl von Übernahmen kleinerer Zulieferer durch Delphi folgte. Delphi ist nach Produktgruppen organisiert. Die wichtigsten Produktgruppen von Delphi sind Elektronik und Sicherheitssysteme (elektronische Steuerung, Mechatronik, Bordnetze, Audio, Navigation, Telematik, Sicherheitssysteme), Motor- und Antriebsstrangkomponenten, sowie Klimaanlagen und Wärmetauscher. Im Jahre 2006 besaß Delphi 17 Werke in Mittelosteuropa mit insgesamt etwa 20.000 Beschäftigten. Am wichtigsten ist der Standort Polen, wo sechs Werke für unterschiedliche Produktgruppen angesiedelt sind.

Die Beschaffung ist bei Delphi nach Produktgruppen organisiert.[20] Jede Produktgruppe hat einen globalen Einkaufsdirektor, dem Direktoren für die Weltregionen unterstehen. In Europa gibt es also für jede Produktgruppe einen europäischen Einkaufsdirektor. Dieser leitet ein Team von Managern für drei Kategorien von Produkten (Metallprodukte, Kunststoffprodukte, elektronische Produkte), die ebenfalls europaweite Verantwortung haben. Jeder dieser drei Manager hat Einkäufer in verschiedenen Ländern und Werken.

Die Einkäufer an den mittelosteuropäischen Delphi-Standorten sind also nicht für den lokalen Einkauf ihres Werks zuständig, sondern unterstehen dem europäischen Manager der Produktgruppe. Einen lokalen Einkauf gibt es nicht.

»Das Ziel ist dabei, die Zahl der Zulieferer zu reduzieren und möglichst für alle Werke die gleichen Zulieferer zu haben. Das ist sogar im globalen Maßstab zu

20 Zumindest für die so genannten »direkten Produkte« (Produkte, die in den Produktionsprozess eingehen), die hier im Zentrum der Analyse stehen. Die Beschaffung der »indirekten Produkte« (Anlagen, Maschinen, Dienstleistungen, Facility Management) sind divisionsübergreifend organisiert.

sehen, nicht nur für Europa. Firmen, die nur für einen Standort liefern können, ziehen wir gar nicht als Zulieferer in Betracht. Ihnen fehlen alle Voraussetzungen in Bezug auf Technologie, Logistik und auch Haftung. Man muss bedenken, dass eine Lieferverzögerung um wenige Minuten tausende Euro kosten kann, wenn wir deswegen unsere Kunden nicht beliefern können. Solche Kosten muss ein Zulieferer verkraften. Kleine Firmen können das nicht« (PL-59).

Grundsätzlich ist Delphi sehr stark an der Erhöhung des Beschaffungsanteils in Mittelosteuropa und anderen Niedriglohnländern interessiert. Viele OEMs verlangen einen 60 bis 70-prozentigen Anteil von Niedriglohnländern an der Beschaffung ihrer *First Tier*-Zulieferer (PL-59). Delphi selbst hat sich das Ziel eines 75-prozentigen Niedriglohnanteils gesetzt. Als das Unternehmen in der ersten Hälfte der 1990er Jahre die ersten Werke in Mittelosteuropa erwarb und eröffnete, gab es noch keine leistungsfähigen Zulieferer. Delphi setzte in dieser Situation zum einen darauf, seine eigenen Zulieferer zu einer Ansiedlung in Mittelosteuropa zu bewegen, und zum anderen lokale Zulieferer zu entwickeln. Einheimische Zulieferer in mittelosteuropäischen Ländern, die an einer Zusammenarbeit mit Delphi interessiert waren, wurden auditiert und einige von ihnen ausgewählt. Mit diesen Firmen wurden mehrmonatige Entwicklungspläne erarbeitet, die Schritte zur Beseitigung der beim Audit festgestellten Mängel enthielten.

Nach einer Restrukturierungsphase gelang es vielen mittelosteuropäischen Firmen, ihre Qualitätssicherungsprozesse zu verbessern. Die meisten MOE-Zulieferer haben mittlerweile zertifizierte Qualitätssicherungssysteme. Die entscheidenden Schwierigkeiten für die Entwicklung einheimischer Zulieferer sind nun die aus der globalen Organisation des Einkaufs bei Delphi resultierenden Anforderungen (PL-59):

- Kapital- und Volumenfähigkeit: Die Unternehmen müssen für die gesamte Produktgruppe europaweit liefern können. Das können nur wenige MOE-Zulieferer.
- Übergreifende Technologiekompetenz: Die Reduktion der Zuliefererzahl durch Delphi bedeutet, dass immer weniger Einzelteile und immer mehr komplexe Baugruppen eingekauft werden. Es werden *Second-Ttier*-Zulieferer benötigt, die nicht auf eine Technologie spezialisiert sind, sondern mehrere Technologien beherrschen. Beispiele sind elektronische Baugruppen, bei denen elektronische Komponenten mit Metall- und Kunststoffteilen verbunden werden, oder Metallgussteile, bei denen der Rohguss präzise bearbeitet werden muss. Die meisten MOE-

Zulieferer beherrschen nur eine Technologie (beispielsweise Rohguss), nicht aber einen komplexen Bearbeitungsprozess.

- Entwicklungs- und Konstruktionskompetenz: Delphi ist immer weniger an Zulieferern interessiert, die eine komplette und spezifizierte Dokumentation für die Fertigung benötigen. Angestrebt wird vielmehr eine Verlagerung der Entwicklungs- und Konstruktionsaktivitäten auf *Second-tier*-Zulieferer. Dazu sind nur wenige MOE-Zulieferer in der Lage.
- Sprachfähigkeiten: Delphi verlangt vom gesamten Führungspersonal seiner Zulieferer die Beherrschung der englischen Sprache, da in allen Funktionsbereichen wie Logistik, Engineering, Qualitätssicherung und Fertigung eine direkte Kommunikation zwischen Delphi-Managern und den Zulieferern möglich sein muss. Bei den meisten MOE-Zulieferern beherrscht aber nur das Marketing-Personal die englische Sprache.

Diese Anforderungen führen dazu, dass das Ziel der Erhöhung des Einkaufs in Niedriglohnländern in manchen Produktgruppen besser und in manchen schlechter umgesetzt werden kann. In der Produktgruppe Elektronik ist der Anteil des Einkaufs in Mittelosteuropa niedrig und liegt bei etwa 25 bis 30 Prozent. In dieser Produktgruppe sind die Kompetenzen der mittelosteuropäischen Zulieferer besonders gering. Hier ist Asien eine wichtige Herkunftsregion der Komponenten. Hoch ist der Anteil mittelosteuropäischer Länder mit 80 bis 90 Prozent dagegen bei Bordnetzen (PL-59). Im Jahre 2005 hatte Delphi insgesamt etwa 45 Zulieferer aus mittelosteuropäischen Ländern, darunter je etwa 8 Firmen aus Polen, Ungarn, Tschechien und der Slowakei, sowie je zwei bis drei Firmen aus Rumänien, Slowenien, Bulgarien und der Ukraine. Diese Zulieferer beliefern nicht nur mittelosteuropäische Standorte, sondern ganz Europa und manchmal auch Delphi-Werke außerhalb Europas.

5.3.2 Zulieferer von Valeo

Valeo ist mit etwa 10 Milliarden Euro Umsatz und weltweit 51.000 Beschäftigten im Jahre 2008 der nach Faurecia zweitgrößte französische Zulieferer. Valeo stellt eine Vielzahl von Komponenten in den Bereichen Klimaanlagen und Wärmetauscher, Elektronik inklusive Motormanagementsystemen, Sicherheitssysteme, Antriebsstrangkomponenten sowie Beleuchtungssysteme her. Valeo hat 1996 die erste Produktionsstätte in

Mittelosteuropa eröffnet und besaß dort im Jahre 2006 14 Werke mit insgesamt etwa 4.800 Beschäftigten.

Die Beschaffung ist auch bei Valeo nach Produktgruppen organisiert. Jede Produktgruppe hat einen globalen Einkaufsdirektor, dem Direktoren für die Weltregionen unterstehen. Die Einkaufsdirektoren leiten jeweils ein *Sourcing Committee*, dem die Einkaufsleiter der zur Produktgruppe zugehörigen Werke angehören. Im Folgenden wird die Organisation der Beschaffung und die Rolle von mittelosteuropäischen Zulieferern am Beispiel der Produktgruppe Motorkühlsysteme (Wärmetauscher) dargestellt. Die Motorkühlsysteme-Sparte hat in Europa drei Betriebe in Frankreich, je zwei in Polen und Schweden, sowie je einen in Tschechien, Spanien, Italien und Großbritannien. Das polnische Werk in Skawina bei Kraków ist das größte Werk der Sparte.

Entscheidungen über die Auswahl der Zulieferer werden je nach Auftragsgröße zentral oder lokal getroffen. Bei Aufträgen über 300.000 Euro entscheidet das *Sourcing Committee,* bei kleineren Aufträgen können Werke selbst entscheiden und informieren nur die Zentrale. Die ausgewählten Zulieferer sollen möglichst in alle Werke der entsprechenden Produktgruppe und alle Weltregionen liefern können.

Valeo ist stark an der Erhöhung des Beschaffungsanteils in Niedriglohnländern interessiert. Bis 2010 wird konzernweit ein Anteil von 70 Prozent angestrebt (PL-62). Bei der Motorkühlsysteme-Sparte wurde in Europa bisher ein durchschnittlicher Niedriglohnländeranteil am Beschaffungsvolumen von 32 Prozent erreicht (Stand 2006). Dieser Wert ist im Falle der mittelosteuropäischen Werke höher, er liegt im polnischen Werk Skawina bei 42 Prozent (32 Prozent aus Mittelosteuropa und 10 Prozent aus China). Dementsprechend ist der Wert in westeuropäischen Werken niedriger.

Die Möglichkeiten, bei mittelosteuropäischen Zulieferern einzukaufen, unterscheiden sich je nach Produkt. Die Beschaffung der Motorkühlsysteme-Sparte kauft vor allem Kunststoffteile für die Einfassung der Kühler, Aluminiumfolie, Kollektoren (Aluminiumgussteile), Schienen (präzise bearbeitete Aluminiumteile) und Trockner (präzise bearbeitete und zusammengesetzte Aluminiumteile) ein. Technologisch am einfachsten herzustellen sind die Kunststoffteile und die Kollektoren. Das Werk Skawina in Polen bezieht die Kunststoffteile zu 95 Prozent aus Polen. Die Kollektoren und andere kleine Metallteile werden fast ausschließlich in Polen, Ungarn und der Slowakei gekauft. Bei der Aluminiumfolie bestehen hohe

Ansprüche an das Material. Eingekauft wird bei einer polnischen Aluminiumhütte sowie in Frankreich und Schweden. Aluminiumschienen und Trockner bedürfen schließlich besonders präziser und komplexer Bearbeitung; ihr Produktionsprozess ist hoch automatisiert und sehr kapitalintensiv. Bisher verfügt kein mittelosteuropäischer Zulieferer über die benötigte Technologie, weswegen diese Komponenten vor allem aus Deutschland und Frankreich bezogen werden.[21] Allerdings sucht Valeo nach einem Anbieter aus Mittelosteuropa (PL-62).

Als das Wärmetauscher-Werk im polnischen Skawina den Betrieb aufnahm, hatte Valeo fast keine mittelosteuropäischen Zulieferer.

»Unser erster Schritt war, dass wir im Falle älterer, gut erprobter Produkte die Werkzeuge unserer westeuropäischen Zulieferer, die uns gehörten, nach Polen gebracht haben. Dies betraf vor allem die Kunststoffteile und die einfacheren Aluminiumteile« (PL-62).

Die Beschaffungsabteilung begann zudem, nach leistungsfähigen Zulieferern in Mittelosteuropa zu suchen. Entwicklungsfähige Unternehmen bekamen Schulungen durch Experten von Valeo. Ein solcher Entwicklungsprozess konnte sich über einen Zeitraum von 1 bis 3 Jahren hinziehen. Das Werk in Skawina hatte im Jahr 2007 58 Zulieferer, davon 15 in Polen (14 polnische und ein ausländisches Unternehmen mit Produktion in Polen).

Valeo hat zwar sehr hohe Qualitätsansprüche, aber es gibt mittlerweile viele mittelosteuropäische Firmen, die diesen genügen können. Ein Problem bei der Entwicklung der einheimischen Zulieferer in Mittelosteuropa wird dagegen in der fehlenden Entwicklungskompetenz gesehen. Bezüglich der Entwicklungs- und Konstruktionskompetenz teilt Valeo seine Zulieferer in drei Kategorien ein (PL-62):

- »Designer«, die nach Valeos Anforderungen Teile selbst entwickeln können,
- »Manufacturer«, die die Fertigung nach einer kompletten Dokumentation übernehmen können, und
- »Subcontractor«, die Teilaufträge übernehmen.

In Polen ist unter den Zulieferern der Wärmetauschersparte von Valeo nur ein »Designer«. Es handelt sich um die Aluminiumhütte, die Produktionsverfahren selbst entwickelt und verbessert und so selbständig an der Opti-

21 Sowie im Falle eines älteren Modells, das noch viel manuelle Montage enthält, aus China.

mierung und Anpassung der Stoffeigenschaften (z.B. im Bereich Korrosionsschutz) arbeiten kann.

5.3.3 Schlussfolgerungen

Die transnationalen Zuliefererkonzerne verfolgen sehr ambitionierte Ziele des Ausbaus der Beschaffung in Niedriglohnländern. In unseren Kurzfallstudien wurden 70 Prozent des Einkaufswerts als Zielmarke für den Einkauf in Niedriglohnländern angestrebt. Die ausländischen Unternehmen unterstützen die Entwicklung lokaler Zulieferer in Mittelosteuropa durch Qualifizierung und Expertise.

Allerdings gibt es hohe Hürden für die Entwicklung mittelosteuropäischer Zulieferer. Die transnationalen Zulieferer suchen Sublieferanten mit europaweiter und manchmal sogar weltweiter Lieferfähigkeit. Zudem erwarten sie, dass die Sublieferanten einen Teil der Entwicklungs- und Konstruktionsaktivitäten auf sich nehmen. Nur jene mittelosteuropäischen Zulieferer, die ein großes Volumen fertigungstechnisch, logistisch und finanziell bewältigen können und die eigene Entwicklungskapazitäten haben, können es schaffen, zu *Second-Tier*-Zulieferern aufzusteigen.

5.4 Abhängigkeit Mittelosteuropas von Komponentenimporten

In den vorausgegangenen Abschnitten sind die Chancen für ein *Upgrading* der mittelosteuropäischen Automobilindustrie im Hinblick auf die Entwicklung der Standorte und der Kompetenzen der ausländischen und der einheimischen Zulieferer untersucht worden. Im Folgenden werden wir die Frage der Abhängigkeit der mittelosteuropäischen Automobilindustrie von ausländischen Komponentenimporten auf der Basis statistischer Daten diskutieren.

In einem ersten Schritt können wir den Wert der Komponentenimporte pro produziertes Fahrzeug vergleichen. In der Abbildung 25 sehen wir, dass Slowenien und Tschechien nur leicht niedrigere Komponentenimporte pro Fahrzeug aufweisen als Deutschland oder Frankreich; die Komponentenimporte pro Fahrzeug in Polen und der Slowakei sind höher als in Deutschland und Frankreich.[22]

---

22 Wir haben Ungarn ausgelassen, da dort nur wenige Fahrzeuge produziert werden und das Land eher als ein reiner Standort für Komponentenfertigung von Bedeutung ist.

Abbildung 25: Wert der Komponentenimporte pro produziertes Fahrzeug in Deutschland, Frankreich und in Mittelosteuropa, 1999 und 2008

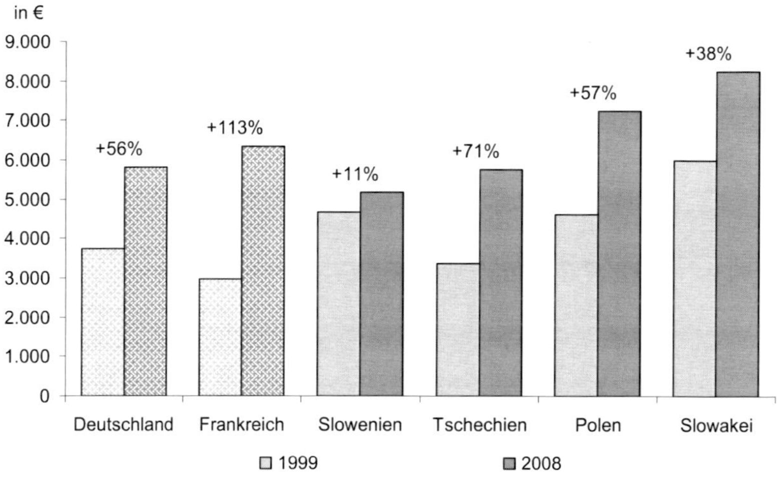

Quelle: Eigene Berechnung nach Eurostat, DS-108995 und VDA, International Auto Statistics.

Der Unterschied zwischen Mittelost- und Westeuropa wird größer, wenn man berücksichtigt, dass der durchschnittliche Wert der in Deutschland hergestellten Fahrzeuge viel höher ist als der Wert der in Mittelosteuropa hergestellten Fahrzeuge, da im letzteren Fall Kleinwagen immer noch den Löwenanteil ausmachen. Wir haben in Kapitel vier argumentiert, dass der Wert der Komponentenimporte in Deutschland und Frankreich etwa 20 bis 30 Prozent der Produzentenpreise der Pkw beträgt. In Mittelosteuropa ist die Importabhängigkeit höher. Im Jahre 2008 lag der durchschnittliche Produzentenpreis (ohne Steuern) für Fahrzeuge aus Polen (Fiat, Opel, VW, Chevrolet) bei etwa 9.500 Euro und im Falle Tschechiens (Skoda, PSA/Toyota) bei etwa 10.700 Euro.[23] Das Verhältnis von Komponentenimporten zum Wert der hergestellten Fahrzeuge lag damit in etwa zwischen 55 Prozent (Tschechien) und 75 Prozent (Polen).

---

23 Eigene Berechnung auf der Grundlage der von der Europäischen Kommission in ihren Car Price Reports zusammengestellten Daten (vergleiche Europäische Kommission 2008) sowie Angaben der Automobilhersteller. Aufgrund der Beschränkung auf die Basismodelle der Fahrzeuge (Nichtberücksichtigung von Ausstattungs- und Modellvarianten) und weiteren Vereinfachungen handelt es sich um einen Annäherungswert. Vergleiche Kapitel 4.4.

Es gibt allerdings große Unterschiede zwischen den Herstellern in Mittelosteuropa, wie am Beispiel Polens kurz illustriert werden kann. Brownfield-Werke, die bereits Anfang der 1990er Jahre übernommen wurden und eine gewachsene Zuliefererstruktur hatten, haben den höchsten Inlandsanteil an der Wertschöpfung. Ein Beispiel ist Fiat in Tychy mit einem *Local Content* von etwa 70 Prozent im Jahre 2006. In den von uns besuchten Greenfield-Werken in Polen lag 2006 der *Local Content* zwischen 35 Prozent bei VW Poznań, 40 Prozent bei Volvo Wrocław und 55 Prozent bei GM Gliwice. In allen Fällen bemühten sich allerdings die Betriebe um eine Erhöhung des lokalen Einkaufs, wenngleich unter den in den beiden vorausgegangenen Abschnitten thematisierten Restriktionen. Der Anteil des lokalen Einkaufs variiert zudem stark je nach Produktbereich: Er erreicht bis zu 100 Prozent bei einfachen Kunststoff- und Metallteilen und liegt bei Präzisionsteilen, Elektronikkomponenten und anderen komplexen Teilen erheblich darunter.

Eine wichtige Frage ist, woher die Komponentenimporte der mittelost europäischen Staaten kommen. Wie Abbildung 26 zeigt, ist Deutschland der mit Abstand wichtigste Komponentenlieferant für die mittelosteuropäischen Automobilindustrien, mit der Ausnahme Sloweniens, dessen wichtigster Komponentenlieferant aufgrund der Liefernetzwerke des Renault-Werks in Novo Mesto Frankreich ist. Aus Deutschland stammten im Jahre 2008 65 Prozent der ungarischen, 56 Prozent der slowakischen, 55 Prozent der tschechischen und 48 Prozent der polnischen Komponentenimporte. Insgesamt dominieren Importe aus Hochlohnländern, ein wichtiger Teil der in den in Mittelosteuropa produzierten Fahrzeugen verkörperten Wertschöpfung stammt somit aus Westeuropa.

Allerdings ist selbst in dem kurzen Betrachtungszeitraum von 1999 bis 2008 ein Veränderungstrend sichtbar. In der slowakischen Automobilindustrie hat der Anteil der Komponentenimporte aus Niedriglohnländern im Jahr 2008 38 Prozent erreicht; in Slowenien und Tschechien waren es 34 Prozent und in Ungarn 22 Prozent. Nur im Falle Polens bleibt der Anteil der Importe aus Niedriglohnländern im genannten Zeitraum trotz eines wachsenden absoluten Volumens mit 15 bis 16 Prozent weitgehend konstant. Der vergleichsweise niedrige Anteil von Niedriglohnimporten der polnischen Automobilindustrie geht mit einer starken Zunahme der Komponentenimporte aus Deutschland einher.

Abbildung 26: Herkunft der Automobilkomponentenimporte von MOE-Ländern 1999 und 2008 (Säulenhöhe gibt Prozent an, Werte innerhalb der Säulen die Importe in Mrd. Euro)

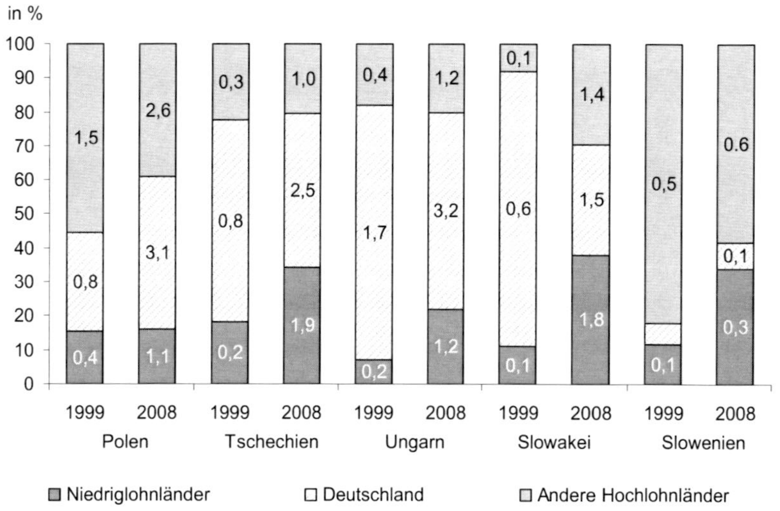

Quelle: Eigene Berechnung nach Eurostat, DS-018995. Als Niedriglohnländer sind die mittelost- und osteuropäischen Länder, die Mittelmeeranrainer in Afrika plus Türkei, die iberische Halbinsel sowie China eingeordnet.

Zusammenfassend lässt sich also festhalten, dass die mittelosteuropäische Automobilindustrie weiterhin deutlich stärker von Komponentenimporten abhängig ist als ihr Pendant in den westeuropäischen Kernländern der Automobilproduktion. Die meisten dieser Komponentenimporte stammen wiederum aus Westeuropa (insbesondere Deutschland) und schaffen dort Beschäftigung. Diese Struktur ist Ausdruck einer Strategie der »Mischkalkulation«: Mittelosteuropa bleibt ein bevorzugter Standort für die Produktion von einfachen und standardisierten Komponenten, während komplexe Komponenten oft aus Westeuropa zugeliefert werden. Allerdings ist festzustellen, dass die Lieferverflechtungen zwischen Niedriglohnländern zunehmen und die mittelosteuropäischen Standorte ihre Komponenten in wachsendem Maße aus anderen Ländern Mittelosteuropas und weiteren Niedriglohnregionen beziehen. Es ist zu erwarten, dass sich dieser Trend fortsetzt, was zu einer Verdrängung der Importe aus Westeuropa führen wird.

5.5 Forschung und Entwicklung in Mittelosteuropa

Führt die im vorausgegangenen Kapitel dargestellte rasante Entwicklung der Automobilfertigung in Mittelosteuropa auch zur Ansiedlung von FuE-Kompetenzen in der Region? Vorhandene Untersuchungen über die Globalisierung von FuE-Aktivitäten stellen fest, dass der Entwicklung einer globalisierten Struktur von Produktionsstandorten bisher nur in einem begrenzten Ausmaß die Globalisierung von Forschung und Entwicklung gefolgt ist. Eine Studie der UNCTAD (United Nations Conference on Trade and Development) über die Globalisierung der FuE konstatiert (2005: 157):

»The complex and tacit nature of advanced technical knowledge makes it difficult and costly to fragment R&D and to locate different segments in different places. Researchers often need face-to-face interaction to exchange information and ideas. Moreover, research skills tend to develop in a cumulative manner, so that centers that start early often retain or increase their lead.«

Patel und Pavitt (2000: 218) stellen einen »home country bias in R&D activities« fest. Ausgehend von einem sehr niedrigen Niveau gibt es aber seit den 1990er Jahren dennoch eine Zunahme der FuE-Auslandsaktivitäten von transnationalen Unternehmen, die auf eine Reihe von Ursachen zurückgeht. Edler et al. (2002) heben die folgenden Motive der Unternehmen hervor: der Bedarf an Anpassung der Technologie an lokale Marktanforderungen, die Verfügbarkeit von qualifiziertem FuE-Personal sowie das Interesse, von Technologieführern zu lernen und Technologie einzukaufen. Bardhan und Jaffee (2005) weisen darauf hin, dass auch die bei der Internationalisierung von Produktion gesammelten Erfahrungen bei der Internationalisierung von FuE hilfreich sind.

Der Löwenanteil der Auslandsinvestitionen in FuE geht bislang in Hochlohnländer. Trefler (2005) zeigt, dass 85 Prozent der Auslandsaktivitäten von US-amerikanischen Firmen in Hochlohnländern angesiedelt waren und dass die Arbeitskosten dabei eine geringe Rolle spielten. In einer branchenübergreifenden Auswertung von FuE-Investitionsprojekten in Europa kam eine Studie der LTT Research und der Helsinki School of Economics (2007: 72) zum Ergebnis, dass zwischen 2002 und 2006 Großbritannien, Frankreich, Deutschland, Irland, Spanien und Schweden (in dieser Reihenfolge) die wichtigsten Empfänger von ausländischen Investitionen in FuE-Projekte waren. Allerdings ist es bemerkenswert, dass in der genannten Studie (LTT/HSE 2007) auf den Plätzen sieben bis neun die mittelosteuropäischen Länder Polen, Tschechien und Ungarn folgten, die damit noch vor Ländern wie Italien, Finnland, Österreich, Belgien oder den Niederlanden lagen.

Offensichtlich gibt es also eine Zunahme von ausländischen FuE-Investitionen in Niedriglohnländern, wenngleich von einem niedrigen Niveau ausgehend. Auf der Basis des European Innovation Survey 2005 unterscheidet die Studie der LTT Research und der Helsinki School of Economics (LTT/HSE 2007: 36ff) vier Ländergruppen in Europa: Die »innovative leaders« sind Finnland, Schweden, Dänemark; eine »intermediate group« setzt sich aus Großbritannien, Deutschland, Frankreich und Italien zusammen: Spanien, Tschechien, Ungarn und die Slowakei sind »trailing countries«, die zwar eine schwache FuE-Basis besitzen, diese aber schneller als andere Länder verbessern; schließlich wird eine Gruppe von »laggards« identifiziert, die unter anderem Portugal, Griechenland und Polen umfasst. Zumindest ein Teil der mittelosteuropäischen Länder gewinnt also für FuE-Investitionen an Attraktivität. Dabei ist die Verfügbarkeit von qualifiziertem FuE-Personal ein wichtiger Investitionsanreiz, insbesondere, da sie mit niedrigen Arbeitskosten zusammenfällt. Die UNCTAD-Studie (2005: 159) sieht dementsprechend die niedrigen Arbeitskosten für Ingenieure als die zentrale Ursache für die Ansiedlung von FuE in Mittelosteuropa.

Über die Verlagerung von Forschung und Entwicklung aus Deutschland heraus gibt es unterschiedliche Befunde. Das ISI-Institut (Kinkel/Maloca 2008) kam zum Ergebnis, dass im Zeitraum 2004 bis 2006 3,6 Prozent der Betriebe des Verarbeitenden Gewerbes in Deutschland FuE-Aktivitäten ins Ausland verlagert haben, wovon jährlich etwa 4.500 Arbeitsplätze in Deutschland betroffen waren. Dabei war der Anteil der verlagernden Betriebe in der Chemiebranche (9 Prozent) und in der Automobilindustrie (8 Prozent) besonders hoch. Die ISI-Studie kam zum Schluss, dass auf jede achte bis zehnte Produktionsverlagerung innerhalb von 2 bis 5 Jahren eine FuE-Verlagerung folgt. Die wichtigsten Zielregionen der Verlagerung waren Asien, Mittelost- und Osteuropa. Die Deutsche Industrie- und Handelskammer hat 2005 zur Frage der Ansiedlung und Verlagerung von Forschung und Entwicklung ins Ausland eine Umfrage unter ihren Mitgliedsunternehmen durchgeführt. Sie kam zum Ergebnis, dass 33 Prozent der Unternehmen FuE-Standorte im Ausland aufbauen. 46 Prozent der Unternehmen mit FuE-Standorten im Ausland (also 15 Prozent aller Unternehmen) haben Forschung und Entwicklung aus Deutschland ins Ausland verlagert – ein höherer Wert als in der ISI-Studie.

Verlagert werden vor allem Konstruktion (58 Prozent der Unternehmen mit FuE im Ausland), fertigungsnahe technologische Entwicklung (52 Prozent), Tests (31 Prozent) und Softwareentwicklung (28 Prozent), während die Grundlagenforschung kaum an ausländische Standorte vergeben wird (14 Prozent). Die wichtigsten Ursachen der Ansiedlung von Forschung und Entwicklung im Ausland sind die Unterstützung von Fertigungsstandorten und die niedrigen Lohnkosten. Wie Abbildung 27 zeigt, ist Mittelosteuropa zu einem wichtigen Zielort der FuE-Investitionen geworden. Ein Drittel der Unternehmen mit FuE-Auslandsaktivitäten (also 10 Prozent aller Unternehmen) haben dort entsprechende Standorte aufgebaut.

Abbildung 27: Zielorte der FuE-Investitionen deutscher Unternehmen im Ausland, 2005

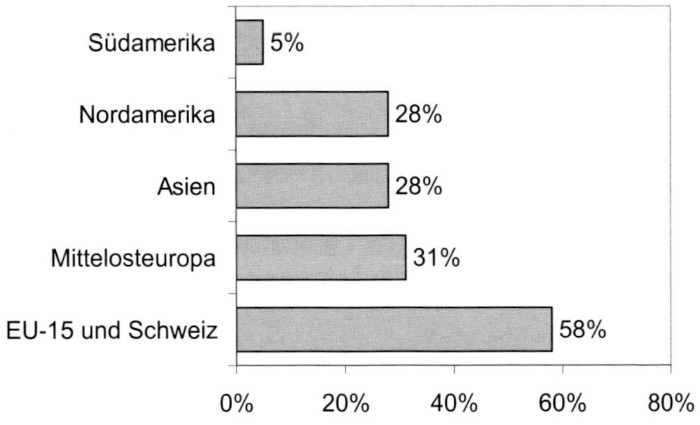

Quelle: DIHK 2005: 8. Mehrfachnennungen möglich. Umfrage unter 1.554 Mitgliedsunternehmen der DIHK, mehrheitlich Verarbeitendes Gewerbe.

Hervorhebenswert ist, dass die verfügbaren Studien überwiegend zum Ergebnis kommen, dass die Globalisierung der FuE bisher keine negativen Auswirkungen auf die FuE-Beschäftigung in Hochlohnländern hat (Jaffee 2004; Van Welsun/Reif 2005; LTT/HSE 2007). Die Studie des ISI (Kinkel/Maloca 2008) stellt zwar in Deutschland Verluste der FuE-Beschäftigung durch Verlagerung fest, sie betont aber zugleich:

»Dennoch scheinen Beschäftigungsmöglichkeiten [von Höchstqualifizierten mit Hochschulabschluss] derzeit noch nicht fundamental von FuE-Verlagerungen bedroht« (Kinkel/Maloca 2008: 11).

Die Globalisierung von Forschung und Entwicklung hat ein klares Branchenprofil. Die größten Auslandsinvestitionen in FuE sind in der Info-Com-Industrie (IT, Software, Semiconductors, Telecom und Electronics) festzustellen. Diese Branche war in den Jahren 2002 bis 2006 für etwa 50 Prozent der über 400 ausländischen FuE-Investitionsprojekte in der EU-25 verantwortlich (LTT/HSE 2007: 72). Unternehmen der Automobilindustrie und insbesondere die Automobilhersteller sind dagegen im Hinblick auf den Aufbau von FuE-Standorten im Ausland sehr vorsichtig. Es sind eher die Zulieferer, die in den Aufbau von FuE-Standorten im Ausland investieren. Automobilhersteller konzentrieren ihre FuE-Aktivitäten zumeist an den Unternehmenszentralen (Calabrese 2001), wobei mit Miller (1994) zwei Gründe für diese Konzentration hervorgehoben werden können:

- Produktentwicklung und Geschäftsstrategie der Unternehmen sind eng gekoppelt und erfordern enge räumliche Nähe zwischen Unternehmenszentralen und Entwicklungsstandorten, da sonst Informationsströme zu lang und zu kostenaufwendig werden.
- Es werden mehrere Fahrzeugmodelle parallel entwickelt, was gerade bei Plattformstrategien einen hohen Kooperationsbedarf impliziert und somit eine räumliche Streuung der FuE-Standorte erschwert.

Abbildung 28 zeigt den Anteil des FuE-Personals an der Gesamtbeschäftigung in mittelosteuropäischen Ländern und vergleicht ihn mit Deutschland und Frankreich. Die Ergebnisse entsprechen dem Befund, dass die Automobilhersteller ihre FuE-Aktivitäten an ihren Zentralen in Hochlohnländern konzentrieren. In Polen, Ungarn, Rumänien und der Slowakei ist der Anteil der FuE-Beschäftigen an der Gesamtbeschäftigung sehr gering und liegt bei etwa 1 Prozent. Nur in Tschechien ist er mit etwa 3 Prozent etwas höher. Die wichtigsten westeuropäischen Automobilproduktionsländer Deutschland und Frankreich haben dagegen einen Anteil von FuE-Mitarbeitern an der Gesamtbeschäftigung von etwa 10 Prozent. Offensichtlich hat die Ansiedlung von Fertigungsstandorten der Automobilindustrie in Mittelosteuropa bisher nicht in relevantem Ausmaß zu der Ansiedlung von Forschung und Entwicklung geführt. Zu einem ähnlichen Ergebnis kommt

Srholec (2005) in einer branchenübergreifenden Studie der FuE-Aktivitäten ausländischer Unternehmen in Tschechien:

»If our findings are representative for countries behind the technology frontier, then they suggest that foreign affiliates do not appear to grow deep R&D roots in the latecomer economies on their own accord« (Srholec 2005).

Abbildung 28: FuE-Personal in Prozent der Gesamtbeschäftigung in der Automobilindustrie (NACE 34), 2000 und 2007

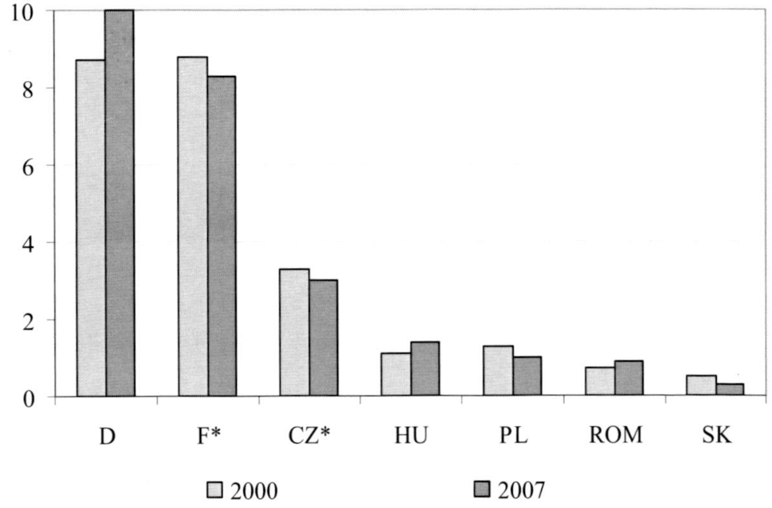

Quelle: Eigene Darstellung nach Eurostat, SBS_NA_2A_DFDN. * 2001 und 2006.

Auf der Grundlage unserer Recherchen haben wir 24 FuE-Standorte ausländischer Automobilunternehmen in Mittelosteuropa identifiziert (vergleiche Abbildung 29). Nicht aufgeführt, aber mit Entwicklungsaktivitäten befasst sind zudem die in Tschechien befindlichen Standorte von Entwicklungsdienstleistern wie Mercedes-Benz Engineering (D), Ricardo (UK), ESI (F) und Applus (ES). Auf der Grundlage eigener Recherchen kommen Pavlinek, Domański und Guzik (2009: 52f) zu einem weitgehend ähnlichen Ergebnis. Sie zählen 26 FuE-Standorte mit mehr als 50 Mitarbeitern in Mittelosteuropa.

Die meisten FuE-Standorte sind seit Anfang der 2000er Jahre entstanden, offensichtlich handelt es sich bei der Ansiedlung von Forschung und

Entwicklung in Mittelosteuropa um einen jungen Prozess, der mit einiger Verzögerung der Ansiedlung von Fertigungsstätten folgt. Die ersten FuE-Standorte entstanden in Tschechien und Ungarn, später sind Polen und Rumänien zu weiteren Zielländern von FuE-Investitionen geworden. Fuchs (2005a) argumentiert in ihrer Studie über zwei Standorte von westeuropäischen Automobilzulieferern in Polen, dass der Aufbau von FuE-Kapazitäten in Mittelosteuropa als ein Evolutionsprozess gesehen werden muss. Die von ihr untersuchten Werke begannen als einfache Produktionsstandorte, nach einiger Zeit kamen auch eine kleine FuE-Abteilung und ein kleiner Werkzeugbau hinzu.

Abbildung 29: FuE-Standorte ausländischer Automobilunternehmen in Mittelosteuropa (Stand 2006)

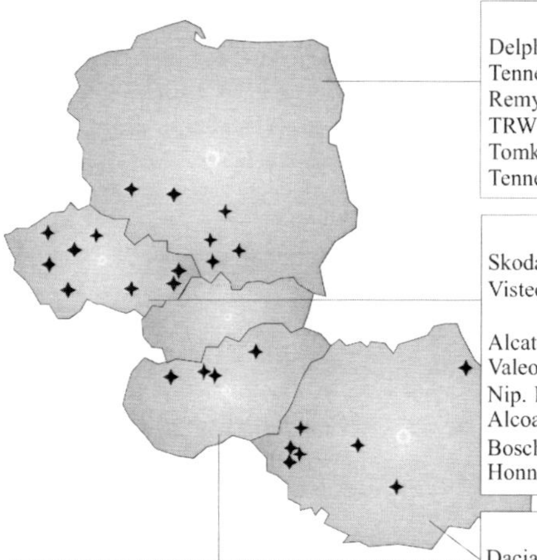

	Mitarbeiter	Produkt
Delphi (USA), 2000	780	Stoßdämpfer
Tenneco (USA), 2004	40	Stoßfänger
Remy (USA), 2005	40	Anlasser
TRW (USA), 2005	140	Sicherheitssysteme
Tomkins (UK), 2006	20	Getriebe
Tenneco (USA), 2006	30	Partikelfilter

	Mitarbeiter	Produkt
Skoda (D)	1200	Fahrzeuge
Visteon (USA), 1993	100	Beleuchtung, Wätmetauscher
Alcatel (F), 1996	50	Elektronik
Valeo (F), 2002	50	Klimaanlagen
Nip. Kayaku (J), 2005	20	Gaskompressoren
Alcoa (USA), 2005	30	Kabelsysteme
Bosch (D), 2005	200	Bremssysteme
Honneywell (USA), 2008	200	Turbolader

	Mitarbeiter	Produkt
ZF (D), 1996	10	Getriebe
Knorr-Bremse (D), 1998	70	Bremssysteme
Audi (D), 2001	100	Motorentests
WET (D), 2003	70	Sitzheizungen

	Mitarbeiter	Produkt
Dacia (F)	1000	Fahrzeuge
Siemens (D), 2001	1000	Software
Continental (D), 2004	170	Elektronik
Siemens (D), 2006	170	Software
Hella (D), 2006	40	Sensoren
Autoliv (SE), 2006	100	Elektronik

Quelle: Eigene Recherche und Darstellung (MOE-Datenbank).

Von 24 von uns identifizierten FuE-Standorten hat die Hälfte jeweils nur 20 bis 50 Mitarbeiter. Es handelt sich um kleine Standorte, die sich in der Nähe von Produktionswerken befinden und schon aufgrund ihrer geringen Größe nur Unterstützungsleistungen für die Fertigung, das heißt fertigungsnahe Anpassungs- und Konstruktionstätigkeiten durchführen. Neun Standorte sind mit 70 bis 200 Mitarbeitern etwas größer. Es ist anzunehmen, dass sie Anpassungstätigkeiten übernehmen oder kleinere Aufträge für andere FuE-Standorte bearbeiten – beispielsweise Softwaremodule entwickeln oder Tests durchführen. Es gibt nur vier große FuE-Standorte in Mittelosteuropa: Die FuE von Skoda in Tschechien und von Dacia in Rumänien, das Technische Zentrum von Delphi in Kraków (Polen) und das Entwicklungszentrum von Siemens VDO in Timisoara in Rumänien, das 2007 von Continental übernommen wurde.

Schließlich stellt sich die Frage nach so genannten *Spillover*-Effekten der von transnationalen Konzernen in Mittelosteuropa angesiedelten Forschung und Entwicklung. Diese Ausstrahlungseffekte bestehen vor allem in der Weitergabe von Wissen, Kompetenzen und Technologien innerhalb der Region. Die Erwartungen an die positiven Effekte der FuE-Investitionen in den Zielländern sind hoch. Die UNCTAD (2005: 179) schreibt:

»Internationalization of R&D can benefit host developing countries in several ways. It can serve as a training ground by providing challenging, high-skill jobs to scientists and engineers. It can create new research skills and thereby help enhance human resources in a host country. It can bring in new knowledge and research know-how, and it can generate knowledge spillovers to domestic enterprises and other organizations, thus stimulating an R&D culture in a host economy. Growing R&D competence can, in turn, help host countries move up the value chain and into new areas of dynamic comparative advantage.«

Die Ausstrahlungseffekte könnten auf drei Wegen stattfinden: Durch die Mobilität der Arbeitskräfte zwischen Firmen, durch Spin-offs von Mitarbeitern der FuE-Standorte der transnationalen Konzerne und durch die Nachahmung der transnationalen Konzerne durch lokale Firmen.

Es gibt allerdings einen Kontrast zwischen der theoretisch begründeten Erwartung an Ausstrahlungseffekte von ausländischen FuE-Investitionen auf die lokale und regionale Ökonomie und der empirischen Evidenz. Es gibt sowohl Studien, die positive Ausstrahlungseffekte der ausländischen FuE-Investitionen belegen (z.B. für den Fall Chinas Liu/Wang 2003), als auch solche, die zu dem Ergebnis nur sehr begrenzter spillover-Effekte kommen. Veugelers und Cassiman (2004) finden im Fall Belgiens keine Anzeichen für einen Technologietransfer von FuE-Standorten ausländischer Firmen an lokale Unternehmen. Braconier et al. (2000) kommen zu dem gleichen Ergebnis für den Fall Schweden. Offensichtlich kann zumindest kein Automatismus positiver Ausstrahlungseffekte ausländischer FuE in Mittelosteuropa erwartet werden.

Zusammenfassend lässt sich seit Anfang der 2000er Jahre eine langsame Zunahme von FuE-Aktivitäten ausländischer Automobilunternehmen in Mittelosteuropa feststellen. Diese Aktivitäten bleiben aber bislang auf fertigungsnahe Anpassungsentwicklung und die Übernahme kleinerer Entwicklungsaufträge für größere FuE-Zentren in Westeuropa begrenzt. Ausstrahlungseffekte der ausländischen FuE-Investitionen in Form von Wissenstransfer sind sehr unsicher. Die folgende Kurzfallstudie eines der wichtigsten FuE-Zentren in der mittelosteuropäischen Automobilindustrie analysiert die Möglichkeiten und Grenzen der Ansiedlung von FuE-Aktivitäten in Mittelosteuropa.

5.5.1 FuE der Delphi Corporation

Der größte amerikanische Automobilzulieferer Delphi hat nicht nur seine Produktion globalisiert, sondern auch die Standortstruktur der Forschung und Entwicklung global gestaltet. Wie Tabelle 14 zeigt, bleibt zwar Nordamerika der wichtigste FuE-Standort, aber auch in Europa und Asien gibt es erhebliche FuE-Aktivitäten.

Tabelle 14: FuE-Zentren und FuE-Beschäftigte von Delphi, 2006

	Technische Zentren	Ingenieure
Nord- und Südamerika	18	11.650
Europa	15	4.000
Asien	7	1.350

Quelle: Delphi 2006, Kaiser 2006.

Die wichtigsten FuE-Standorte von Delphi in Europa befinden sich in Frankreich, Deutschland, Luxemburg und Polen (Tabelle 15). Zudem gibt es acht kleine technische Zentren in Schweden, Großbritannien und Deutschland, die Prozessunterstützung für nahe gelegene Werke leisten und kleinere Entwicklungsaufgaben übernehmen.

Die in Europa angesiedelte FuE von Delphi ist weitgehend auf Westeuropa konzentriert. Die Standorte in Frankreich, Deutschland und Luxemburg befinden sich in der Nähe der Entwicklungsstandorte der OEMs. Es gibt nur ein großes FuE-Zentrum in Mittelosteuropa. Dieser Standort in Polen trägt die globale Verantwortung für die Entwicklung von Stoßdämpfern und ist damit Teil der Chassis-Division, deren übergreifende globale

Verantwortung im Pariser Entwicklungszentrum angesiedelt ist. Zudem führt das polnische Zentrum kleinere Entwicklungsprojekte im Bereich Elektronik zur Unterstützung des Standorts Wuppertal und im Bereich Abgassysteme für den Standort Luxemburg durch. Das FuE-Zentrum in Kraków wurde im Jahre 2000 gegründet und beschäftigte im Jahre 2007 720 Ingenieure und 60 Techniker. Der Aufbau des polnischen Zentrums bedeutete die Verlagerung von Entwicklungsprojekten aus Westeuropa nach Polen, wobei es aber nicht zum Beschäftigungsabbau in Westeuropa kam, da die dortigen Standorte andere Aufgaben übernahmen (PL-58).

Tabelle 15: FuE-Standorte von Delphi in Europa im Jahre 2006

	Mitarb.	Aufgaben
Paris (FR)	800	Globale Verantwortung für Chassis-Systeme; zudem Lenkung und Fahrwerk
Blois (FR)	450	Einspritzsysteme
Luxemburg	600	Klimaanlagen und Motormanagement
Wuppertal (DE)	1.200	Bordnetze, Sicherheit, Innenraum
Nürnberg (DE)	600	Audiosysteme, Telematik
Illkirch (DE)	160	Mechatronik
Kraków (PL)	780	Globale Verantwortung für Stoßdämpfer; zudem Auspuffsysteme und Elektronik

Quelle: Kaiser 2006, eigene Interviews.

Die Arbeitsteilung zwischen traditionellen Automobilstandorten in Westeuropa und den neuen Standorten in Mittelosteuropa folgt bei Delphi einem bestimmten Muster (Kaiser 2006): In unmittelbarer Nähe der westeuropäischen OEM-Zentralen bleibt die Entwicklung von Produkten, bei denen die Entwicklung in sehr enger Abstimmung mit dem OEM erfolgen muss, sowie von Produkten mit einem hohen, von Kundenwünschen getriebenen Innovationstempo. Beispiele sind Motormanagementsysteme oder Fahrzeugelektronik. An Niedriglohnstandorte kann dagegen die Entwicklung von Produkten mit geringeren Anforderungen an Interaktion Abstimmung mit dem Automobilhersteller und mit hohen Anforderungen an Kostenoptimierung verlagert werden.

Es gab die folgenden Motive für den Aufbau des FuE-Zentrums in Kraków (PL-58):

- Ein großes Potential an gut ausgebildeten Ingenieuren, da im Umkreis des Zentrums drei große und renommierte technische Universitäten angesiedelt sind (zwei in Kraków, eine in Gliwice).
- Die niedrigen Arbeitskosten für Ingenieure. Ein junger Ingenieur verdient in Kraków in den ersten Jahren etwa 25 bis 30 Prozent des Lohnes eines jungen Ingenieurs in Deutschland. Mit steigender Arbeitserfahrung reduziert sich die Lohndifferenz etwas.

Aus der Perspektive der mittelosteuropäischen Länder stellt sich die Frage der Vernetzung der FuE-Standorte mit ihrem lokalen und regionalen Umfeld und daraus resultierender *Spillover*-Effekte. Im Falle des Delphi-Standorts in Kraków ist die lokale Vernetzung bisher sehr begrenzt geblieben. Die Zusammenarbeit mit den Universitäten beschränkt sich auf Absprachen bezüglich des Curriculums, Tätigkeit von Delphi-Experten als Lehrkräften an den Hochschulen und die Vergabe kleinerer Projekte an die Hochschulen. Gemeinsame Forschungsprojekte von Delphi und den Hochschulen oder eine Überlassung von Ausrüstung an die Hochschulen gibt es nicht (PL-58). Die Hochschulen spielen für Delphi die Rolle einer Ausbildungsinstitutionen und eines Rekrutierungsfeldes, ein Partner bei Innovationsprojekten sind sie nicht.

Zusammenfassend lässt sich festhalten, dass die Entwicklung des polnischen Zentrums von Delphi einerseits die Ansiedlung von hochwertigen FuE-Aktivitäten in Mittelosteuropa illustriert, andererseits aber auch die Grenzen dieser Entwicklung zeigt. Die Entwicklung von Komponenten mit hoher Produkt- und Integrationskomplexität verbleibt bislang in Westeuropa (Frigant und Layan 2007). Zudem sind die bisherigen *Spillover*-Effekte des Zentrums auf die Region gering. Allerdings handelt es sich um die erste Entwicklungsphase des Standorts. Carrillo und Lara (2003) sowie Carillo und Contreras (2007) haben anhand der Entwicklung des FuE-Zentrums von Delphi in Juarez den äußerst schnellen Wachstumsprozess des Standorts im Niedriglohnland Mexiko beschrieben. Das Zentrum in Juarez wurde 1995 gegründet. Im ersten Schritt wurde die Entwicklung von Spulen und Sensoren aus den USA nach Juarez verlagert, da die Produktion von Elektronikkomponenten bereits seit den 1980er Jahren nach Mexiko gebracht worden war und eine größere Nähe von Entwicklung und Fertigung angestrebt wurde. Aufgrund der guten Erfahrungen mit dem Zentrum wurden schließlich Entwicklungsprojekte aus allen Produktsparten von Delphi in Juarez angesiedelt, die Zahl der beschäftigten Ingenieure erreichte in 2004 1.650. Die Ansiedlung von einfachen und fertigungsnahen Entwicklungsaufgaben kann somit den ersten Schritt zum Aufbau eines wichtigen FuE-Zentrums bedeuten.

5.6 Anlagen- und Vorrichtungsbauer in Mittelosteuropa

Die Frage nach *Upgrading* der mittelosteuropäischen Automobilindustrie lässt sich nicht nur im Hinblick auf die Entwicklung von FuE-Kompetenzen, sondern auch im Hinblick auf die Entwicklung von Herstellern der Produktionsausrüstung. Die Herstellung von Produktionsanlagen und Werkzeugen beruht auf besonders qualifizierter Facharbeit und ist gekennzeichnet durch eine hohe Wertschöpfung. Die Ausrüstungsindustrie ist eng mit der Automobilindustrie verknüpft und wird zu Unrecht in vielen Analysen übersehen. Es werden im Folgenden zwei Fragen untersucht: Wie hat sich die einheimische Ausrüstungsindustrie in Mittelosteuropa entwickelt? Hat es eine Ansiedlung von ausländischen Produktionsausrüstern in Mittelosteuropa gegeben, die vom Ausmaß her mit der Entwicklung in der Automobilproduktion vergleichbar ist?

Bereits ein Blick auf die Beschäftigungsentwicklung zeigt einen deutlichen Unterschied in der Entwicklung der Automobilindustrie und des Maschinenbaus in Mittelosteuropa und Rumänien. Während die Beschäftigung in der Automobilindustrie seit Mitte der 1990er deutlich gewachsen ist, hat im Maschinenbau ein dramatischer Beschäftigungsabbau stattgefunden. In Rumänien reduzierte sich die Beschäftigung im Maschinenbau zwischen 1995 und 2007 von 300.000 auf 90.000 (-70 Prozent), in der Slowakei von 75.000 auf 50.000 (-33 Prozent), in Polen von 300.000 auf 220.000 (-27 Prozent) und in Tschechien von 190.000 auf 160.000 (-16 Prozent). Nur in Ungarn blieb die Beschäftigung im Maschinenbau stabil bei etwa 70.000. Insgesamt gingen in Mittelosteuropa zwischen 1995 und 2007 135.000 Arbeitsplätze im Maschinenbau verloren, in Rumänien waren es 210.000 (!).

Ein Teil des Beschäftigungsabbaus ist auf die Restrukturierung des Maschinenbaus in Mittelosteuropa nach dem Zusammenbruch der sozialistischen Planwirtschaft zurückzuführen. Ein anderer Teil hängt aber mit der Konkurrenz ausländischer Unternehmen zusammen. Obwohl die Automobilindustrie und die Metallverarbeitung in Mittelosteuropa durch den Zufluss von FDI einen Aufschwung erlebt haben, konnten die einheimischen Produktionsausrüster nur begrenzt von diesem Wachstum profitieren. Das kann anhand einer Auswertung der Input-Output-Matrizen für den Fall Polen illustriert werden.

Abbildung 30: Durch die Automobilindustrie direkt und indirekt induzierte Beschäftigung in Polen und Deutschland, 1995 und 2000

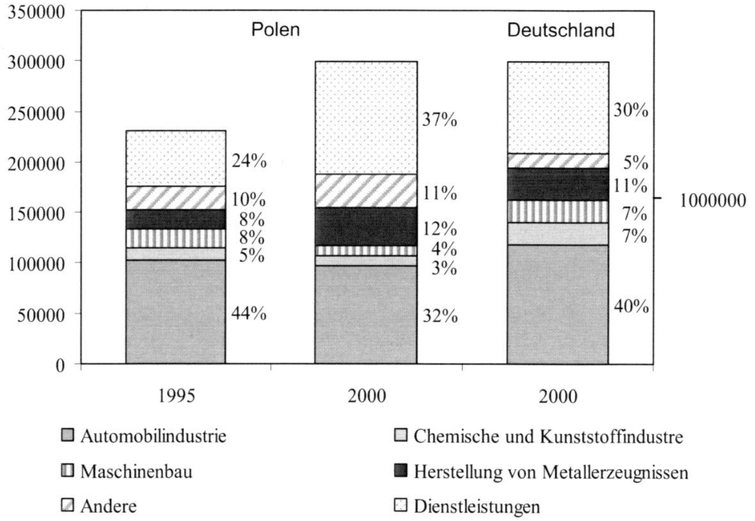

Quelle: Für Deutschland Jürgens/Meissner 2005: 56, Berechnungen nach Input-Output-Tabellen. Für Polen eigene Berechnungen nach Input-Output-Tabellen (GUS, Bilans Przepływów Międzygałęziowych).

Wie Abbildung 30 zeigt, ist die direkt und indirekt durch die Automobilindustrie in Polen geschaffene Beschäftigung zwischen 1995 und 2000 von 230.000 auf 300.000 gestiegen.[24] Zugleich ist die direkt und indirekt automobilbezogene Beschäftigung im Maschinenbau zurückgegangen, und zwar sowohl relativ als auch in absoluten Zahlen. Wurden im Jahre 1995 noch 16.000 Arbeitsplätze im polnischen Maschinenbau durch die Automobilindustrie geschaffen, waren es im Jahre 2000 noch 4.800. Der Anteil des Maschinenbaus an den insgesamt von der Automobilindustrie in Polen geschaffenen Arbeitsplätzen war im Jahr 2000 mit 4 Prozent deutlich klei-

24 Aktuellere Input-Output-Matrizen lagen zum Zeitpunkt der Anfertigung dieser Studie noch nicht vor.

ner als in Deutschland (7 Prozent). Die Automobilindustrie in Mittelosteuropa bezieht ihre Anlagen und Werkzeuge zum großen Teil aus Westeuropa, vor allem aus Deutschland.

Der Beschäftigungsabbau im mittelosteuropäischen Maschinenbau stoppte 2006. Es haben sich mittlerweile einige mittelosteuropäische Produktionsausrüster entwickelt, die mit ausländischen Unternehmen konkurrieren können. In unseren Interviews berichten Manager ausländischer Zulieferer in Mittelosteuropa von einer steigenden Qualität insbesondere des Werkzeugbaus (PL-59, PL-62). Der Einkauf von Kunststoffspritzgusswerkzeugen und von einfacheren Metallpresswerkzeugen in Mittelosteuropa sei kein Problem mehr. Tschechien, das Land mit der längsten Tradition im Maschinenbau unter den mittelosteuropäischen Staaten, hat die stärkste Struktur einheimischer Werkzeugbauer und Ausrüster, aber auch in anderen MOE-Ländern gibt es gute Werkzeugbauer. Wir haben bei unseren Recherchen in Tschechien 40 einheimische Ausrüstungsunternehmen mit dem Schwerpunkt auf der Automobilindustrie mit etwa 6.700 Beschäftigten, in Polen 21 einheimische Unternehmen mit etwa 2.000 Beschäftigten und in der Slowakei 7 einheimische Ausrüster mit etwa 1.400 Beschäftigten identifizieren können (Quelle: MOE-Datenbank). In den allermeisten Fällen handelt es sich um Werkzeugbauer. Unternehmen, die größere Produktionsanlagen planen und bauen können, sind dagegen sehr selten. Wie werden einen solchen Fall weiter unten in einer Kurzfallstudie vorstellen.

Der Beschäftigungsabbau bei lokalen Maschinenbauern in Mittelosteuropa ist bislang kaum durch den Zuzug ausländischer Produktionsausrüster kompensiert worden. Im Jahr 2006 gab es nach unseren Recherchen zwölf Standorte ausländischer Produktionsausrüster und Werkzeugbauer in Polen, 11 in Tschechien und 5 in der Slowakei. Sie hatten in den drei Ländern insgesamt etwa 3.500 Mitarbeiter. In den allermeisten Fällen waren es kleine Betriebe mit bis zu 100 Beschäftigten, die Werkzeuge für den Eigenbedarf oder für den Verkauf herstellen. Aus dem deutschsprachigen Raum hatten Audi, Edscha, Eugen Meller, Festo, Frimo, HP Pelzer, Johann Borgers, Mürdter, Peguform, Rejlek, Richard Bergner, Rübig, ThyssenKrupp und Weba Standorte für den Werkzeugbau in Mittelosteuropa (Stand 2006). Aus anderen Ländern können Fuji Seiko (JAP), AIP (AUS) und Plastic Moulding Technology (USA) genannt werden.

Es gibt zudem eine kleine Zahl von Betrieben ausländischer Unternehmen, die sich mit der Produktion von Robotern und Produktionsanlagen beschäftigen. Der zur Fiat-Gruppe gehörige italienische Ausrüster

Comau beschäftigte 2006 350 Mitarbeiter im polnischen Bielsko-Biała und stellte dort Roboter her. Der italienische Roboterhersteller Autorobot produzierte mit 150 Mitarbeitern Schweißroboter im polnischen Gliwice. Der deutsche Ausrüster Dürr hatte einen Standort im polnischen Radom, wo Produktionsbänder und Transportlinien gebaut werden. Im tschechischen Chomutov stellte der deutsche Produzent Reis Robotics mit 120 Mitarbeitern Schweißroboter her (Stand 2006).

Abbildung 31: Bestand an Direktinvestitionen der Automobilindustrie und des Maschinenbaus in Mrd. Euro, 1995 und 2007 (Deutschland, USA und Frankreich)

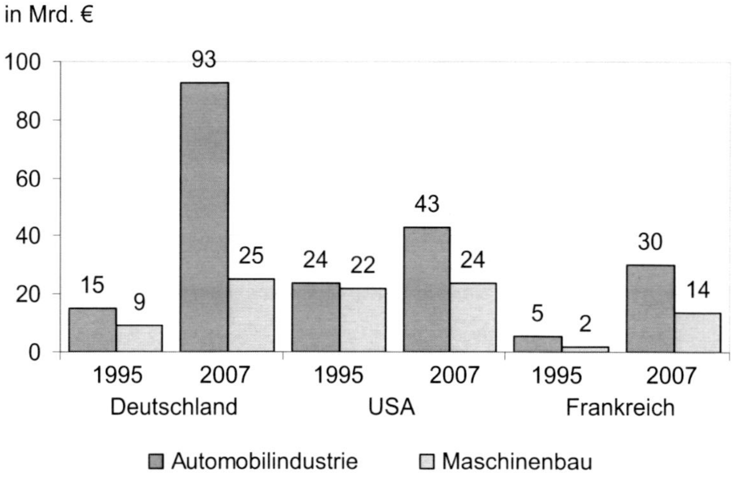

Quellen: Eigene Darstellung nach Bundesbank, Kapitalverflechtung mit dem Ausland; US Department of Commerce, Bureau of Economic Analysis, Balance of Payments and Direct Investment Position Data; Banque de France, Stocks d'investissements directs bilatéraux par secteurs économiques, Français à l'Étranger.

Die genannten Standorte und Beschäftigungszahlen sind zwar nicht vernachlässigenswert, sie erreichen aber bei weitem nicht das Niveau der Automobilhersteller und -zulieferer. Das wird auch in einem Vergleich des Bestands an ausländischen Direktinvestitionen deutscher, französischer und US-amerikanischer Unternehmen der Automobilindustrie und des Maschinenbaus deutlich (vergleiche Abbildung 31).

Insbesondere für den deutschen Maschinenbau gilt, dass er weniger internationalisiert ist als die deutsche Automobilindustrie. Obwohl der Maschinenbau in Deutschland vom Umsatz und von der Beschäftigung her genauso groß ist wie die Automobilindustrie, lag im Jahr 2007 der Bestand der Direktinvestitionen des deutschen Maschinenbaus im Ausland insgesamt nur bei etwa 16 Prozent der Direktinvestitionen der deutschen Automobilindustrie. Die deutsche Automobilindustrie hat seit Anfang der 1990er Jahre einen enormen Internationalisierungsschub erfahren. Für den Maschinenbau trifft das nicht in einem vergleichbaren Umfang zu. Der Unterschied zwischen Automobilindustrie und Maschinenbau ist geringer im Falle der USA und Frankreichs, aber auch hier sind die Auslandsinvestitionen der Automobilindustrie etwa doppelt so hoch wie jene des Maschinenbaus.

Die im Vergleich zur Automobilindustrie geringere Internationalisierung des deutschen Maschinenbaus impliziert, dass ein erheblicher Anteil der Auslandserlöse auf Exporten aus Deutschland beruht. Tatsächlich ist Mittelosteuropa genauso wie viele Schwellenländer ein wichtiger Abnehmer der westeuropäischen Maschinenbauer geworden. Der Anteil Mittelost- und Osteuropas sowie des Mittelmeerraums (vor allem Türkei) an deutschen Exporten von Metallbearbeitungsmaschinen stieg zwischen 1995 und 2008 von 9,8 Prozent auf 21,8 Prozent, der Anteil Südostasiens (vor allem Chinas) und Indiens von 15,5 Prozent auf 18,6 Prozent. Damit gehen bereits etwa 40 Prozent deutscher Exporte von Metallbearbeitungsmaschinen in die Niedriglohnländer Osteuropas und Asiens. Alle mittelosteuropäischen Länder haben große und wachsende Außenhandelsdefizite im Maschinenbau, insbesondere mit Deutschland. Die Expansion der Automobilindustrie nach Mittelosteuropa hat somit einen Markt für Produktionsausrüstung geschaffen, von dem die westeuropäischen und insbesondere deutschen Werkzeug-, Maschinen- und Anlagenbauer deutlich stärker profitiert haben als die einheimischen Ausrüster in Mittelosteuropa.

Zusammenfassend lässt sich festhalten, dass die einheimischen Produktionsausrüster in Mittelosteuropa nur begrenzt von der Expansion der Automobilindustrie in diesen Ländern profitiert haben. Es hat sich zwar eine gewisse Zahl von Werkzeugbauern entwickeln können, aber den Markt für Produktionsanlagen beherrschen ausländische Unternehmen, da den mittelosteuropäischen Firmen die Technologie und die finanzielle Leistungskraft für solche Aufträge fehlen. Eine Reihe von ausländischen Unternehmen hat Werkzeugbaustandorte in Mittelosteuropa errichtet, die Zahl dieser Betriebe ist aber gering. Der westeuropäische und insbesondere deutsche Maschinenbau hat dagegen von der Entwicklung der mittelosteuropäischen Automobilindustrie stark profitiert, was auch Beschäftigung gesichert hat. Diese Seiteneffekte der Internationalisierung der Automobilindustrie auf die mit ihr stark verbundenen Branchen müssen bei der Verlagerungsdebatte berücksichtigt werden. Im Folgenden zeigt eine Fallstudie beispielhaft die Entwicklungsmöglichkeiten und -hürden für mittelosteuropäische Produktionsausrüster.

5.6.1 Taskoprojekt

Vor der Wende von 1989 gab es in Polen eine Reihe von großen, staatlichen Planungsbüros und Anlagenbauern, die verschiedene Branchen bedienten. Aufgrund des technologischen Rückstands gegenüber westlichen Unternehmen und des fehlenden Kapitals kam es in diesem Bereich Anfang der 1990er Jahre zu Unternehmenszusammenbrüchen und Übernahmen. Viele der Firmen, die den Restrukturierungsprozess überstanden haben, spezialisierten sich auf die Baubranche, nur wenige haben sich der sehr wettbewerbsintensiven Automobilindustrie zugewandt. Taskoprojekt in Poznań ist eines dieser Unternehmen.

Taskoprojekt stellt Schweißwerkzeuge, Schweißroboter, Positioniermaschinen, Halte- und Greifvorrichtungen sowie Transportlinien für die Automobilindustrie her. Vor der Wende von 1989 war das Unternehmen ein großer staatlicher Anlagenbauer mit etwa 400 Beschäftigten, der vor allem als Ausrüster für die Eisenbahnbauindustrie tätig war. Nach der Wende erfolgte eine Restrukturierung. Heute beschäftigt das Unternehmen noch 45 Mitarbeiter.

Die ersten Aufträge aus der Automobilindustrie erhielt das Unternehmen 1987. Im Jahr 1992 erfolgte eine grundlegende Neuorientierung hin zur Automobilindustrie. Die Entwicklung des Unternehmens wurde vor allem durch die Zusammenarbeit mit dem VW-Werk in Poznań möglich. Taskoprojekt hatte bereits mit dem polnischen Nutzfahrzeughersteller Tarpan zusammengearbeitet, der 1993 ein Joint Venture mit VW einging und 1995 komplett von VW übernommen wurde. Als Mitte der 1990er Jahre die CKD-Montagelinie für den VW-Transporter T4 im Werk in Poznań beschlossen wurde, erhielt Taskoprojekt diesen Auftrag. VW unterstützte gezielt die Entwicklung von Taskoprojekt, um einen lokalen Ausrüster als Alternative zu den westlichen Anbietern aufzubauen (PL-22). Taskoprojekt hat später auch Projekte für GM, Fiat, Volvo und Faurecia in Polen sowie für VW in Hannover und Daimler in Bremen übernommen.

Obwohl Taskoprojekt in den 1990er Jahren Erfahrung mit moderner Produktionsausrüstung gewonnen hat, ging der Auftrag für den Aufbau der Produktionsanlagen für den Transporter T5 im VW-Werk in Poznań in den Jahren 2002/03 nicht an das Unternehmen. Der Aufbau einer kompletten Produktionsanlage und einer modernen Roboterausrüstung im Rohbau überstiegen die technologischen Fähigkeiten und die finanzielle Leistungskraft der Firma. Taskoprojekt übernahm stattdessen kleine Teilaufträge sowie die Modernisierung der Produktionsanlagen für Volkswagen Poznań und arbeitet außerdem als Auftragnehmer für Großausrüster wie Nothelfer aus Deutschland oder Fata aus Italien (PL-26).

Das Geschäftsmodell von Taskoprojekt besteht zum ersten darin, sich nicht zu sehr zu spezialisieren und flexibel zu bleiben, um Unteraufträge zu übernehmen, die den ausländischen Produktionsausrüstern zu klein sind oder nicht in deren Spezialisierungsbereich gehören. Taskoprojekt übernimmt in solchen Fällen die Entwicklung der Roboter, Werkzeuge und Produktionslinien, während die Herstellung selbst an ein Netzwerk von kleineren Handwerks- und Maschinenbaufirmen vergeben wird. Das Unternehmen arbeitet ausschließlich mit polnischen Werkzeug- und Maschinenbauern zusammen.

Taskoprojekt profitiert zwar von den Lohnkostenvorteilen Polens gegenüber Westeuropa, von seinen gut ausgebildeten Ingenieuren und von dem Netzwerk an Ingenieuren, Werkzeug- und Maschinenbauern in der Region um Poznań – der Rückstand in technologischer Leistungsfähigkeit und der finanziellen Kapazität zur Durchführung von Großprojekten ist aber gegenüber den westlichen Konkurrenten zu groß. Die Nische des Unternehmens ist die Übernahme von Unteraufträgen der westlichen Großzulieferer. Entwicklungshürden liegen dabei zum einen in der schlechten Versorgung mit Krediten durch das polnische Bankensystem. Eine Einrichtung wie die deutschen Exportkreditgarantien (Hermesdeckungen) fehlt in Polen. Zum zweiten kann ein kleines Unternehmen wie Taskoprojekt nicht die gleichen Einkaufspreise realisieren, wie seine größeren westeuropäischen Konkurrenten.

5.7 Zieht die Verlagerungskarawane weiter?

Ist die Automobilindustrie in Mittelosteuropa selbst von Verlagerung in andere Niedriglohnländer bedroht? Es stellt sich die Frage, ob Arbeitsplätze, die aufgrund niedriger Lohnkosten und staatlicher Subventionen geschaffen worden sind, nicht bei einem Anstieg der Löhne in andere Niedriglohnländer weiter verlagert werden (vergleiche *Automobil-Produktion*, 6/2004; *Die Zeit*, 17.11.2005). Die Erfahrung Portugals, das in den 1980er Jahren durch niedrige Arbeitskosten Investitionen der Automobilunternehmen anzog und seit den 1990er Jahren unter dem Abzug der Unternehmen nach Mittelosteuropa leidet, illustriert die Gefahr des »Weiterziehens der Verlagerungskarawane«.

Abbildung 32: Durchschnittliche Monatsverdienste in der Automobilindustrie in Osteuropa und der Türkei 2005

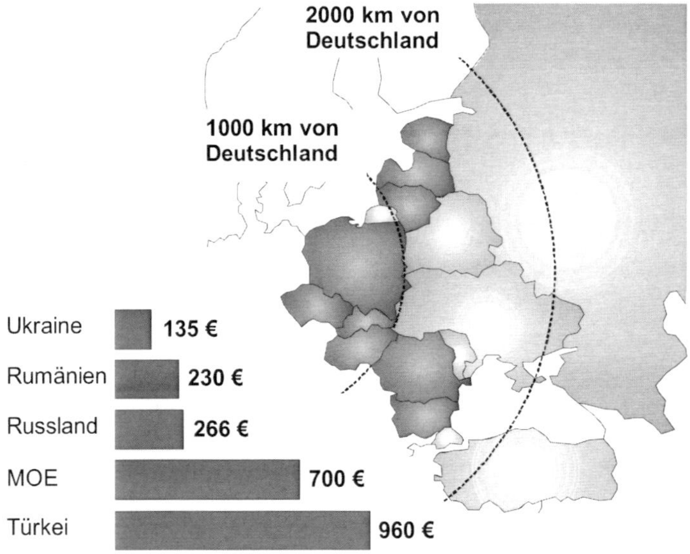

Quelle: Eigene Darstellung nach VDA International Auto Statistics und nationalen Statistikämtern. EU-Mitglieder dunkler gekennzeichnet.

Vor allem Rumänien, Ukraine und Russland kommen wegen ihrer niedrigen Löhne von durchschnittlich 100 bis 300 Euro im Monat (Stand 2005) als Zielländer einer Weiterverlagerung in Frage, während die Türkei bereits etwas höhere Löhne als Mittelosteuropa aufweist (vergleiche Abbildung

32). Allerdings verdecken diese Durchschnittslöhne zum ersten Unterschiede zwischen Automobilherstellern und Zulieferern sowie zwischen ausländischen und einheimischen Unternehmen. So zahlen westliche Endhersteller in der Region um Sankt Petersburg in Russland Monatslöhne um 700 Euro, was auf dem Niveau Mittelosteuropas liegt. Zum zweiten steigen aufgrund von Arbeitskräfteknappheiten die Löhne auch in Russland und der Ukraine schnell an. Während das ukrainische Statistikamt den Durchschnittslohn in der Automobilindustrie im Jahr 2005 mit 135 Euro bezifferte, verdienten im Jahr 2007 angelernte Arbeitskräfte in der Kabelbaummontage in der Westukraine bereits 210 Euro (UA-2). Faktisch bleiben, wenn man vom abgeschotteten Weißrussland absieht, vor allem Rumänien und die Ukraine als Zielland für Verlagerungen übrig, denn in Westrussland nähert sich das Lohnniveau schon den mittelosteuropäischen Verhältnissen an.

Es gibt durchaus einzelne Beispiele der Verlagerung aus Mittelosteuropa nach Osten (Ukraine) und nach Südosten (Rumänien). Die Kabelbaumfertigung ist oftmals als erste von Verlagerung betroffen, da es sich um einen sehr arbeitsintensiven Produktionsprozess handelt. Wir werden die Verlagerungsprozesse in diesem Bereich in einer Kurzfallstudie der Unternehmen Leoni und KWL (Kabelwerk Lausitz) untersuchen. Der Kabelbaumhersteller Leoni hatte bereits Mitte der 2000er Jahre begonnen, Produktion aus Ungarn nach Rumänien zu verlagern, was mit den wachsenden Arbeitskosten in Ungarn begründet wurde (DE-33). Die Löhne in Leonis ungarischen Fabriken waren doppelt so hoch wie in polnischen und slowakischen und vier Mal so hoch wie im rumänischen Werk des Unternehmens. 2008 wurden die ungarischen und polnischen Werke Leonis geschlossen und die Produktion nach Rumänien und in die Ukraine verlagert. Der sächsische Kabel- und Kabelbaumhersteller Kabelwerk Lausitz hatte in den 1990er Jahren die Kabelbaumproduktion aus Deutschland nach Tschechien verlagert und vollzieht seit 2004 eine Weiterverlagerung aus Tschechien in die Ukraine (UA-1). Der japanische Zulieferer Sumitomo hat einen Teil der Kabelbaumproduktion aus der Slowakei in die Ukraine verlagert (UA-2). Obwohl es sich bei diesen Beispielen noch um Einzelfälle handelt, betonten die von uns interviewten Manager, dass die arbeitsintensive Kabelbaumproduktion langfristig aus Mittelosteuropa in andere Niedriglohnländer verlagert werden wird. Der Prozess wurde als unaufhaltsam angesehen, er hat aber erheblich soziale Folgen, denn 2006 arbeiteten allein in Polen, Tschechien und der Slowakei immerhin etwa 60.000 Menschen in der Kabelbaumherstellung.

Auch bei anderen arbeitsintensiven Produkten sind erste Verlagerungsbewegungen aus Mittelosteuropa in andere Niedriglohnländer sichtbar. Der polnische Sitzhersteller Inter Groclin, der als Auftragsfertiger für Firmen wie Faurecia, Lear oder Johnson Controls arbeitet, hat eine Fabrik in der Ukraine eröffnet und angekündigt, dass Kapazitätserweiterung nur noch dort stattfinden wird. Dieser Schritt wurde mit einem 50 Prozent Arbeitskostenvorteil der Ukraine gegenüber Polen begründet. Im Jahr 2007 wurden von Inter Groclin der Bau einer zweiten Fabrik in der Ukraine und die Verlagerung der Produktion aus Polen angekündigt. Nur die Unternehmenszentrale sowie Forschung und Entwicklung sollen langfristig in Polen bleiben. Im Jahr 2006 arbeiteten in Polen, Tschechien und der Slowakei etwa 31.000 Personen in der Herstellung von Sitzen, Sitzgerüsten und Sitzbezügen. Auch in diesem Bereich wäre Verlagerung also ein ernsthaftes Problem. Die Relevanz dieses Problems zeigt eine Studie der Polnisch-Deutschen Industrie- und Handelskammer (PNIPH 2006), nach der 34 Prozent der deutschen Investoren in Polen mit der Lohnentwicklung im Land unzufrieden sind und die Ukraine als den wichtigsten alternativen Standort nennen.

Allerdings bleiben Verlagerungsbewegungen bisher auf sehr arbeitsintensive Prozesse und wenige Unternehmen begrenzt. Abgesehen von der Kabelbaum- und Sitzherstellung haben wir keinen Trend der Verlagerung aus Mittelosteuropa in andere Niedriglohnländer festgestellt. Gemäß unserer Recherche hatten ausländische Automobilunternehmen zwischen 1989 und 2006 851 Produktionsstätten in Mittelosteuropa (Polen, Tschechien, Slowakei, Ungarn) und Rumänien eröffnet oder erworben. In der gleichen Zeit hatten ausländische Automobilzulieferer in der Ukraine und Russland jeweils 11 Produktionsstätten eröffnet. Erst ab 2008 nahmen nach unserer Auswertung der Presse und des European Restructuring Monitor die Ankündigungen über die Eröffnung von Produktionsstandorten in Russland zu, wenngleich immer noch auf einem deutlich niedrigeren Niveau als in Mittelosteuropa. Die Entwicklung der Auslandsinvestitionen der deutschen Automobilindustrie bestätigt diesen Befund. Mittelosteuropa bleibt die wichtigste Investitionsregion (Abbildung 33; Jürgens/Krzywdzinski 2007a). Russland, Ukraine, Rumänien und Bulgarien haben bisher noch relativ wenig deutsche Direktinvestitionen angezogen und auch das wachsende

Engagement in China hat die Investitionen in Mittelosteuropa nicht negativ beeinflusst.

Abbildung 33: FDI-Bestand der deutschen Automobilindustrie in ausgewählten Regionen, 1995–2007

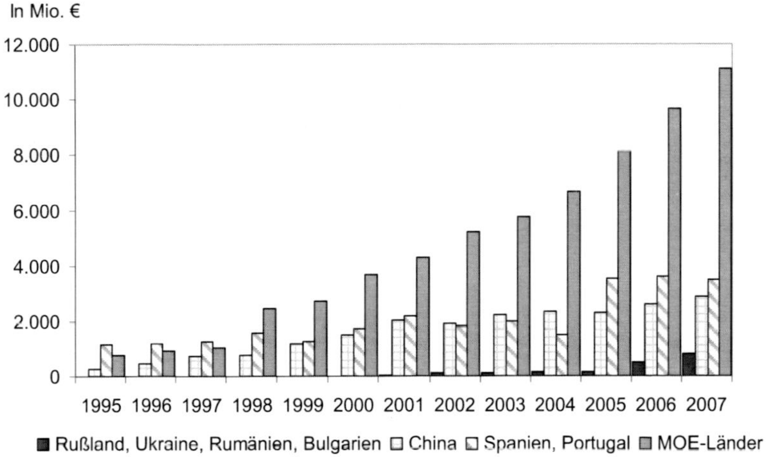

Quelle: Eigene Darstellung nach Bundesbank, Kapitalverflechtung mit dem Ausland. MOE-Länder sind Polen, Tschechien, Slowakei und Ungarn.

Ein weiterer Indikator für das Ausmaß der Weiterverlagerung aus Mittelosteuropa ist die Entwicklung der mittelosteuropäischen Exporte. Die mittelosteuropäischen Standorte von Endherstellern und Zulieferern haben eine klare Exportorientierung nach Westeuropa. Eine Verlagerung aus Mittelosteuropa in andere Niedriglohnländer würde sich in einer Verdrängung von mittelosteuropäischen Exporten durch andere Länder ausdrücken. Das ist bisher nicht der Fall. Die mittelosteuropäischen Staaten (Polen, Tschechien, Slowakei, Ungarn) konnten ihren Anteil an allen Exporten von Kraftfahrzeugen, Teilen und Komponenten in die EU-15 zwischen 1995 und 2008 von 11 Prozent auf 48 Prozent steigern. Der Anteil Rumäniens, Russlands, der Ukraine und Bulgariens an den automobilbezogenen Exporten in die EU-15 stieg in der gleichen Zeit von 0,75 auf 5 Prozent. China konnte seinen Anteil von 0,4 Prozent auf 3 Prozent ausbauen. Im Vergleich zu den mittelosteuropäischen Ländern ist die Einbindung anderer konkurrierender Niedriglohnländer in die westeuropäischen Produktionsnetzwerke bislang gering.

Für die kommenden Jahre ist die Eröffnung einer Reihe von Automobilwerken in Russland angekündigt worden. Birgt die Ansiedlung europäischer, amerikanischer und japanischer Automobilhersteller in Russland mittelfristig die Gefahr der Verlagerung von Produktion und Arbeitsplätzen aus Mittelosteuropa nach Russland? Selbst wenn eine solche Verlagerung nicht ausgeschlossen werden kann, so muss die Gefahr zumindest relativiert werden. Die Investitionsprojekte in Russland zielen bisher vor allem auf den großen russischen Markt ab (*Wirtschaftswoche* 1.3.2008). Angesichts der Zollgrenzen und der langen und in einem schlechten Zustand befindlichen Transportwege aus Russland nach Westeuropa ist nicht zu erwarten, dass Russland in absehbarer Zeit zu einer Plattform für Automobil- und Komponentenexporte nach Westeuropa werden könnte. Obwohl für Ukraine und Weißrussland die Möglichkeit besteht, von ihrer Position zwischen der EU und Russland zu profitieren und sich als Zuliefererstandort für beide Regionen zu etablieren, verhindern bisher die politische Instabilität, die schlechte Infrastruktur, die Zollgrenzen und nicht zuletzt die mit Mittelosteuropa vergleichbaren Arbeitskräfteknappheiten in der Ukraine (UA-5, UA-2) eine solche Entwicklung. Verlagerungen in die Ukraine beschränken sich bislang auf einfache und arbeitsintensive Prozesse, wie im Folgenden anhand einer Fallstudie von Kabelbaumproduzenten analysiert wird.

5.7.1 Kabelbaumproduktion: KWL und Leoni

KWL (Kabelwerk Lausitz) ist ein mittelständisches Unternehmen aus Sachsen, das Kabel und Kabelbäume produziert. Es wurde 2007 von der Wilms-Gruppe übernommen. Die deutsche Zentrale und das deutsche Produktionswerk des Unternehmens befinden sich in Odersdorf (zwischen Bautzen und Zittau).

KWL begann 1995 seine Internationalisierung, als im tschechischen Varnsdorf ein Produktionsstandort eröffnet und die komplette Produktion der Kabelbäume nach Tschechien verlagert wurde. In Deutschland blieben die Zentrale und die hoch automatisierte Produktion von Kabeln. In Deutschland wurden im Jahr 2007 noch 60 Mitarbeiter von KWL beschäftigt. Der kontinuierliche Anstieg der Löhne in Tschechien führte allerdings im Jahr 2004 zu der Entscheidung, die Produktion in die Ukraine zu verlagern, wobei die Entscheidung für den Standort Lwiw fiel (UA-1). Die Produktion wurde schrittweise aus Tschechien abgezogen. Von 2004 bis 2007 stieg die Beschäftigung im Werk Lwiw auf 270 Mitarbeiter, während sie in Tschechien von 500 auf 220 sank. Das Werk in der Ukraine übernahm die Produktion aller Großserien von Kabelbäumen – wobei die Motorverkabelung für den Golf 5 der wichtigste Auftrag ist –, während der tschechische Standort im Jahre 2007 Kleinserien für die Automobilindustrie, aber auch für Werkzeug-, Baumaschinen- und Solaranlagenhersteller produziert.

Das Werk in der Ukraine arbeitet nach dem Muster der passiven Lohnveredelung. Alle Materialien und Komponenten werden von der Muttergesellschaft im sächsischen Oderwitz beschafft beziehungsweise im Falle der Kabel selbst produziert. Diese Materialien werden zollfrei in die Ukraine importiert – unter der Bedingung, dass sie innerhalb von 90 Tagen komplett verarbeitet und wieder ausgeführt werden. Somit gibt es keinerlei Zulieferung aus der Ukraine und die lokale Wertschöpfung beschränkt sich auf den Arbeitseinsatz im KWL-Werk selbst (UA-1).

Die Mitarbeiterrekrutierung ist das dringendste Problem des Werks. Im Jahre 2007 äußerte VW den Wunsch, den Bezug aus dem Werk in der Ukraine auszudehnen. Zudem bekam das Werk den Auftrag von Sumitomo, einen Teil der bisherigen Produktion im slowakischen Werk von Sumitomo als Unterauftragnehmer zu übernehmen. Allerdings gelang es KWL im Jahr 2007 nicht, genügend Mitarbeiter zu rekrutieren, um das Volumen des Auftrags von Sumitomo zu realisieren und um die Produktion für VW zu erweitern (UA-1). Mitte der 2000er Jahre war der Arbeitsmarkt in der Region Lwiw weitgehend ausgeschöpft. Die Arbeitskräfteknappheit wirkte sich zudem in einem starken Lohndruck aus.

Das ukrainische Werk des deutschen Kabelbaumherstellers Leoni, der bereits im Kapitel fünf vorgestellt wurde, befindet sich in Stryj, einer Stadt in 70 km Entfernung von Lwiw. Es beschäftigte im Jahre 2007 3.300 Mitarbeiter. Es wurde im Jahre 2003 für die Herstellung von Kabelbäumen für den Opel Astra und den Opel Zafira in Betrieb genommen. 2008 wurde ein Teil der Produktion von Leoni-Standorten in Polen und Ungarn in das ukrainische Werk verlagert.

Für die Realisierung des Opel-Auftrags waren von Leoni verschiedene Standorte analysiert worden, wobei der Werksleiter des ukrainischen Werks das Ergebnis der Untersuchung folgendermaßen zusammenfasst:

»In Ungarn und in der Slowakei waren wir nicht mehr wettbewerbsfähig. Wir haben Bulgarien, Rumänien und die Ukraine verglichen. Bulgarien ist einfach zu weit für JIT-Lieferung; die Straßen sind schlecht und es gibt nur zwei Brücken über die Donau. Rumänien und Ukraine schnitten gleich gut ab« (UA-2).

Ein wichtiges Kriterium der Wettbewerbsfähigkeit war das Lohnniveau, denn GM gab zwar bei der Auftragsvergabe keinen bestimmten Standort, wohl aber ein bestimmtes Lohnniveau als Basis der Preiskalkulation vor. Damit war die Produktion in Mittelosteuropa nicht mehr zu realisieren (UA-2).

Der Druck seitens des Auftraggebers setzt sich fort und erzwingt weitere Lohnkostensenkungen. Kabelbaumproduktion in mittelosteuropäischen Staaten wird dadurch immer schwieriger. GM, der Hauptkunde des Werks in Stryj, schreibt in regelmäßigen Abständen einen *Global-Sourcing*-Prozess aus, um alternative Preisangebote einzuholen (UA-2). Leoni hat zwar als Hauptzulieferer der Verkabelung den *Last Call* und einen Vorteil durch die bereits vorhandenen Ausrüstung und das Know-How. GMs Vorgehen übt aber dennoch Druck auf Kostensenkungen aus, was in der arbeitsintensiven Kabelbaumproduktion vor allem Lohnkosten betrifft.

Der Druck zur Senkung der Lohnkosten trifft in der Ukraine mit einem entgegengesetzten Trend der Lohnentwicklung zusammen. Seit Mitte der 2000er Jahre ist die Arbeitslosigkeit stark gesunken und lag im Jahre 2007 bei 7 Prozent (Quelle: Ukrainian Statistical Office). Der Arbeitsmarkt in der Region Lwiw ist weitgehend ausgeschöpft, Leoni suchte im Jahr 2007 händeringend nach 400 weiteren Mitarbeitern (UA-2). Die Arbeitskräfteknappheiten sorgen für erheblichen Druck zur Erhöhung der Löhne.

5.8 Ukraine: Die nächste Station der Verlagerungskarawane?

Wie entwickelt sich die ukrainische Automobilindustrie vor diesem Hintergrund? Kann die Ukraine von ihrer Lage zwischen Russland und der EU profitieren und zu einem wichtigen Standort für Automobilhersteller oder Zulieferer werden?

Die politische Entwicklung der Ukraine macht bis heute das Engagement in der Ukraine riskanter als in Mittelosteuropa. Während in Mittelosteuropa die wirtschaftliche Liberalisierung und die politische Demokratisierung innerhalb einer sehr kurzen Zeit vollzogen wurden und bereits in der ersten Hälfte der 1990er Jahre erste Schritte der Anpassung des rechtlichen Rahmens an die EU-Standards mit dem Ziel des EU-Beitritts begannen, waren die 1990er Jahre in der Ukraine durch wirtschaftliche und politische Stagnation gekennzeichnet. Auf die Unabhängigkeitserklärung der

Ukraine 1991 und erste Wirtschaftsreformen folgten eine Wirtschaftskrise, soziale Spannungen und politische Instabilität. Mehrheiten für ein klares politisches und wirtschaftliches Reformprogramm fehlten. In dieser Situation wurde 1994 mit Leonid Kutschma ein Vertreter der ukrainischen Industriemagnaten zum Präsidenten gewählt. Unter der Präsidentschaft Kutschmas wurden seit Ende der 1990er Jahre zwar Sonderwirtschaftszonen eingeführt, in denen Unternehmen Steuervorteile für Investitionen bekamen; die Investitionsanreize wurden aber in einer Reihe von Fällen von Oligarchen und korrumpierten Regionalverwaltungen missbraucht (UA-3).

Der autoritäre Charakter der Präsidentschaft Kutschmas und die Verschleppung demokratischer und wirtschaftlicher Reformen gehörten zu den Ursachen der »Orangenen Revolution« von 2004. Die neue Regierung bemühte sich, gegen Korruption vorzugehen, schoss dabei aber über das Ziel hinaus. Im Jahre 2005 wurden ohne Vorwarnung alle Investitionsanreize abgeschafft. Die Unternehmen mussten rückwirkend Steuern oder Subventionen zurückzahlen. Obwohl dieser Schritt vor dem Hintergrund des Missbrauchs der Investitionsförderinstrumente verständlich war, wurde die Art des Vorgehens von ausländischen Investoren als ein massiver Vertrauensbruch aufgefasst. Ausländische Botschaften und Unternehmen protestierten in Kiew. Die Regierung versprach, eine neue Regelung für die Investitionsförderinstrumente zu schaffen, aber die politische Instabilität verhinderte bisher (Stand 2008) eine Lösung. Dementsprechend sieht die deutsche Bundesagentur für Außenwirtschaft (BFAI) in der »widersprüchlichen, jede Kontinuität vermissen lassenden Industrie- und Außenhandelspolitik der Regierung« (BFAI 2006) das Haupthindernis für das Engagement ausländischer Unternehmen in der Ukraine.

Aus der Sicht der Automobilhersteller gibt es neben der politischen Instabilität zwei weitere Schwierigkeiten des Engagements in der Ukraine, nämlich die geringe Marktgröße und die äußerst schwache Zuliefererbasis (UA-5). Der ukrainische Markt für Neuwagen wächst zwar sehr schnell, aber von einem ausgesprochen niedrigen Ausgangsniveau aus: Mitte der 2000er Jahre wurden jährlich etwa 250.000 Neuwagen in der Ukraine abgesetzt. Das ist sowohl für den Bau von Automobilmontagewerken als auch für die Entwicklung einer Zulieferindustrie zu wenig.

Die Schwäche der ukrainischen Zuliefererindustrie geht auf die Abhängigkeit von der russischen Industrie zurück. Zu sowjetischen Zeiten gab es sehr wenige ukrainische Unternehmen, die die Automobilindustrie belieferten. Fast alle Komponenten wurden von russischen Unternehmen gefertigt (UA-5). Der Automobilverband der Ukraine gibt 41 Automobilzulieferbetriebe in der Ukraine an (Stand 2007). Die Kompetenzen und Qualitätsmaßstäbe dieser Zulieferer sind sehr niedrig. Es gibt keinen Hersteller von größeren Metall- und Karosserieteilen in der Ukraine, kein Unternehmen mit nach westlichen Maßstäben wettbewerbsfähigen Kompetenzen in der Kunststoffverarbeitung. Die ukrainischen Zulieferer sind zumeist auf den Ersatzteilmarkt asugerichtet, da sie nicht in die Liefernetze der OEMs gelangen.

Bis 2006 hatten erst elf ausländische Zulieferer Standorte in der Ukraine eröffnet. Bis auf zwei Ausnahmen handelt es sich um Werke in der Westukraine, die vollständig für den Export nach Westeuropa produzieren. Sie beziehen ihre Vorprodukte in einigen Fällen vollständig aus Westeuropa (*Outward Processing Trade*) und sind so gut wie gar nicht in die ukrainische Ökonomie eingebunden (UA-2). Es handelt sich in sechs Fällen um Kabelbaumhersteller, die die niedrigen Arbeitskosten in der Ukraine nutzen wollen. Für die Jahre ab 2007 waren vier weitere Zuliefererinvestitionen in der Ukraine angekündigt. Es handelt sich um einen Kabelbaumhersteller (Sumitomo), zwei Elektronikkomponentenhersteller (Tyco Electronics, Kostal), einen Hersteller von Sitzen (Inter Groclin) und einen Hersteller von Kunststoffteilen (Iralco).

Aufgrund des begrenzten Marktumfangs und der nicht vorhandenen Zuliefererbasis haben sich die ausländischen Automobilhersteller bisher darauf beschränkt, ihre Wagen zu importieren oder SKD-Montagestandorte aufzubauen. Die SKD-Montage ist durch die ukrainische Regierung gefördert worden, indem auf Pkw-Importe 25 Prozent des Werts als Zoll anfallen, während für Bauteile für die Automobilmontage die Zölle 2005 auf praktisch 0 Prozent gesenkt wurden. GM-Modelle werden beim ukrainischen Hersteller ZAZ in Zaporoshje montiert, der seit 2007 auch Fahrzeuge des chinesischen Herstellers Chery zusammenbaut; EvroCar in Solomonovo montiert Skoda- und VW-Fahrzeuge, LuAZ in Lutsk Hyundai-Modelle. Neben Pkws werden auch Busse und Lkws ausländischer Hersteller von ukrainischen Unternehmen zusammengebaut. Kooperationen bestehen mit Isuzu (Japan), Hyundai (Korea), Tata (Indien), Dongfeng (China) und FAW (China). Allerdings ist es unsicher, ob dieses auf SKD-Montage beruhende Geschäftsmodell der ukrainischen Unternehmen langfristig Bestand haben wird. Die Ukraine trat 2008 der WTO bei, was die

Verpflichtung mit sich bringt, nach einer Übergangsphase die Zölle auf Pkw-Importe zu senken (UA-3).

Die ukrainischen Automobilhersteller haben das Problem, dass sie über keine eigenen Produkte verfügen. Bis Ende der 1990er Jahre wurden von ihnen vorwiegend russische Fahrzeugmodelle montiert. Der Marktanteil dieser Modelle fällt aber in der Ukraine rapide von 60 bis 70 Prozent Ende der 1990er Jahre auf 30 bis 40 Prozent Mitte der 2000er Jahre (Ukravtoprom 2007). Von den Marktanteilsverlusten der russischen Marken profitieren bislang vor allem (a) die in Zaporoshje zusammengebauten GM/Daewoo-Modelle, die ihren Marktanteil auf 18 Prozent Mitte der 2000er Jahre ausweiten konnten; (b) japanische Hersteller, die Mitte der 2000er Jahre ebenfalls einen Marktanteil von 18 Prozent erreichen und ihre Fahrzeuge importieren; (c) koreanische Hersteller mit einem Marktanteil von 7 Prozent; und (d) die mittelosteuropäischen Marken Skoda und Dacia, deren Marktanteil auf 6 Prozent gestiegen ist. Interessanterweise konnten chinesische Marken bei ihrem Markteinstieg 2006 sofort einen Marktanteil von 2 Prozent erreichen.[25]

Zusammenfassend lässt sich feststellen, dass die Ukraine bisher aus ihrer geographischen Lage zwischen der EU und Russland keinen Vorteil ziehen konnte. Unternehmen, die vom großen russischen Markt profitieren wollen, gehen direkt nach Russland, während die politische Instabilität der Ukraine, die schlechte Verkehrsinfrastruktur, aber auch die schwache Zuliefererbasis das Land für eine Automobilproduktion für den EU-Markt ungeeignet erscheinen lassen. Der ukrainische Markt ist zu klein, um selbst die Errichtung von Automobilwerken zu rechtfertigen. Die ukrainischen Hersteller haben keine eigenen Produkte und setzen auf SKD-Montage fremder Modelle. Allerdings muss sich noch zeigen, ob dieses Geschäftsmodell tragfähig sein wird, wenn die Einfuhrzölle auf Neuwagen nach einem WTO-Beitritt sinken werden. Seit Anfang der 2000er Jahre haben sich einige ausländische Zulieferer in der Westukraine angesiedelt, die für den Export in die EU produzieren. Dabei handelt es sich aber fast ausschließlich um Kabelbaumproduzenten.

Die folgende Kurzfallstudie des ukrainischen Automobilherstellers AvtoZAZ zeigt pointiert die Entwicklungshürden der ukrainischen Automobilindustrie.

---

25 Die restlichen 13 Prozent Marktanteile teilen sich europäische (VW, Seat, Opel, PSA, Renault, Fiat), amerikanische (GM, Ford) Volumenhersteller sowie diverse Luxusmarken auf (vor allem Lexus, Daimler, BMW und Audi).

5.8.1 AvtoZAZ Zaporoshje

AvtoZAZ (oder auch ZAZ) ist ein in der zentralukrainischen Stadt Zaporoshje ansässiger Automobilhersteller. Im Jahr 2007 arbeiteten 17.500 Beschäftigte für ZAZ, davon 4.000 in der Automobilfertigung und etwa 12.000 bis 13.000 in der Komponentenproduktion. Von 1958 bis 1994 war der Kleinwagen Zaporoshets das Hauptprodukt, ab 1988 wurden zusätzlich Fahrzeugmodelle des russischen Herstellers WAZ (Tavria und Slavuta) ins Produktionsprogramm aufgenommen. Im Jahr 1998 wurde ein Joint Venture mit dem koreanischen Hersteller Daewoo gegründet. Das Werk übernahm nun neben der Produktion der russischen Modelle die SKD-Montage der Daewoo Modelle Lanos, Nubira und Leganza. Nach dem Zusammenbruch von Daewoo fiel die Kontrolle über das Unternehmen vollständig an die ukrainische Seite zurück, wobei die Montage der von Daewoo gelieferten SKD-Kits unter Lizenz fortgesetzt wurde.

Das Hauptproblem von ZAZ ist das Fehlen eigener Produkte. Die produzierten russischen Modelle verlieren kontinuierlich an Marktanteilen. Überlebenswichtig war und ist daher die Montage der Daewoo- beziehungsweise GM-Modelle. Zudem wurden kleine Montageaufträge für den Opel Astra Classic (seit 2004) und für den chinesischen Hersteller Chery (seit 2007) übernommen. Ein Ergebnis der Suche nach neuen Produkten war auch die Übernahme des polnischen Werks FSO in Warschau im Jahr 2005. FSO besaß eine Lizenz für die Produktion des GM/Daewoo Lanos. Die Produktion des Lanos wurde in die Ukraine verlagert, während das polnische FSO-Werk von GM den Auftrag für die Produktion des neueren Modells Aveo bekam. Aber auch diese Lösung ist zeitlich begrenzt und ZAZ braucht unbedingt neue Produkte. Wichtig ist dabei, dass das Produkt auf möglichst niedrige Produktionskosten ausgelegt wird und ZAZ es schafft, Ausrüster zu finden, die preiswert Produktionsausrüstung liefern können. ZAZ selbst hat keinen Werkzeugbau und in der Ukraine finden sich nur Hersteller von kleinen Werkzeugen, so dass das Gros der Produktionsausrüstung im Ausland (Deutschland, Italien, Japan) erworben werden muss. Als erster Schritt wurde die italienische Firma »Italdesign« mit einem Facelift des GM Lanos beauftragt (UA-4), der von ZAZ unter eigener Marke und mit einem ukrainischen Motor verkauft wird. Als eine Investion in die Zukunft wird zudem die Zusammenarbeit mit Chery gesehen. ZAZ hofft, sich als Vertriebs- und Servicepartner für das chinesische Unternehmen etablieren zu können (UA-4).

Das zweite wichtige Problem für ZAZ ist die schwache Zulieferbasis. ZAZ hat insgesamt 800 ukrainische und russische Zulieferer, die aber sowohl in Bezug auf Qualität als auch in Bezug auf die Liefermengen nicht den westlichen Maßstäben entsprechen. Aus diesem Grund verfolgt ZAZ die Strategie, sehr viele Komponenten selbst zu produzieren. ZAZ stellt je nach Modell Sitze, Stoßfänger und Auspuffanlagen selbst her. Es gab bis 2008 nur zwei ausländische Zulieferer, die in die Ukraine gekommen sind und mit ZAZ zusammenarbeiteten: der belgische Zulieferer Bosal (Abgasanlagen) und das schweizerische Unternehmen D-Plast Eftec (Füllstoff für Stoßfänger).

5.9 Schlussfolgerungen

Welche Entwicklungschancen und -risiken ergeben sich für die mittelosteuropäischen Länder aus der Einbindung in die internationalen Produktionsnetzwerke der Automobilindustrie? Unsere Analyse zeigt ein erfolgreiches *Industrial Upgrading*, das dennoch begrenzt bleibt und die Abhängigkeit von Westeuropa nicht in Frage stellt:

- Die ausländischen Zulieferer haben insbesondere in Tschechien, Ungarn und Polen ein breites und diversifiziertes Spektrum von Produkten angesiedelt – eine Beschränkung auf den *Low-Tech*-Bereich ist nicht festzustellen. Es ist allerdings auffällig, dass der am stärksten wachsende und innovationsreichste Bereich des Automobils – die Elektronik – in der mittelosteuropäischen Automobilindustrie nur sehr schwach vertreten ist. Zudem ist eine Spezialisierung auf die Verbrennungsmotortechnologie festzustellen, die angesichts der technologischen Veränderungen in der Automobilbranche problematisch werden könnte.
- Es lässt sich ein *Upgrading* der Standorte ausländischer Zulieferer feststellen. Diese haben in vielen Fällen als verlängerte Werkbänke für arbeitsintensive Fertigungsstufen und ohne relevanten Vorleistungseinkauf in der Region begonnen. In der Regel wurde das Produktspektrum der Werke nach einigen Jahren ausgedehnt und häufig exportorientierte Großwerke errichtet, die mehrere Kunden in Mittelost- und Westeuropa bedienen. In einigen wenigen Fällen kam es zu der Übernahme

einiger zentraler Funktionen durch die MOE-Standorte (etwa IT-Dienstleistungen) oder des Aufbaus einiger FuE-Aktivitäten.

- Einheimische Zulieferer in Mittelosteuropa finden sich zumeist auf der zweiten oder dritten Stufe der Wertschöpfungskette und haben selten direkten Zugang zu den Endherstellern. Nur im Fall von Brownfield-Investitionen, bei denen die ausländischen Automobilhersteller eine existierende Zulieferstruktur mit übernahmen, haben es einheimische Unternehmen aus Mittelosteuropa in größerem Umfang geschafft, die Endhersteller direkt zu beliefern. Dabei hat insbesondere die tschechische Zulieferindustrie von der Übernahme Skodas durch VW profitiert, die ihr nach einer harten Restrukturierungszeit Zugang zum VW-Konzern und im Falle einiger Zulieferer auch zu anderen deutschen Endherstellern ermöglicht hat. Vergleichbare Bedeutung hatten Fiat in Polen und die Übernahme Dacias durch Renault in Rumänien. Die Entwicklung der mittelosteuropäischen Unternehmen wird durch die Bemühungen der *First-Tier*-Zulieferer gefördert, den Anteil der in Niedriglohnländern eingekauften Teile schnell auszubauen. Eine Hürde dafür sind die fehlenden Produktentwicklungskompetenzen, die die *First-Tier*-Zulieferer zunehmend von ihren Sublieferanten erwarten.
- Seit dem Ende der 1990er Jahre ist es zur Eröffnung einer Reihe von FuE-Standorten gekommen, was als ein Zeichen für den Aufstieg Mittelosteuropas in der Wertschöpfungskette interpretiert werden könnte. Beim genaueren Hinsehen relativiert sich aber das Bild. In dem meisten Fällen handelt es sich um kleine Standorte, die fertigungsnahes Anpassungs-*Engineering* übernehmen. Es gibt nur vier große FuE-Zentren: die Entwicklungszentren von Skoda in Tschechien und Dacia in Rumänien sowie jene der Zulieferer Delphi in Polen und Siemens in Rumänien. Im Fall von Delphi zeigten wir ein sehr prägnantes Muster der Ost-West-Arbeitsteilung. Die Entwicklung von Produkten mit einer hohen Integrationskomplexität bedarf der Nähe zum Endkunden und bleibt in den westeuropäischen Zentren der Automobilindustrie. Die Entwicklung von Produkten mit einer niedrigen Integrationskomplexität und hohen Kostendruck wird dagegen in Niedriglohnländer verlagert.
- Ein interessanter Kontrast zeigt sich zwischen der Automobilindustrie und dem Maschinenbau in Mittelosteuropa. Beide Branchen sind eng miteinander verknüpft, denn die Automobilindustrie ist einer der wichtigsten Abnehmer des Maschinenbaus. Während die Automobilindustrie in Mittelosteuropa das Beispiel einer erfolgreichen Beschäftigungs-

entwicklung ist, hat es im mittelosteuropäischen Maschinenbau seit Anfang der 1990er Jahre dramatische Beschäftigungsverluste gegeben. Offensichtlich konnten mittelosteuropäische Produktionsausrüster kaum vom Boom der Automobilindustrie in ihrer Region profitieren. Die Automobilhersteller und Zulieferer beziehen ihre Produktionsausrüstung weitgehend im Ausland, zu einem großen Teil in Deutschland. Die Expansion der deutschen Automobilindustrie in Niedriglohnländern ist also ein Faktor, der die Expansion der deutschen Maschinenbauexporte trägt.

– Als ein positives Zeichen für die Stabilität der industriellen Entwicklung in Mittelosteuropa kann gesehen werden, dass es bisher kaum Weiterverlagerungen in andere Niedriglohnländer gegeben hat. Eine Weiterverlagerung zeichnet sich zwar im Hinblick auf besonders arbeitsintensive Prozesse (Kabelbaumproduktion, Sitzbezüge) ab, bleibt aber auf diesen Bereich beschränkt. Es ist wichtig festzuhalten, dass die Spielräume für eine Weiterverlagerung geographisch begrenzt sind. Da die Löhne in der Türkei und in den Industriezentren Russlands (Sankt Petersburg) das mittelosteuropäische Niveau erreichen, kommen als mögliche Zielländer für Weiterverlagerung vor allem Rumänien, Bulgarien und die Ukraine in Frage – Länder, die kein unbegrenztes Arbeitskräftereservoir haben und zudem mit Problemen der Infrastruktur konfrontiert sind. Die Verlagerungskarawane kann nicht unbegrenzt weiter ziehen.

6. Arbeitsmodelle in Mittelosteuropa

Die Integration der mittelosteuropäischen Länder in die Europäische Union hat zu Diskussionen über ein *Race to the Bottom* in Europa. Die niedrigen Löhne und Arbeitsstandards in Mittelosteuropa gelten als eine potentielle Gefahr für die Standards in Westeuropa. Aber welche Auswirkungen hat der Zufluss ausländischer Investitionen aus der Perspektive der neuen Mitgliedsländer der EU? Silver (2003: 79) argumentiert, dass die Beschäftigten in der Automobilindustrie in Niedriglohnländern die »contradictions of semiperipheral success« erfahren. Die Expansion der Automobilindustrie in den Niedriglohnländern fördere zwar eine schnelle wirtschaftliche Entwicklung, aber diese Expansion sei vor allem kostengetrieben, was einer Erhöhung der Löhne in Niedriglohnländern und einem »social contract« zwischen Arbeit und Kapital nach dem Muster Westeuropas entgegenstehe.

Als Bezugsrahmen der Analyse dienen uns im Folgenden die Idealtypen der *High-Road-* und der *Low-Road-*Arbeitsmodelle, die in Kapitel eins erläutert wurden. Die Darstellung ist in vier Abschnitte gegliedert, die sich mit verschiedenen Elementen der Arbeitsmodelle beschäftigen:

- Der erste Abschnitt untersucht die kollektiven Verhandlungssysteme. Im Hinblick auf die Entwicklung von *High-Road-*Modellen wird analysiert, welche Auswirkungen die kollektiven Verhandlungssysteme auf die Lohnentwicklung haben. Gelingt es, Lohnentwicklung und Produktivitätsanstieg zu koppeln? Wie stark sind die Segmentierung von Arbeitsmodellen und die Ungleichheiten in der Lohnentwicklung auf verschiedenen Stufen der Wertschöpfungskette?
- Im zweiten Abschnitt steht Beschäftigungssicherheit und Flexiblität der Beschäftigung im Zentrum. Beschäftigungssicherheit ist eine Voraussetzung für *High-Road-*Modelle, da sie die langfristige Entwicklung von Kompetenzen ermöglicht und zudem die Identifikation mit dem Unternehmen fördert. Beschäftigungssicherheit setzt eine hohe interne

Flexiblität voraus. In dem Abschnitt wird untersucht, welche Unternehmensstrategien im Hinblick auf Beschäftigungssicherheit und Flexibilität durch die arbeitsrechtliche Regulierung gefördert werden.

– Im dritten Abschnitt werden die Qualifizierungssysteme der Unternehmen in der mittelosteuropäischen Automobilindustrie untersucht. Investitionen in Qualifikationen und Kompetenzen sind ein zentrales Element von *High-Road*-Arbeitsmodellen. Eine wichtige Frage ist zum ersten, welche Rahmenbedingungen für *High-Road*-Arbeitsmodelle die Ausbildungssysteme in Mittelosteuropa den Unternehmen bieten. Diskutiert wird die Praxis insbesondere der deutschen Unternehmen: Transferieren sie ihre Qualifizierungsansätze nach Mittelosteuropa?
– Im vierten Abschnitt schließlich wird die Frage einer betrieblichen Interessenvertretung der Beschäftigten thematisiert. Die Anerkennung der Interessen der Beschäftigten ist wichtiger Bestandteil von *High-Road*-Arbeitsmodellen. Wir untersuchen die institutionellen Rahmenbedingungen der betrieblichen Interessenvertretung, die Rolle von Betriebsräten und ihr Verhältnis zu Gewerkschaften, sowie die industriellen Beziehungen in Unternehmen der Automobilindustrie.

6.1 Kollektive Verhandlungssysteme und Lohnentwicklung

Die Stagnation der Löhne in Mittelosteuropa in den 1990er Jahren galt als ein zentrales Argument für die *Race-to-the-Bottom*-These (Ellingstad 1997). Im Folgenden untersuchen wir die Funktionsweise der kollektiven Verhandlungssysteme in Mittelosteuropa und ihre Auswirkungen auf die Lohnentwicklung. Im Hinblick auf die kollektiven Verhandlungssysteme konzentrieren wir uns auf die Tarifverhandlungssysteme und die staatliche Einflussnahme auf die Lohnpolitik.

Es gibt im Hinblick auf kollektive Verhandlungssysteme kein einheitliches mittelosteuropäisches Modell, vielmehr finden wir dezentralisierte Tarifverhandlungssysteme in Tschechien, Polen und Ungarn sowie auf sektoraler Ebene zentralisierte Systeme in der Slowakei, Slowenien, Rumänien und in der Ukraine. Die folgende Zusammenfassung (siehe auch Tabelle 16) fasst die Charakteristika der Verhandlungssysteme in der Automobilindustrie in den von uns untersuchten Ländern Mittelost- und Osteuropas zusammen:

- In Polen ist der Betrieb die ausschließliche Verhandlungsebene. In der Branche sind mehrere Gewerkschaftsverbände aktiv (Solidarność, Ogólnopolskie Porozumienie Związków Zawodowych (OPZZ) und Sierpień 80), allerdings dominiert die Solidarność, die es als einzige Gewerkschaft geschafft hat, auch in Greenfield-Werken Fuß zu fassen. In der Solidarność können die betrieblichen Organisationen auf freiwilliger Basis der Automobil-Branchensektion beitreten, was aber nicht alle tun (PL-5). Der gewerkschaftliche Organisierungsgrad liegt im Branchendurchschnitt bei etwa 20 Prozent – bei Endherstellern ist er mit 30 bis 70 Prozent deutlich höher. Auf der Arbeitgeberseite gibt es drei Verbände, von denen keiner einen Branchentarifvertrag anstrebt (PL-2; Jürgens/Krzywdzinski 2007a). Gewerkschaften und damit auch Kollektivvereinbarungen gibt es in schätzungsweise 35 bis 40 Prozent der Betriebe der Automobilindustrie. Allerdings gehen insbesondere in kleineren Betrieben die Tarifverträge oder Vereinbarungen häufig nicht über die Wiedergabe der geltenden arbeitsrechtlichen Mindestnormen hinaus.[26]
- In Tschechien ist ebenfalls der Betrieb die ausschließliche Verhandlungsebene. In der ersten Hälfte der 1990er Jahre gab es zwar einen Branchentarifvertrag, der jedoch nicht verlängert wurde. Die Metallgewerkschaft OS Kovo organisiert die Beschäftigten, ihre Betriebsorganisationen haben bei Lohnverhandlungen weitgehende Autonomie. Der gewerkschaftliche Organisierungsgrad liegt mit 20 bis 30 Prozent auf einem mit Polen vergleichbaren Niveau. Auf der Arbeitgeberseite gibt es mit dem Verband der Automobilindustrie (Sdružení Automobilového Průmyslu, AIA) nur einen Verband. Gewerkschaften und damit auch Kollektivvereinbarungen gibt es in schätzungsweise 50 bis 60 Prozent der Betriebe der Automobilindustrie (CZ-1). Wie bereits in Polen gilt allerdings, dass insbesondere in kleineren Betrieben die Vereinbarungen häufig nicht über die Wiedergabe der geltenden arbeitsrechtlichen Mindestnormen hinaus gehen.

26 Ein erster Versuch der überbetrieblichen Koordinierung gewerkschaftlicher Forderungen und Aktivitäten in der Automobilbranche wurde im September 2007 begonnen. Mehrere Organisationen der Solidarność aus der oberschlesischen Region, darunter auch die Organisation von GM Gliwice, haben eine Erklärung unterschrieben, bei Tarifverhandlungen und -konflikten zusammenzuarbeiten und auf die Schaffung von branchenweiten Tarifverhandlungsstrukturen hinzuwirken. Der Erfolg dieser Initiative ist abzuwarten.

- In der Slowakei finden Tarifverhandlungen auf der Sektorebene statt und werden durch betriebsspezifische Verhandlungen ergänzt. Die Beschäftigten werden von der Metallgewerkschaft OZ Kovo vertreten, die mit dem Verband der slovakischen Metallindustrie (Zväz strojárskeho priemyslu Slovenskej republiky, ZSP) die Tarifverträge aushandelt. Der gewerkschaftliche Organisierungsgrad liegt mit etwa 40 Prozent deutlich über dem polnischen und tschechischen Niveau. Für Teile der Automobilindustrie gelten auch die Tarifverträge der Elektro- beziehungsweise der Chemieindustrie. Insgesamt ist die Tarifdeckungsquote aufgrund der Dominanz der Branchenebene mit schätzungsweise 70 Prozent der Betriebe und auch der Beschäftigten der Automobilindustrie höher als in Polen und Tschechien (vergleiche EIRO 2003).
- Für die ukrainische Automobilindustrie ist der Metallsektor die entscheidende Verhandlungsebene, auf der ein- oder zweijährige Tarifverträge verhandelt werden. Auf die Verhandlungen auf der Sektorebene folgen oft betriebsspezifische Verhandlungen über die Umsetzung des Ergebnisses und über betriebsspezifische Zusätze. Die Beschäftigten werden von der Gewerkschaft der Automobil- und Landwirtschaftsmaschinenarbeiter (ASMU) organisiert, die zum postkommunistischen Verband der Gewerkschaften der Ukraine (Federacija Profesijnych Spilok Ukrain, FPU) gehört. Im Unterschied zu den mittelosteuropäischen Gewerkschaften wird die FPU oft als Fortsetzung der sowjetischen »Transmissionsrolle« der Gewerkschaften für den Staatsapparat charakterisiert (Kubicek 2004). Der FPU wird vorgeworfen, dass sie auf politischer Ebene in den Staatsapparat kooptiert sei und auf betrieblicher Ebene im Konfliktfall nichts tue, um Arbeitnehmerinteressen zu verteidigen. Die ASMU gehört allerdings zu jenen Gewerkschaften der FPU, die sich am stärksten von der »Transmissionsriemen«-Politik distanziert haben und sich gegenüber ihrem Dachverband kritisch äußern (Mandel 2004: 170ff). Der gewerkschaftliche Organisierungsgrad ist in der ukrainischen Automobilindustrie mit etwa 60 bis 70 Prozent relativ hoch, wobei es einen großen Unterschied zwischen ukrainischen Werken mit einem oft 90-prozentigen Organisierungsgrad und Greenfield-Werken ausländischer Unternehmen ohne jegliche Gewerkschaftsvertretung gibt. Es zeichnet die Automobilindustrie gegenüber vielen anderen Branchen in der Ukraine aus, dass sich die Gewerkschaft ernsthaft um die Durchsetzung des Sektortarifvertrags bemüht, wenngleich nach Schätzungen der Anteil der Unternehmen, die sich an den

Sektortarifvertrag halten von etwa zwei Drittel auf etwa die Hälfte gesunken ist (Mandel 2004: 182).

In Ungarn und Rumänien haben wir keine Interviews durchgeführt. Ungarn entspricht im Hinblick auf die Höhe des Organisierungsgrades und die Dominanz der betrieblichen Verhandlungsebene eher den dezentralisierten Systemen Polens und Tschechiens (EIRO 2003); wie Polen ist es durch den Wettbewerb mehrerer Gewerkschaftsverbände geprägt. In Rumänien existiert ein Branchentarifsystem (plus ergänzende betriebliche Vereinbarungen), zugleich ist das Tarifsystem durch die Konkurrenz mehrerer Gewerkschaftsverbände gekennzeichnet.

Tabelle 16: Gewerkschaftliche Organisierung und Tarifdeckungsquote in der mittelosteuropäischen Automobilindustrie, Stand 2006/2007

	Polen	Tschechien	Slowakei	Ukraine
Organisierungsgrad	~ 20%	~ 20–30%	~ 40%	~ 60–70%
Gewerkschaft	Solidarność, OPZZ u.a.	OS Kovo	OZ Kovo	ASMU
Arbeitgeberverbände	Mehrere	Einer	Einer	Einer
Wichtigste Verhandlungsebene	Betrieb	Betrieb	Sektor	Sektor
Tarifdeckung in % der Unternehmen	~ 35–40%	~ 50–60%	>70%	Formal 90%, de facto 50%
Tarifdeckung in % der Beschäftigten	~ 50%	~ 70–80%	>70%	Formal 90%, de facto weniger

Tarifdeckung ohne Kleinunternehmen. Quellen: Schätzungen von Gewerkschaftsvertretern (PL-5, CZ-1, UA-6), eigene Schätzungen, Bericht der European Industrial Relations Observatory (2003).

Die in der Tabelle 16 aufgeführten Werte sind Durchschnittsangaben. Es gibt in allen mittelosteuropäischen Ländern große Unterschiede zwischen der gewerkschaftlichen Organisierung bei Endherstellern, die meist zwischen 30 Prozent und 70 Prozent schwankt, und Zulieferern, bei denen sie oft um 10 bis 20 Prozent liegt. Dabei gilt, dass in Greenfield-Werken und kleineren Betrieben die Wahrscheinlichkeit der Existenz einer Gewerkschaft und ihr Organisierungsgrad sinken. Auch die Qualität der Tarifverträge beziehungsweise ihrer Umsetzung unterscheiden sich stark zwischen Endherstellern und Zulieferern sowie zwischen Groß- und Kleinbetrieben.

Während es im Hinblick auf die Tarifverhandlungssysteme in Mittelosteuropa und seinen Nachbarstaaten wie Rumänien oder Ukraine zwei Grundmodelle gibt (betriebliche Ebene dominierend, Branchenebene dominierend), hat die staatliche Lohnpolitik in allen mittelosteuropäischen Ländern die gleiche Grundausrichtung auf Lohnzurückhaltung gehabt. Das zentrale Instrument staatlicher Einflussnahme auf die Lohnentwicklung ist dabei der Mindestlohn.

Abbildung 34: Gesetzlicher Mindestlohn und der faktische Durchschnittslohn in Polen 1995–2008 (1995=100 Prozent)

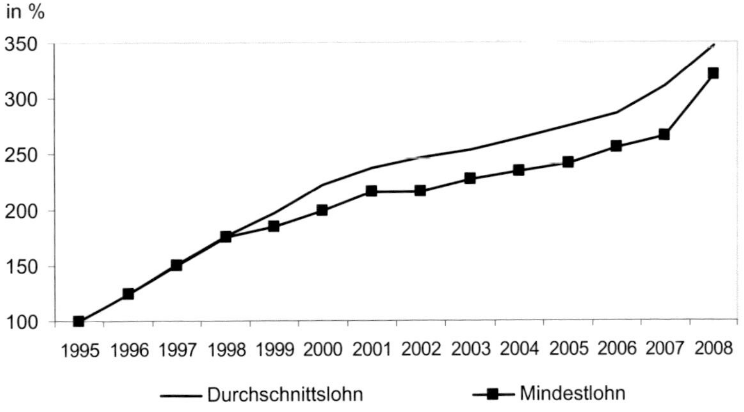

Quelle: Eigene Darstellung auf der Basis von Angaben des Polnischen Ministeriums für Arbeit und Soziales und des Polnischen Statistikamts.

Die Mindestlöhne werden in Mittelosteuropa in tripartistischen Gremien festgelegt (Kohl/Platzer 2007: 621), wobei aber die Regierung die Kontrolle über die Entwicklung behält, da sie nicht nur Mitglied in diesen Gremien ist, sondern bei fehlendem Konsens die Entscheidung an sie zurückfällt. In Ländern wie der Ukraine ist die Mindestlohnentwicklung auch explizit Ausgangspunkt von sektoralen Tarifverhandlungen und damit der Anker des Verhandlungssystems (UA-6). Die Mindestlöhne beeinflussen zwar nur begrenzt die Lohnentwicklung für Facharbeiter und qualifizierte Arbeitskräfte, haben aber großen Einfluss auf die Löhne für ungelernte und angelernte Beschäftigte. Zudem ist ihre Bedeutung umso größer, je geringer die Tarifdeckungsquote ist.

Abbildung 35: Gesetzliche Mindestlöhne in Osteuropa und der Türkei in Euro, 1995 und 2007

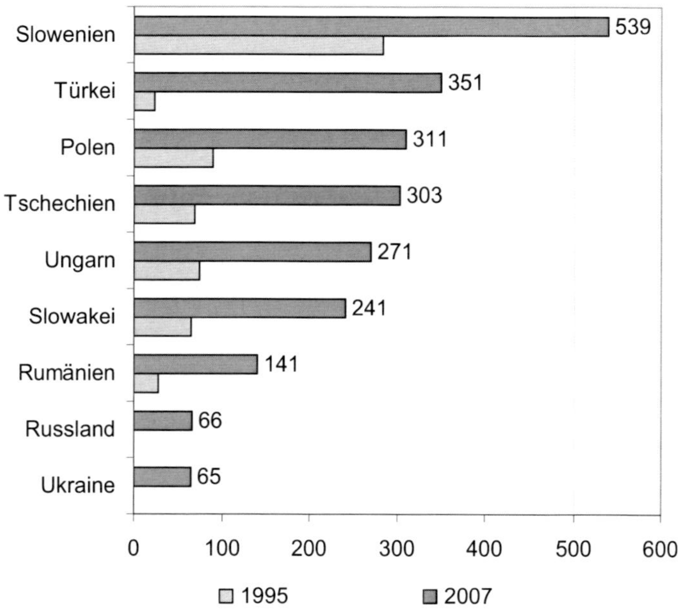

Quellen: Eigene Darstellung nach Federation of European Employers (http://www.fedee.com/minwage.html), Eurofound (http://www.eurofound.europa.eu/eiro/2005/07/study/ tn0507101s.htm), jeweilige nationale Ministerien.

Seit Mitte der 1990er Jahre sind die Mindestlöhne in Mittelosteuropa langsamer als die Durchschnittslöhne gestiegen. Diese staatlich durchgesetzte Lohnzurückhaltung kann am Fall Polens illustriert werden (Abbildung 34). Zwischen 1995 und 2007 fiel der Mindestlohn in Polen von 41 Prozent des Durchschnittslohns auf 35 Prozent. Damit hat die Regierung versucht, den Lohnanstieg bei den unteren Lohngruppen zu bremsen. Erst die Arbeitskräfteknappheit, die sich seit dem EU-Beitritt Polens entwickelt hat, hat die Regierung im Jahr 2007 bewogen, bis 2009 eine Anhebung des Mindestlohns auf 40 Prozent des Durchschnittslohns anzukündigen.

Die gleiche Politik einer restriktiven Handhabung des Mindestlohns haben auch die anderen mittelosteuropäischen Länder verfolgt (Kohl/Platzer 2004). Deutlich wird dies in der Abbildung 35. Der Mindestlohn in Polen lag nach seiner Erhöhung 2007 noch über den Vergleichswerten für Tschechien, die Slowakei und Ungarn.

Zusammenfassend lässt sich feststellen, dass die restriktive staatliche Lohnpolitik trotz der Existenz zweier unterschiedlicher Tarifsysteme in der mittelosteuropäischen Automobilindustrie – eines dezentralisierten System mit einem insgesamt niedrigen Organisierungsgrad in Polen, Tschechien und Ungarn sowie eines auf Sektorebene zentralisiertes System mit einem (relativ) hohen Organisierungsgrad in der Slowakei, in Slowenien, Rumänien und der Ukraine – in allen Ländern zu dem gleichen Trend der Lohnzurückhaltung und des Zurückbleibens der Löhne hinter der Produktivitätsentwicklung geführt hat.

Im nationalen Durchschnitt nahmen die Löhne in Mittelosteuropa deutlich langsamer zu als die aufgrund der Entstehung neuer und moderner Produktionsstätten schnell steigende Produktivität in vielen Betrieben – ein Phänomen, das an die mexikanischen Maquiladoras erinnert und die Befürchtung weckt, dass Mittelosteuropa der *Low Road* folgt.

Tabelle 17: Wachstum der Löhne und der Bruttowertschöpfung pro Beschäftigten in der Automobilindustrie in Mittelosteuropa und Mexiko (jeweilige Landeswährung, konstante Preise), 1995–2005

	Lohnwachstum	Zunahme der Wertschöpfung pro Beschäftigten	Bruttomonatslohn 2005 (in Euro)
Mexiko	+29%	+329%	383
Rumänien	+22%	+85%	230
Polen	+40%	+245%	641
Tschechien	+56%	+197%	730
Ungarn	+73%	+154%	765
Ukraine	+228%	keine Angaben	135

Quellen: Eigene Berechnungen nach Polish Statistical Office, Czech Statistical Office, Hungarian Statistical Office, Romanian Statistical Office, Ukrainian Statistical Office, VDA International Auto Statistics, ILO Labor Statistics, http://laborsta.ilo.org/, Banco de Informacion Economica, http://dgcnesyp.inegi.gob. mx/cgi-win/bdieintsi.exe/

In der Tabelle 17 wird die Entwicklung der Reallöhne und der Bruttowertschöpfung pro Beschäftigten in der mittelosteuropäischen Automobilindustrie zwischen 1995 und 2005 mit der Entwicklung in Mexiko verglichen. Die Kluft zwischen Produktivitäts- und Lohnentwicklung ist zwar in Mexiko deutlich größer als in Mittelosteuropa, aber selbst in Ungarn, dem mittelosteuropäischen Land mit der kleinsten Lücke zwischen Lohn- und Produktivitätsentwicklung, nahm die Bruttowertschöpfung pro Beschäftigten doppelt so schnell zu wie die Löhne.

Folge der restriktiven staatlichen Lohnpolitik in Mittelosteuropa ist nicht nur eine Kluft zwischen der Lohn- und Produktivitätsentwicklung, sondern auch eine hohe Ungleichheit der Löhne in unterschiedlichen Segmenten der Automobilindustrie. Zwar sind die Differenzen zwischen den Löhnen typischer Produktionsarbeiter in der Wertschöpfungskette in Mittelosteuropa nicht größer als in Westeuropa, wenn man nur auf den Metallbereich im engeren Sinne fokussiert. Abbildung 36 zeigt Entgeltdifferenzen zwischen verschiedenen Betrieben in Polen und Tschechien, die wir bei unseren Fallstudien erhoben haben. Die Entgelte der Zulieferer im Metallindustriebereich liegen etwa 20 bis 25 Prozent unter den Entgelten der Automobilhersteller, wobei es auch manche ausländische Zulieferer gibt, die genauso viel wie die Endhersteller zahlen. Wir konnten keine systematischen Unterschiede zwischen polnischen und ausländischen Zulieferern im Metallsektor feststellen. Wenngleich der Vergleich mit Westeuropa aufgrund sehr weniger Studien über die Entwicklung der Lohndifferenzen schwierig ist (als Ausnahme vergleiche Lehndorff 1997), kann man annehmen, dass die Ungleichheit der Entgelte mit Westeuropa vergleichbar ist.

Die Ungleichheit wird aber größer, wenn wir Tätigkeiten in der Metallverarbeitung mit der Textilverarbeitung oder Kabelbaummontage vergleichen. Im Textilbereich (Sitzbezüge, Airbagbezüge) betragen die Löhne typischer Produktionsarbeiter in Mittelosteuropa nur noch etwa 50 Prozent der Löhne bei Endherstellern. In der Kabelbaummontage (wie auch in der Montage von Elektronikkomponenten wie Platinen, Baugruppen etc.) werden oft nur Löhne auf Mindestlohnniveau gezahlt, die bei 35 bis 40 Prozent der Endherstellerlöhne liegen. Hier schlägt die restriktive staatliche Mindestlohnpolitik voll durch. Sowohl im Textilbereich als auch im Elektronikbereich sind es oft Frauen, die als angelernte Arbeitskräfte beschäftigt werden. Die Ungleichheit bekommt so einen geschlechtsspezifischen Charakter.

Aus der Perspektive der gesamten Wertschöpfungskette ist die Ungleichheit der Löhne in der mittelosteuropäischen Automobilindustrie also deutlich höher als in Westeuropa. Das liegt aber auch daran, dass die meisten Produktionstätigkeiten im Textil- oder Elektronikmontagebereich, die in Mittelosteuropa zu den schlecht entlohnten Tätigkeiten zählen, aus Westeuropa verlagert wurden und dort schlicht nicht mehr vorhanden sind. Die Verlagerung einfacher Produktionstätigkeiten mit geringen Anforderungen an die Qualifikation der Arbeitskräfte hat eine geringere Ungleichheit der Löhne in Westeuropa zu Folge. Der Versuch der Bewahrung dieser Arbeitsplätze hätte die Tarifsysteme Westeuropas auf eine Zerreißprobe gestellt. Allerdings bedeutete diese Verlagerung, dass die westeuropäischen Gesellschaften den Niedriglohnbereich, den sie selbst nicht schaffen wollten oder konnten, nach Mittelosteuropa exportierten und damit dort die soziale Ungleichheit verschärften.

Abbildung 36: Lohnniveau typischer Produktionsarbeiter in Unternehmen der Automobilindustrie in Polen und Tschechien (Stand 2005/2006)

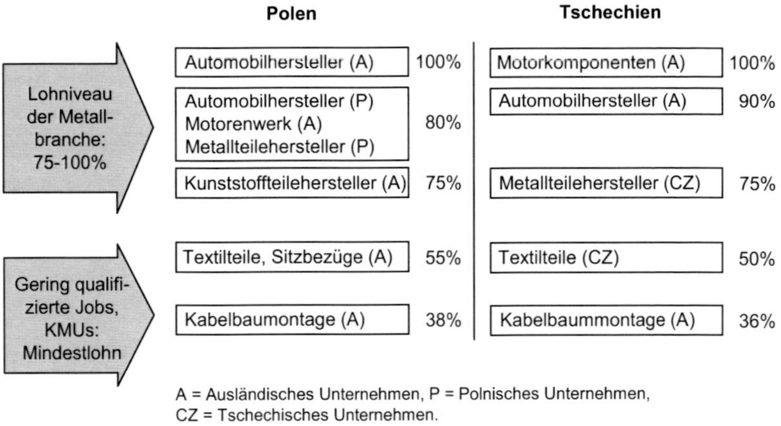

Quelle: Eigene Interviews. Vergleiche auch Jürgens/Krzywdzinski 2007a.

Die seit dem EU-Beitritt der mittelosteuropäischen Länder im Jahr 2004 wachsende Arbeitskräfteknappheit hat den Gewerkschaften Spielräume für eine aggressivere Lohnpolitik eröffnet. Während es in den 1990er Jahren (abgesehen von dem Privatisierungsprozess) in Automobilunternehmen in Mittelosteuropa keine Streiks und Arbeitskonflikte gab, nehmen nun Konflikte zu. Ausdruck des Drucks zur Erhöhung der Löhne und Verbesserung der Arbeitsbedingungen war die Welle von Protesten und Streikdrohungen, die die polnische Automobilindustrie in den Jahren 2006 und 2007 traf. Zum allerersten Mal protestierten die Gewerkschaften bei MAN, VW, Toyota und GM öffentlich gegen zu niedrige Löhne und drohten sogar mit Streiks. In allen Fällen wurden Erhöhungen von 15 bis 20 Prozent gefordert, was deutlich über der Inflationsrate (2 Prozent) lag. Vergleichbare Konflikte haben bei Skoda in Tschechien und bei Dacia in Rumänien stattgefunden. Die Lohnforderungen sind in einer Reihe von Unternehmen der Ausgangspunkt für die Entstehung von Gewerkschaften gewesen. Während Studien zur Entwicklung von Gewerkschaften in Mittelosteuropa in den 1990er Jahren eine Abnahme der gewerkschaftlichen Organisierung und eine Schwächung der Gewerkschaften feststellten (Crowley/Ost 2001), ist seit Mitte der 2000er Jahre in der mittelosteuropäischen Automobilindustrie eine gegenläufige Entwicklung festzustellen.

Die Antworten der Unternehmen deuten bisher in Richtung der *High Road*. In einer von KPMG (2007) durchgeführten Umfrage unter Unternehmen wurden größere Anstrengungen in der Personalentwicklung und Lohnerhöhungen als die wichtigsten Antworten auf Migration und daraus resultierende Arbeitskräfteknappheit angegeben. Bemerkenswert ist, dass 31 Prozent der Unternehmen auch eine Erhöhung des Mindestlohnes befürworteten, um das Lohnniveau zu erhöhen und so Migration einzudämmen.

In den kommenden Jahren ist weiterer Anstieg der Löhne in Mittelosteuropa zu erwarten, auch wenn die Region noch lange einen klaren Lohnkostenvorteil gegenüber Westeuropa haben wird. Auch während der Krise haben die Reallöhne in Mittelosteuropa in den Jahren 2008 und 2009 zugenommen, während die Situation in Deutschland durch eine Abnahme der Reallöhne gekennzeichnet war (Schulten 2010). Schätzungen über die Dauer einer Angleichung der Lohnniveaus in West- und Mittelosteuropa sind allerdings sehr unsicher, nicht zuletzt da die Wechselkursentwicklung eine wichtige Rolle spielt. Die EU erwartet, dass das Wirtschaftswachstum in Mittelosteuropa langfristig doppelt so hoch sein wird wie in der EU-15. Auf dieser Grundlage wird eine Angleichung der Einkommensniveaus in Mittelost- und Westeuropa gemessen in Kaufkraftparitäten bis etwa 2040 erwartet (EU 2006b: 45). Wilfried Sihn von der Technischen Universität Wien erwartet dagegen eine Angleichung der Löhne in der mittelosteuropäischen Automobilindustrie an den Durchschnitt der EU-15 schon bis 2020 (*Automobil-Produktion* 12/2005: 23).

Ein wichtiger Faktor, der die Entwicklung des Arbeitsangebots in Mittelosteuropa bestimmen wird, ist die Migrationspolitik der mittelosteuropäischen Staaten sein. Tschechien hat als erstes Land Mittelosteuropas eine stärkere Öffnung des eigenen Arbeitsmarkts gewagt: 2005 arbeiteten über 200.000 ausländische Arbeitnehmer in Tschechien, vor allem aus der Slowakei, Ukraine, Vietnam und Polen (Horáková 2006: 19). Das tschechische Arbeitsministerium hat bereits 2003 ein erstes Programm zur Rekrutierung qualifizierter Arbeitskräfte im Ausland aufgelegt (EIRO 2007) und hat damit als eines der wenigen EU-Länder überhaupt schon 2007 den eigenen Arbeitsmarkt für rumänische und bulgarische Arbeitskräfte geöffnet. Polen und Ungarn verfolgen dagegen bislang eine restriktive Migrationspolitik, die ausländische Arbeitskräfte in illegale Beschäftigung vor allem in der Baubranche, in der Landwirtschaft und in Dienstleistungsbereichen wie Gastronomie oder Pflege drängt. Im Jahr 2005 gab es in Polen trotz einer dreimal größeren Erwerbsbevölkerung als in Tschechien nur etwa 20.000 Ausländer mit einer Arbeitserlaubnis, dies waren vor allem Fachkräfte aus Westeuropa und den USA (KIG 2005). In Ungarn arbeiteten Mitte der 2000er Jahre legal etwa 50.000 ausländische Arbeitskräfte, vor allem rumänische Staatsbürger, was an der Präsenz einer großen ungarischen Minderheit in Rumänien liegt (Hárs/Kováts 2004). Weder Polen noch Ungarn haben bisher den Arbeitsmarkt für rumänische und bulgarische Bürger geöffnet. Die Arbeitsbedingungen für ausländische Arbeitskräfte werden aber in allen mittelosteuropäischen Ländern zu einem immer wichtigeren Thema für die Gewerkschaften – nicht zuletzt, da tschechische Erfahrungen zeigen, dass ausländische Arbeitskräfte oft unter schlechteren Bedingungen und zu schlechteren Löhnen als einheimische Mitarbeiter beschäftigt werden (CZ-1).

6.2 Beschäftigungssicherheit und Flexibilität

Beschäftigungssicherheit ist ein zentrales Element der *High-Road*-Arbeitsmodelle und eine wichtige Bedingung für die Bereitschaft der Arbeitgeber ebenso wie der Arbeitnehmer, in Qualifizierung zu investieren. Angesichts des schnellen Wachstums der Automobilindustrie in Mittelosteuropa und der zunehmenden Arbeitskräfteknappheit waren die Unternehmen lange

Zeit an der Bindung der Mitarbeiter an die Unternehmen interessiert. Eine *Hire-and-Fire*-Politik war nicht festzustellen.

Das lag nicht an der arbeitsrechtlichen Regulierung. Der Kündigungsschutz ist in den mittelosteuropäischen Ländern relativ niedrig. Die Einflussmöglichkeiten von Gewerkschaften und Betriebsräten im Kündigungsprozess sind gering. In Ländern mit einem hohen Kündigungsschutz wie Deutschland oder Schweden verleiht das Arbeitsrecht den Betriebsräten beziehungsweise Gewerkschaften eine starke Verhandlungsposition: In Deutschland ist bei Entlassungen eine Sozialauswahl nötig, zudem muß geprüft werden, ob die Beschäftigten nicht für einen anderen Arbeitsplatz umqualifiziert werden können – die Betriebsräte haben dabei eine Kontrollposition, die sie in Verhandlungen nutzen können. In Schweden schreibt das Arbeitsrecht bei Entlassungen die *Last in, first out*-Regel vor – Gewerkschaften können aber Abweichungen zustimmen und ihre Zustimmung als Verhandlungsmittel nutzen. Sowohl in Deutschland als auch in Schweden bedeutet das nicht, dass Gewerkschaften und Betriebsräte Entlassungen verhindern können. Sie können aber ihre Verhandlungsposition nutzen, um Alternativen zu Entlassungen zu erörtern, Qualifizierungs- oder Beschäftigungsprogramme zu initiieren oder schließlich auch hohe Abfindungen durchzusetzen.

In den mittelosteuropäischen Ländern Polen, Tschechien, Ungarn und der Slowakei müssen Gewerkschaften beziehungsweise Betriebsräte zwar über Kündigungen informiert werden, sie haben allerdings nur wenig Zeit (in Polen fünf Tage, in Ungarn zwei Wochen), um zu den Kündigungen Stellung zu nehmen. Zudem hat die Stellungnahme der Arbeitnehmervertreter formal keinen Einfluss: Nach dem polnischen Arbeitsrecht muss sie der Arbeitgeber nur zu Kenntnis nehmen, das ungarische Arbeitsrecht sieht immerhin die Pflicht zur Führung von Verhandlungen vor. In keinem der mittelosteuropäischen Länder ist eine Sozialauswahl bei Entlassungen vorgeschrieben, wenngleich sie in Polen in manchen Fällen von Arbeitsgerichten verlangt wird (Florek/Zieliński 2003: 112). Aufgrund fehlender Einflussressourcen der Gewerkschaften und Betriebsräte bleiben die Abfindungszahlungen zumeist auf dem gesetzlich vorgeschriebenen Niveau: Drei Monatslöhne in Polen und Tschechien, bis zu sechs Monatslöhnen in Ungarn und bis zu neun Monatslöhnen in der Slowakei. Die Kosten von Entlassungen sind daher niedrig und von den Gewerkschaften kaum zu beeinflussen. Bei einem Vergleich von Fällen kollektiver Entlassungen in Polen kommt Pańków (1999: 188) daher auch zum Schluss, dass sich kein

Zusammenhang zwischen der Existenz von Gewerkschaften in Unternehmen und den Schwierigkeiten eines Beschäftigungsabbaus für das Management herstellen lässt.

Viel stärkere formale Einflussmöglichkeiten im Bereich Kündigungsschutz haben übrigens die ukrainischen Gewerkschaften. Wir werden hierauf später ausführlicher eingehen, so dass an dieser Stelle eine kurze Anmerkung genügt. In der Ukraine gilt weiterhin ein sozialistisch geprägtes Arbeitsrecht, das den gewerkschaftlichen Vertretungen in den Betrieben weitreichende Rechte einräumt. Entlassungen können nur mit Zustimmung der gewerkschaftlichen Vertretung durchgeführt werden. Im Metallsektor wird gemäß Tarifvertrag bei Entlassungen von bis zu 4 Prozent der Beschäftigten auf Betriebsebene verhandelt, bei größeren Entlassungen auf Branchenebene (UA-6). Dabei nehmen die Gewerkschaften oft eine kooperative Haltung ein, die in der wissenschaftlichen Literatur als zu kooperativ kritisiert wird (Ashwin 2004; Kubicek 2004). Der Vorsitzende der ukrainischen Automobilgewerkschaft argumentiert, dass die Gewerkschaften bestrebt sind, sich ein Bild über die reale Situation des Unternehmens zu machen. Dabei müsse anerkannt werden, dass in vielen Fällen die Unternehmen Kosten reduzieren müssen, um zu überleben. Dann sei es besser, Entlassungen zu akzeptieren, als die Löhne unter das Niveau von »decent wages« zu senken (UA-6).

Aber zurück nach Mittelosteuropa. Deutlich schwächer als in westeuropäischen und skandinavischen Ländern ist die Regulierung von befristeten Arbeitsverträgen. Eine inhaltliche Begrenzung der Nutzung von Befristungen gibt es nicht. Tschechien, die Slowakei und Ungarn begrenzen die maximale Dauer von befristeten Arbeitsverträgen auf zwei, beziehungsweise drei und fünf Jahre, erlauben aber eine unbegrenzte Zahl aufeinanderfolgender befristeter Verträge. In Polen sind nur zwei aufeinanderfolgende befristete Verträge erlaubt, aber ihre Dauer war bis 2009 unbegrenzt. Erst 2009 hat die polnische Regierung die Dauer eines befristeten Vertrages auf höchstens zwei Jahre begrenzt. Die Situation befristet Beschäftigter ist in Polen und Ungarn wegen besonders kurzer Kündigungsfristen äußerst prekär: So gilt in Polen für alle befristeten Verträge eine Kündigungsfrist von zwei Wochen unabhängig von der Dauer des Vertrags. In Ungarn sind befristete Verträge jederzeit sofort kündbar, wenn die Restlaufdauer unter einem Jahr liegt. Insbesondere in Polen haben sich befristete Arbeitsverträge seit Ende der 1990er Jahre mit einem großen Tempo verbreitet und stellen mittlerweile gut ein Viertel aller Beschäftigungsverhältnisse, wie Tabelle 18 zeigt.

Schließlich gilt auch die Regulierung von Leiharbeit in Mittelosteuropa als sehr schwach. In allen Ländern ist zwar das *Equal-Pay*-Prinzip für Leiharbeiter verankert, allerdings gibt es kaum inhaltliche Beschränkungen für den Einsatz von Leiharbeit (vergleiche Eurofound 2006a). Leiharbeiter können zudem von den Agenturen auf der Basis von befristeten Arbeitsverträgen beschäftigt werden, wobei die für normale befristete Verträge geltenden Grenzen der Anzahl oder der Dauer der befristeten Beschäftigung gelockert oder aufgehoben sind. Zudem ist in Polen und Ungarn die Kündigungsfrist für Leiharbeit verkürzt und liegt bei nur einer Woche (Polen) beziehungsweise 15 bis 30 Tagen (Ungarn). Am häufigsten nutzen Industrieunternehmen Leiharbeit (Sobocka-Szczapa 2003).

Tabelle 18: Anteil befristeter Verträge an allen Arbeitsverhältnissen in Europa 2000 und 2008

	2000	2008
Polen	5,8%	27,0%
Slowenien	12,9%	17,4%
Tschechien	8,1%	8,0%
Ungarn	6,9%	7,9%
Bulgarien	6,8%	5,0%
Slowakei	4,0%	4,7%
Lettland	6,8%	3,3%
Litauen	3,7%	2,4%
Estland	2,2%	2,4%
Rumänien	2,9%	1,3%
Spanien	32,3%	29,3%
Portugal	19,9%	22,8%
Schweden	14,7%	16,1%
Deutschland	12,7%	14,7%
Frankreich	15,4%	14,2%
Irland	5,4%	8,5%
Großbritannien	6,8%	5,4%

Quelle: Eurostat, Labor Force Survey.

Nach Angaben von Adecco Polen (2005) ist die Automobilbranche vor der Logistik- und der Telekommunikationsbranche das Haupteinsatzgebiet von Leiharbeitern. Die Unternehmen der Automobilindustrie nutzen die arbeitsrechtlichen Möglichkeiten, um einen im Vergleich zu Westeuropa breiteren Rand von flexiblen Beschäftigungsverhältnissen zu etablieren. Dieser Rand wird zum ersten durch Leiharbeitskräfte und zum zweiten durch Arbeitskräfte mit befristeten Arbeitsverträgen gebildet.

- Volkswagen setzte zum Untersuchungszeitpunkt in Mittelosteuropa einen Puffer von Leiharbeitskräften ein, der mindestens 10 Prozent der Gesamtbeschäftigung betrug und für die Bewältigung von Auftragsspitzen oder für den Anlauf neuer Produkte auf bis zu 25 bis 30 Prozent ansteigen konnte. Das war deutlich mehr als an deutschen VW-Standorten üblich (DE-31).
- General Motors und Lear sind Beispiele von Unternehmen, die den gesamten Prozess der Rekrutierung an Leiharbeitsagenturen outgesourct haben. Mitarbeiter beginnen die Arbeit auf der Basis eines Vertrages mit der Leiharbeitsagentur, bis sie nach einem Jahr von ihem Einsatzunternehmen übernommen werden. In Zeiten größerer Rekrutierungswellen (etwa der Rekrutierung einer neuen Schicht) kann somit in diesen Unternehmen der Anteil der Leiharbeiter kurzfristig auf bis zu 30 Prozent ansteigen (PL-40, PL-47).
- Die von uns untersuchten polnischen Unternehmen nutzen keine Leiharbeit, was sie vor allem damit begründen, dass es bei den Leiharbeitsagenturen nicht genügend qualifizierte Arbeitskräfte gibt. Der auffallende Unterschied zu ausländischen Unternehmen in Polen, die Leiharbeit nutzen, legt nahe, dass die mangelnde Vertrautheit der polnischen Unternehmen mit Leiharbeit ein wichtiger Faktor sein könnte. Die polnischen Unternehmen nutzen befristete Verträge als Flexibilitätspuffer. 10 bis 15 Prozent der Beschäftigten arbeiten oft mit wiederholt verlängerten befristeten Verträgen (PL-10, PL-16). Die Befristungen können zwischen einem bis zu zehn Jahren betragen – in allen Fällen beträgt die gesetzliche Kündigungsfrist nur zwei Wochen.

Die begrenzte Arbeitszeitflexibilität ist eines der Argumente, die von Unternehmen in Mittelosteuropa für die Rechtfertigung der Nutzung von Leiharbeit und Befristungen gebraucht werden (PL-18). Da die interne Flexibilität durch eine vorgeblich rigide Arbeitszeitregulierung begrenzt ist, müssen Formen der externen Flexibilität genutzt werden. Tatsächlich war noch in den 1990er Jahren die Arbeitszeitregulierung in allen mittelosteuropäischen Ländern relativ strikt. Unter dem Druck der ausländischen, insbesondere der deutschen, Unternehmen haben aber die mittelosteuropäischen Länder mittlerweile ihre Regulierung flexibilisiert.

In allen mittelosteuropäischen Ländern liegt die gesetzliche Regelarbeitszeit bei 40 Stunden pro Woche. Es unterscheiden sich aber die Vorschriften darüber, in welchem Zeitraum diese Richtlinie eingehalten werden muss. Wie Tabelle 19 zeigt, ist die Flexibilisierung der Arbeitszeit in Tschechien, der Slowakei und Ungarn am weitesten fortgeschritten. Hier sehen die gesetzlichen Vorschriften vor, dass die Regelarbeitszeit innerhalb von sechs beziehungsweise vier Monaten erreicht werden muss; die Frist kann aber per Tarifvertrag auf bis zu zwölf Monaten ausgedehnt werden. Damit sind Jahresarbeitszeitkonten wie in vielen westeuropäischen Ländern möglich. Auffällig ist die Bemühung der drei genannten Länder, eine höhere Flexibilität als Anreiz für den Abschluss von Kollektivvereinbarungen zu nutzen. In Polen, Rumänien und der Ukraine ist dagegen der Ausgleichszeitraum mit vier beziehungsweise einem Monat deutlich kürzer und kann nicht verlängert werden, was die Möglichkeiten der Unternehmen, Arbeitszeitschwankungen als Instrument der Anpassung an Produktionsschwankungen zu nutzen, erheblich einschränkt und sie in den meisten Fällen zur Bezahlung von Mehrarbeit zwingt. Wegen der hohen Überstundenzuschläge von 50 bis 100 Prozent ist Arbeitszeitflexibilität in den drei Ländern mit hohen Kosten verbunden. Jahresarbeitszeitkonten sind nicht möglich.

Tabelle 19: Arbeitszeitregulierung in Mittelosteuropa (Stand 2009)

	Referenzperiode für Regelarbeitszeit	Zugelassene Überstunden pro Jahr	Gesetzliche Überstunden-zuschläge*
Tschechien	6 (12) Monate	150 (416)	25%
Slowakei	4 (12) Monate	150 (250)	25%
Ungarn	4 (12) Monate	200 (300)	50%
Polen	4 Monate	150 (416)	50%
Rumänien	1 Monat	416	75%
Ukraine	1 Monat	120	100%

Quelle: Eigene Zusammenstellung. In Klammern: Zugelassene Ausdehnung auf der Basis eines Tarifvertrages. * An Werktagen.

Zusammenfassend zeigt sich, dass der arbeitsrechtliche Regulierungsrahmen in Mittelosteuropa externe Flexibilität der Beschäftigung fördert. Allerdings sind seit dem Ende der 1990er Jahre die Arbeitszeitregulierung zumindest in Tschechien, der Slowakei und Ungarn flexibilisiert und die Kosten der Arbeitszeitflexibilität gesenkt worden. Damit eröffnen sich den Unternehmen mehr Spielräume für eine interne Flexibilität der Beschäftigung. Trotz der institutionellen Anreize für eine externe Flexibilität der Beschäftigung ist in der mittelosteuropäischen Automobilindustrie keine *Hire-and-Fire*-Politik üblich. Es hält sich allerdings die Praxis eines im Vergleich zu Westeuropa größeren Randes unsicherer, flexibler Beschäftigungsverhältnisse (Leiharbeit, befristete Arbeitsverträge). Fokussiert man auf das Kriterium der Beschäftigungssicherheit, so dominiert in Mittelosteuropa das Modell einer »eingeschränkten« oder »flexibilisierten« *High-Road*-Strategie.

Im Folgenden untersuchen die Kurzfallstudien Volkswagen und General Motors die Nutzung der Leiharbeit durch Automobilhersteller in Mittelosteuropa.

6.2.1 Volkswagen Poznań

Das Volkswagen-Werk in Poznań hatte 2007 etwa 7.000 Mitarbeiter. Das Management des polnischen Werks betont das Interesse an stabilen Beschäftigungsverhältnissen aufgrund der Kosten der Qualifikation der Mitarbeiter und des enger werden Arbeitsmarktes. Das Ziel der Beschäftigungssicherheit hat aber nicht den gleichen Stellenwert wie bei VW in Deutschland, wo es als ein wichtiges Unternehmensziel vom Management akzeptiert wird. Seitens der Personalleitung wird in Bezug auf die Beschäftigungssicherheit offen formuliert, »ich sehe nicht, daß das deutsche Modell auf das Ausland übertragen werden soll« (PL-21). Obwohl der Kündigungsschutz in Polen vom Management im Vergleich zu Deutschland als deutlich schwächer eingeschätzt wird, werden allerdings Kündigungen vermieden. Leiharbeit ist das zentrale Instrument zur Anpassung der Beschäftigungsmenge. Seit 2002, das heißt seit der Modernisierung des Werks, werden Leiharbeiter beschäftigt. Bis 2005 war der Anteil der Leiharbeiter auf etwa 30 Prozent der Belegschaft (zirka 2.300 Personen) angewachsen. Mittelfristig soll es um ein Niveau von 10 bis 15 Prozent schwanken (DE-31).

Leiharbeit wird als Flexibilitätsinstrument genutzt, als Mittel zur Senkung der Kosten hat es dagegen keine Bedeutung, da das polnische Recht das *Equal-Pay*-Prinzip für Leiharbeiter vorsieht. Allerdings treten durchaus Konflikte über die Entlohnung von Leiharbeitern auf, etwa in Bezug auf die Frage der Zahlung des Urlaubsgeldes. Trotz gleicher Löhne ist die Beschäftigungssituation der Leiharbeiter durch ein hohes Niveau von Prekarität gekennzeichnet. Die Leiharbeiter haben keinen unbefristeten Arbeitsvertrag mit der Zeitarbeitsagentur, sondern befristete Verträge für die Dauer ihres Einsatzes bei Volkswagen. Bis 2005 waren das zweiwöchige Arbeitsverträge, die immer wieder verlängert wurden. Seit Anfang 2005 wurden Halbjahresverträge eingeführt. Die Solidarność beklagt, dass Leiharbeiter faktisch Beschäftigte zweiter Klasse sind, da sie aufgrund ihrer Beschäftigungslage keine Konsumentenkredite für Autos, Wohnungen bis zu normalen Haushaltsgeräten erhalten und unter einer enormen Unsicherheit leiden.

Überraschenderweise unterscheiden sich nach Auskunft des VW-Managements weder die Arbeitsleistung noch die Absentismuszeiten der Leiharbeiter wesentlich von jenen der Stammkräfte. Die Personalleitung führt das auf die Konkurrenz zwischen den Arbeitskräften zurück: die Leiharbeiter wollen in eine feste Anstellung übernommen werden. Die Personalleitung betont aber auch die relativ gute Beschäftigungssituation bei der Leiharbeitsagentur. Als in der ersten Hälfte 2005 einige hundert Leiharbeiter bei VW entlassen werden mussten, konnte jedem betroffenen Mitarbeiter ein neues Arbeitsplatzangebot unterbreitet werden (DE-18).

Mittelfristig will Volkswagen die Leiharbeiter für das Werk in Poznań durch seine eigene Leiharbeitsagentur AutoVision stellen (siehe Kapitel sieben). Die Etablierung von AutoVision stößt allerdings zum Untersuchungszeitpunkt auf den Widerstand der Solidarność im Werk Poznań, die eine prinzipielle Absenkung der Zahl der Leiharbeiter fordert. Eine größere Hürde ist das polnische Leiharbeitsgesetz, das den Einsatz von Leiharbeitern bei dem gleichen Auftraggeber nur für ein Jahr erlaubt. Bisher wurde dieses Problem durch einen mit dem polnischen Arbeitsministerium abgestimmten juristischen Trick gelöst: Die für VW arbeitende Leiharbeitsagentur gründete ein neues Unternehmen, das die für VW arbeitenden Leiharbeiter übernahm und aufs Neue an VW verlieh (PL-6, DE-18).

Als einen wichtigen Grund für die Nutzung der Leiharbeit nennt das VW-Management die begrenzte Arbeitszeitflexibilität. In den deutschen VW-Werken gehört die Arbeitszeitflexibilität zu den wichtigsten Anpassungsinstrumenten. Seit 2005 bietet der deutsche VW-Tarifvertrag einen Spielraum von ±400 Stunden auf Arbeitszeitkonten ohne eine zeitliche Begrenzung ihrer Laufdauer. In Polen beklagt das Management die Rigidität des Arbeitsrechts, welches den Abrechnungszeitraum für Überstunden auf maximal vier Monate und ihre jährliche Höchstzahl auf 150 begrenzt. In der Kritik des Managements bei Volkswagen stehen auch die im internationalen Vergleich relativ hohen Mehrarbeitszuschläge, die das polnische Arbeitsrecht vorsieht: 50 Prozent für Überstunden an Werktagen, 100 Prozent für Überstunden an Wochenenden und Feiertagen. VW betreibt daher politisches *Lobbying*, um die Vorschriften des polnischen Arbeitsrechts zu lockern und Arbeitszeitkonten nach deutschem Muster einführen zu können, allerdings bisher ohne Erfolg (PL-6). Der polnische Standort hat zum Untersuchungszeitpunkt fast eine Ausnahmestellung im mittelosteuropäischen VW-Verbund, denn an seinen slowakischen und ungarischen Standorten konnte VW nach einer Lockerung der Gesetze Jahresarbeitszeitkonten einführen.

Die Forderung nach der Einführung von Arbeitszeitkonten und dem Abbau von Mehrarbeitszuschlägen stößt aber nicht nur auf die Grenzen des polnischen Arbeitsrechts, sondern auch auf den Widerstand der Solidarność in Poznań. Nach Auffassung der Gewerkschaft genügen die existierenden Instrumente der Arbeitszeitflexibilität – Überstunden und Urlaubssteuerung –, um Schwankungen der Auslastung aufzufangen. Die Solidarność betonte außerdem, dass die Beschäftigten die bezahlte Mehrarbeit wegen der niedrigen Löhne brauchen und lehnt daher die Abschaffung der Mehrarbeitszuschläge durch Arbeitszeitkonten ab (PL-19).

6.2.2 General Motors Gliwice

Das Greenfield-Werk von General Motors wurde 1998 eröffnet und seine Beschäftigung expandierte schrittweise auf derzeit 3.000 Mitarbeiter. GM nutzt in Leiharbeit vor allem im Rahmen von Rekrutierungsprozessen. Bei Neueinstellungen werden zuerst Leiharbeiter für ein Jahr beschäftigt, wobei diese Zeit als eine Art Probezeit fungiert. So wurden 2004 bei der Rekrutierung der dritten Schicht für das Werk 1.400 Leiharbeiter eingestellt und ihr Anteil an der Gesamtbeschäftigung schnellte auf 30 Prozent hoch. Ein Jahr später wurden 1.100 Personen fest von GM übernommen, der Anteil der Leiharbeit an der Beschäftigung sank auf 2 Prozent.

Die Rekrutierung der Leiharbeiter wird von der Leiharbeitsagentur Adecco durchgeführt. GM hat mit Adecco europaweit einen Vertrag über Personaldienstleistungen abgeschlossen. Adecco übernimmt nach einem standardisierten Modell die Rekrutierungs- und die Qualifizierungsprozesse für GM. Im GM-Werk in Gliwice hat die Personalabteilung nur 15 Mitarbeiter sowie fünf weitere Personen in der Weiterbildungsabteilung. Die GM-Mitarbeiter sind für die Steuerung und Koordinierung der Rekrutierungs- und der Qualifizierungsaktivitäten von Adecco verantwortlich (PL-47).

Auch bei GM berichtet das Management, dass die Arbeitsleistung und die Abwesenheitszeiten der Leiharbeiter sich nicht von denen der regulär Beschäftigten unterscheiden (PL-47). Zurückgeführt wird dies darauf, dass die Leiharbeiter wissen, dass sie übernommen werden können, wenn sie sich gut bewähren. Zudem sind die Löhne bei General Motors hoch und die Leiharbeiter werden gemäß den gesetzlichen Anforderungen genauso wie die regulär Beschäftigten bezahlt.

Wie im oben beschriebenen Fall Volkswagen ist auch General Motors damit konfrontiert, dass das polnische Arbeitsrecht den Einsatz von Leiharbeitern bei dem gleichen Arbeitgeber nur für ein Jahr erlaubt. Leiharbeiter, die nach einem Jahr nicht übernommen werden, werden daher entlassen und durch neue Leiharbeiter ersetzt. Von der Gewerkschaft wird diese Praxis mit dem Verweis auf die Unsicherheit der Leiharbeiter negativ beurteilt. Allerdings unterstützt das Unternehmen die entlassenen Leiharbeiter bei der Suche nach neuen Arbeitsplätzen, indem es bei seinen Zulieferern und anderen Unternehmen in der Nachbarschaft nach Beschäftigungsmöglichkeiten nachfragt (PL-43).

Die vom polnischen Arbeitsrecht vorgesehene viermonatige Ausgleichszeit für Mehrarbeit wird vom Management als rigide beurteilt, da sie die Einrichtung von Arbeitszeitkonten nach westeuropäischem Muster verhindert, mit der Folge, dass Überstundenzuschläge bezahlt werden müssen. Allerdings hat das Unternehmen mit der Solidarność eine Vereinbarung über die Ausdehnung der jährlich erlaubten Überstunden von 150 (gesetzlicher Standard) auf 300 aushandeln können. Zudem bietet die Urlaubsplanung einen Flexibilitätsspielraum, da die Urlaubszeiten vom Arbeitgeber festgelegt werden können. Die Beschäftigten können nach dem polnischen Arbeitsrecht in der Regel nur vier Urlaubstage frei wählen, die restliche Urlaubszeit wird vom Unternehmen festgelegt. Dabei muss die Gewerkschaft informiert und konsultiert werden, ihre Zustimmung ist aber nicht nötig.

6.3 Qualifizierung

Ausländische Unternehmen fanden nach dem Zusammenbruch des Kommunismus in Mittelosteuropa eine gut qualifizierte Arbeiterschaft vor. Dies ging auf das spezifische System betrieblicher Berufsausbildung zurück, das zu Zeiten des kommunistischen Regimes existierte. Es gab Berufsschulen, die an größere Betriebe angegliedert und auf ihren Bedarf ausgerichtet waren. Angesichts der Wirtschaftskrise im Zuge der »Schocktherapie« Anfang der 1990er Jahre versuchten allerdings die meisten staatlichen Großbetriebe, durch Trennung von den Berufsschulen Kosten abzubauen. Bis Mitte der 1990er Jahre verschwanden fast alle an Betriebe angegliederten Berufsschulen oder wurden von den Betrieben abgekoppelt. Zugleich setzte der Zusammenbruch von staatlichen Industriebetrieben eine große Zahl von qualifizierten Arbeitern »frei«, die von den ausländischen Investoren rekrutiert werden konnten. In einigen der von uns untersuchten Betriebe hatten 70 bis 80 Prozent der Produktionsarbeiter eine abgeschlossene Berufsausbildung (PL-21, PL-38). Seit dem EU-Beitritt der mittelosteuropäischen Länder 2004 sind die Unternehmen allerdings mit Arbeitskräfteknappheit konfrontiert. Die Art und Weise wie die Unternehmen auf diese Entwicklung reagieren, stellt einen wichtigen Anhaltspunkt für die zukünftige Entwicklung der Arbeitsmodelle in der polnischen Automobilindustrie.

Grundsätzlich zeigen die Unternehmen in Mittelosteuropa eine hohe Bereitschaft, in die Qualifikationen der Beschäftigten zu investieren, wenngleich die Qualifizierung in unterschiedlicher Form stattfindet. Unter den deutschen Unternehmen gibt es Projekte einer dualen Berufsausbildung in Kooperation mit lokalen Berufsschulen. Eine solche duale Berufsausbildung praktizieren alle Volkswagen-Werke in Mittelosteuropa (genauso wie Skoda), wobei die Berufsausbildung auf die am stärksten benötigten Berufe wie etwa Mechatroniker begrenzt ist (PL-23). In den polnischen VW-Werken durchlaufen die Auszubildenden eine dreijährige Ausbildung nach einem an Deutschland angelehnten Curriculum, wobei 30 Prozent der Ausbildung aus betrieblicher Praxis, 30 Prozent aus Praxis in Lehrwerkstätten und 40 Prozent aus theoretischer Ausbildung in der Berufsschule bestehen. In Polen haben wir auch beim deutschen Zulieferer Mahle eine duale Berufsausbildung vorgefunden (PL-38). Bluhm (2007: 264f) berichtet, dass Bosch in Tschechien ebenfalls eine Berufsausbildung in Kooperation mit Berufsschulen anbietet.

Einige einheimische Automobilhersteller, wie etwa in Polen das Werk FSO in Warschau oder das Fiat-Werk in Tychy, betreiben weiterhin ihre eigenen Berufsschulen. Einige andere haben die Ausbildungspraxis deutscher Unternehmen aufgegriffen: Der polnische Bushersteller Solaris hat in expliziter Anlehnung an das Beispiel von VW eine Kooperation mit einer Berufsschule beschlossen und bietet seit 2007 eine dreijährige Berufsausbildung für Mechatroniker an (PL-49). Bei Volvo Wrocław wurde zum Zeitpunkt unserer Untersuchung ein ähnliches Projekt diskutiert (PL-37).

Allerdings bleibt der Transfer der deutschen Berufsausbildung auch dort, wo er in Mittelosteuropa unternommen wird, selektiv. Während an deutschen Standorten der Automobilhersteller und vieler Zulieferer häufig auch für direkte Produktionsarbeit Facharbeiter mit einer abgeschlossenen Berufsausbildung rekrutiert werden (vergleiche Jürgens et al. 1993), werden von deutschen Unternehmen in Mittelosteuropa Facharbeiter nur für Fachabteilungen (z.B. Instandhaltung) ausgebildet und rekrutiert. Für Produktionsarbeiter ist der Abschluss einer Berufsausbildung meist kein Rekrutierungskriterium. Die Anzahl der Auszubildenden ist dementsprechend klein. In den polnischen VW-Werken Poznań und Polkowice durchlaufen pro Jahrgang jeweils nur etwa 10 bis 20 Auszubildende die Ausbildung. Im Gegensatz zu Deutschland gibt es auch keine formelle Übernahmegarantie für die Auszubildenden, wenngleich faktisch die meisten übernommen werden.

Zudem bleibt die duale Berufsausbildung auf deutsche und MOE-Unternehmen beschränkt. Amerikanische, japanische und französische Unternehmen setzen auf die Rekrutierung von Arbeitskräften ohne Berufsausbildung, die intern eingearbeitet werden. Eine formale Kooperation mit Berufsschulen und der Erwerb zertifizierter Qualifikationen durch die Beschäftigten finden dabei nicht statt (PL-25, PL-43, PL-61).

Versuche einer sektorweiten Koordinierung von Berufsausbildungsaktivitäten, wie sie von der Deutsch-Tschechischen Außenhandelskammer unternommen wurden (Bluhm 2007), sind bislang gescheitert. Nur in der Slowakei gibt es in der Automobilindustrie eine Koordinierung der Ausbildungsaktivitäten durch den Arbeitgeberverband (intec.net 2005). Die

Berufsausbildungsprojekte in den anderen mittelosteuropäischen Ländern sind daher mit einem *Free-Rider*-Problem konfrontiert: durch die Nichtbeteiligung an den Qualifizierungskosten können Unternehmen einen Wettbewerbsvorteil erreichen. Die Schwäche der Gewerkschaften und Arbeitgeberverbände sowie die daraus folgende Schwäche der Koordinierungsmechanismen in den Ökonomien Mittelosteuropas könnte ein solches *Free-Rider*-Verhalten befördern.

Neben dem *Free-Rider*-Problem im Hinblick auf die Investitionen in Qualifikationen sind die Unternehmen in Mittelosteuropa allerdings noch mit einer weiteren Herausforderung konfrontiert: Der abnehmenden Attraktivität einer Ausbildung in einem technischen oder Fertigungsberuf. Es kommt zu einer Kluft beim Angebot und Nachfrage nach Arbeitskräften. Die Arbeitskräfte in Mittelosteuropa setzen zunehmend auf eine akademische Ausbildung, während die ausländischen Unternehmen Mittelosteuropa vorwiegend als eine Fertigungsbasis nutzen.

Die Veränderung des Qualifikationsprofils der Arbeitskräfte kann am Beispiel Polens illustriert werden (vergleiche Tabelle 20). Aufgrund der Verschlechterung der Qualität einer Ausbildung an Berufsschulen sowie aufgrund der Erfahrung des massiven Beschäftigungsabbaus in der Industrie nach 1990 hat die Attraktivität einer Berufsausbildung stark abgenommen. Schlossen in Polen noch 1997 über 240.000 Schüler eine Ausbildung in technischen und in Fertigungsberufen ab, so waren es 2008 nur noch etwas über 90.000. Es hat eine Reorientierung hin zu allgemeinbildenden Oberschulen stattgefunden, die besser auf das Universitätsstudium vorbereiten. Zu berücksichtigen ist zudem, dass ein Großteil der Abgänger der technischen Oberschulen ein Universitätsstudium anstrebt und nicht mit der Berufsausbildung auf den Arbeitsmarkt tritt.

Die Zahl der Universitätsabsolventen hat in Polen stark zugenommen. Das ist insbesondere in wirtschaftswissenschaftlichen Studiengängen der Fall, es zeigt sich aber auch bei Ingenieurswissenschaften. Die Zahl der Abschlüsse in Ingenieurswissenschaften hat in Polen zwischen 1997 und 2008 von 18.000 auf gut 40.000 zugenommen. Die Entwicklung in Polen lässt sich auch in den anderen mittelosteuropäischen Ländern feststellen.

Zur Illustration des Wandels vergleicht Tabelle 20 Polen mit Deutschland. Auch in Deutschland nehmen die Auszubildendenzahlen in Fertigungsberufen ab, allerdings bei weitem nicht im gleichen Umfang. Während sich die Zahl der Ingenieursabschlüsse in Polen im Zeitraum 1997 bis 2008 mehr als verdoppelt hat, bleibt sie in Deutschland stabil.

Tabelle 20: Studienabschlüsse in Ingenieurswissenschaften und Ausbildungsabschlüsse in Fertigungsberufen in Deutschland und Polen, 1997 und 2008

	Polen		Deutschland	
	1997	2008	1997	2008
Studienabschlüsse in Ingenieurswissenschaften	18.537	40.945	49.028	48.751
Ausbildungsabschlüsse in Fertigungs- und technischen Berufen*	240.964	93.710	221.058	187.165

* Polen: Technische Ausbildungsabschlüsse an Berufsschulen und Technika. Quellen: GUS, Szkoły wyższe i ich finanse, 1998 und 2009. GUS, Oświata i wychowanie, 1998 und 2009. Statistisches Bundesamt, Prüfungen an Hochschulen, Fachserie 11, Reihe 4.2., 2008. Statistisches Bundesamt, Berufliche Bildung, Fachserie 11, Reihe 3, 2008.

Der Wandel des Qualifikationsprofils, mit dem Arbeitskräfte in Mittelosteuropa auf den Arbeitsmarkt treten, ist ein zweischneidiges Schwert für die Unternehmen, denn in vielen Fällen können die Produktionssysteme der Unternehmen die verfügbaren Kompetenzen der Beschäftigten nicht nutzen. Produktionsarbeiter mit einem Universitätsabschluss sind durchaus keine Seltenheit. Der Manager eines Automobilwerks in Polen beschrieb das Problem folgendermaßen:

»Die Mitarbeiter hier sind zu hoch qualifiziert. Sie suchen mit ihren Qualifikationen nach den besten Perspektiven. Immer wieder führen die Arbeitsplätze, die wir anbieten können, zu einer gewissen Unzufriedenheit« (PL-33).

Das hohe Qualifikationsniveau der Beschäftigten resultiert in einer hohen Fluktuation. Nur selten setzen die Unternehmen auf die Anreicherung der Arbeitsinhalte, um die Attraktivität der Arbeit zu erhöhen. Der Fokus der Produktionssysteme in den von uns besuchten Werken in Mittelosteuropa lag auf Standardisierung der Arbeitsinhalte und einer »strukturkonservativen« Form von Gruppenarbeit (vergleiche Schumann 2003), bei der die Selbstorganisierung bei der Arbeit und die Anreicherung der Arbeitsinhalte begrenzt bleiben (Jürgens/Krzywdzinski 2007a).

6.4 Betriebliche Interessenvertretung

Die Entwicklung der betrieblichen Interessenvertretung in Mittelosteuropa wird von drei Faktoren beeinflusst: (a) der kommunistischen Vergangenheit und den politischen Entscheidungen der ersten Transformationsjahre, (b) dem Transfer von Praktiken und Arbeitsmodellen der transnationalen Unternehmen, und schließlich (c) dem Transfer von Institutionen aus Westeuropa, der insbesondere durch den EU-Beitritt der Länder Mittelosteuropas an Bedeutung gewonnen hat.

Wenn wir einen Rückblick auf die Traditionen der betrieblichen Interessenvertretung werfen, so zeigen sich unterschiedliche nationale Entwicklungspfade. In Jugoslawien gab es lange Traditionen der Arbeiterselbstverwaltung, die in Slowenien nach der Unabhängigkeit in eine an das deutsche Betriebsratsmodell angelehnte Mitbestimmung überführt wurde (Kohl/Platzer 2003:121ff). In Ungarn gab es bereits zu kommunistischer Zeit eine ökonomische Dezentralisierung, die zu einer Ausweitung der Kompetenzen der Gewerkschaften in Betrieben geführt hatte, ohne dass es zur Etablierung einer Arbeiterselbstverwaltung gekommen war. Als sich aber nach der Wende von 1988/89 eine starke Konkurrenz zwischen mehreren Gewerkschaftsverbänden entwickelte, versuchte die Regierung 1992, in Anlehnung an das deutsche Modell durch die Einführung von Betriebsräten eine einheitliche Interessenvertretung im Betrieb zu schaffen (Tóth 1997). In Tschechien und der Slowakei waren nach der Niederschlagung des Aufstands von 1968 die Forderungen nach Arbeiterselbstverwaltung unterdrückt worden. Nach dem Zusammenbruch des kommunistischen Regimes zeigten weder die liberal dominierten Regierungen noch die Gewerkschaften Interesse an der Institution des Betriebsrats. In Polen waren 1981 Belegschaftsräte als Konzession des kommunistischen Regimes auf die Selbstverwaltungsforderungen der Solidarność-Bewegung geschaffen worden, die weitgehende Kompetenzen bei der Kontrolle und Führung der Unternehmen hatten (Gilejko 1998; Havlovic/Moore 1997). Ihre Verbindung mit der kommunistischen Herrschaftspartei führte allerdings in den Augen vieler Solidarność-Aktivisten zu ihrer Delegitimation. Sie wurden als Konkurrenz zu freien Gewerkschaften wahrgenommen (PL-27) und als nach der Wende von 1989 die Regierung ihre Abschaffung entschied, bestand auf Seiten der Solidarność kein großes Interesse an ihrer Verteidigung (Weinstein 2000).

Ende der 1990er Jahre sprach also vieles für die Entwicklung zweier unterschiedlicher Modelle: Eines an das deutsche Muster angelehnten »dualen« Modells von Betriebsräten und Gewerkschaften in Slowenien und Ungarn, und eines allein auf gewerkschaftlichen Vertretungen in Betrieben basierenden Modells in Polen, Tschechien und der Slowakei. Die EU-Direktive über die Information und Konsultation der Beschäftigten veränderte jedoch die Situation. Im Rahmen der EU-Beitrittsverhandlungen wurde diskutiert, ob die Situation in Polen, Tschechien und der Slowakei den EU-Anforderungen entspreche (Kohl/Platzer 2003; Vaughan-Whitehead 2003; Mailand/Due 2004), da die Informations- und Konsultationsrechte nur von Gewerkschaften wahrgenommen werden können, die in vielen Unternehmen nicht vorhanden sind. Tatsächlich hatten im Laufe der 1990er Jahre die hohe Arbeitslosigkeit, die Liquidierung von ehemals staatlichen Großbetrieben und der Niedergang der Schwerindustrie zu einem rapiden Fall des gewerkschaftlichen Organisierungsgrades in allen mittelosteuropäischen Ländern geführt (Deppe/Tatur 2002; Crowley/Ost 2001; Gardawski et al. 1999; Krzywdzinski 2008). Zudem gelang es den Gewerkschaften nur schlecht, in den neu entstehenden privaten Betrieben und Tochtergesellschaften ausländischer Unternehmen Fuß zu fassen.

Die Regierungen Tschechiens, der Slowakei und Polens schlugen als Antwort auf die Debatte die Einführung von Betriebsräten vor. Obgleich sowohl Gewerkschaften als auch Wirtschaftsverbände mit Skepsis reagierten, kam es 2001 in Tschechien, 2002 in der Slowakei und 2005 in Polen zur Einführung von Betriebsräten. Die negative Haltung der Gewerkschaften resultierte aus der Furcht, dass Betriebsräte eine Konkurrenz zu gewerkschaftlichen Organisationen bilden könnten. Man verwies auf die Erfahrungen in Ungarn, wo Betriebsräte und Gewerkschaften mit gleichen Kompetenzen koexistieren und wo die Betriebsräte in manchen Fällen von den Unternehmen gegen die Gewerkschaften ausgespielt werden (Kohl/Platzer 2004: 115f.). Schließlich wurde ein Kompromiss gefunden: In Tschechien und der Slowakei sollen Betriebsräte nur dort gebildet werden, wo es keine Gewerkschaften gibt. Bildet sich eine Gewerkschaft, muss der Betriebsrat aufgelöst werden. Die Betriebsräte haben die gleichen Informations- und Konsultationsrechte wie die Gewerkschaften, sie haben aber keine Befugnis zum Abschluss von Tarifverträgen. In Polen einigten sich Gewerkschaften, Arbeitgeber und der Staat, dass Gewerkschaften das ausschließliche Recht zur Benennung der Kandidaten für die Betriebsratswahl bekommen würden. Allerdings klagte der Polnische Arbeitgeberverband

KPP (*Konfederacja Pracodawców Polskich*) nachträglich gegen diese im Betriebsratsgesetz von 2005 festgeschriebene Regelung und bekam 2008 vom polnischen Verfassungsgericht Recht. Nun können auch nicht-gewerkschaftliche Kandidaten zu den Betriebsratswahlen antreten, was in den Augen der polnischen Gewerkschaften die Möglichkeit eröffnet, dass Betriebsräte als Konkurrenz zu Gewerkschaften auftreten.

Wie entwickeln sich das Verhältnis zwischen Betriebsräten und Gewerkschaften und die Effektivität der Betriebsratsarbeit in Mittelosteuropa? Als erfolgreich gilt das Betriebsratsmodell in Slowenien. Stajonevic (2003) berichtet auf der Basis einer Umfrage von Arbeitnehmervertretern in 200 Unternehmen in Slowenien, dass in 77 Prozent der Unternehmen Betriebsräte existieren. Im Normalfall werden die Beziehungen zwischen Betriebsräten und Gewerkschaften als sehr kooperativ bezeichnet; das Ausspielen von Betriebsräten gegen Gewerkschaften durch die Unternehmen kommt nur selten vor.

Ein gemischtes Bild berichtet Benyó (2003) für Ungarn. Nach einer Umfrage in 2.600 Unternehmen gibt es in 49 Prozent der Unternehmen Betriebsräte. Entgegen der Befürchtung von Kohl und Platzer (2003: 112ff), dass es einen Konkurrenzkampf zwischen Betriebsräten und Gewerkschaften geben könnte, werden die Betriebsräte zumeist von Gewerkschaften dominiert. 70 Prozent der Betriebsräte setzen sich ausschließlich oder mehrheitlich aus Gewerkschaftern zusammen, in 21 Prozent der Betriebsräte sind Gewerkschafter in der Minderheit. 9 Prozent der Betriebsräte existieren in Betrieben ohne Gewerkschaftsvertretung. Tóth und Ghellab (2003: 38f) beschreiben die Entwicklung in Ungarn folgendermaßen:

»There was a widespread belief in the early 1990s that the trade unions had ›taken over‹ works councils, as mostly trade union candidates were elected to the latter. It was widely held that unions had come to dominate works councils and so entrenched themselves in the new structure of representation. […] Consequently, in many workplaces the works council exists only formally, and the trade union is the employer's real partner« (Tóth/Ghellab 2003: 38f).

Nur in wenigen Fällen sind Betriebsräte allerdings in nicht gewerkschaftlich organisierten Betrieben entstanden (Tóth/Ghallab 2003: 38). Zudem werden die Informationsrechte der Betriebsräte von vielen Unternehmen missachtet.

In Polen wurde 2006 mit der Einführung von Betriebsräten begonnen. Die ersten Erfahrungen mit Betriebsräten in Polen sind ernüchternd. Nach

Daten des Arbeitsministeriums waren seit dem Inkrafttreten des Gesetzes Anfang 2006 bis November 2009 (also innerhalb von drei Jahren) Betriebsräte in 2.976 Betrieben entstanden, also in etwa 16,5 Prozent der vom Gesetz betroffenen Betriebe. 71 Prozent der Betriebsräte waren von Gewerkschaften berufen worden und nur 29 Prozent waren in nicht gewerkschaftlich organisierten Betrieben entstanden. Die vom Gesetz beabsichtigte Etablierung der Arbeitnehmervertretung in nicht gewerkschaftlich organisierten Betrieben hat bisher nicht funktioniert. Wie eine Umfrage des Consultingunternehmens Syndex (2007) zeigt, ist zudem die Funktionsfähigkeit der Betriebsräte ist eingeschränkt. Das erste Problem ist die fehlende Konkretisierung der Informations- und Konsultationsrechte, was dazu führt, dass Firmen die Vorgabe des Gesetzes über Konsultation mit den Betriebsräten weitgehend ignorieren. Das zweite Problem ist die Finanzierung der Betriebsräte. Nach dem Gesetz sind die Gewerkschaften für Kosten des Betriebsrates verantwortlich, wenn es Gewerkschaften im Betrieb gibt. Zugleich wurde der Mangel an Expertise als ein entscheidendes Hindernis für effektive Betriebsratsarbeit bezeichnet. Nur 11 Prozent der von Syndex (2007) befragten Betriebsräte waren in der Lage, eine externe Expertise zu finanzieren.

Für Tschechien und die Slowakei kann schließlich festgestellt werden, dass Wettbewerb und Konflikte zwischen Gewerkschaften und Betriebsräten dadurch ausgeschlossen sind, dass Betriebsräte nur in gewerkschaftlich nicht organisierten Betrieben existieren können. Über die Verbreitung von Betriebsräten sind bisher keine Studien verfügbar, was nicht zuletzt am geringen Interesse der Gewerkschaften an dieser Institution liegt (Tóth/Ghellab 2003).

Zusammenfassend lässt sich festhalten, dass die Erwartungen, dass die Betriebsräte als eine Art »gelber Gewerkschaften« gegen die Gewerkschaften in Mittelosteuropa ausgespielt werden würden, nur in wenigen Fällen eingetroffen sind. In den meisten Fällen gelingt es den Gewerkschaften, die Betriebsräte zu kontrollieren. Aber auch die mit der Einführung von Betriebsräten verbundenen Ziele der Stärkung betrieblicher Interessenvertretung sind bisher kaum erreicht worden: Mit der Ausnahme Sloweniens ist die Qualität der Information und Konsultation durch die Unternehmen schlecht; die Einführung von Betriebsräten hat die Handlungsmöglichkeiten der gewerkschaftlichen Vertretungen in den Betrieben kaum verbessert. Zudem sind Betriebsräte nur in einem begrenzten Umfang in nicht gewerkschaftlich organisierten Bereichen entstanden; die von der EU gewünschte Information und Konsultation der Arbeitnehmer findet in nicht gewerkschaftlich organisierten Bereichen weiterhin kaum statt.

Damit bleiben die Gewerkschaften das wichtigste Organ der betrieblichen Interessenvertretung in Mittelosteuropa. Betrachten wir nun die Funktionsweise der gewerkschaftlichen Interessenvertretung in der mittelosteuropäischen Automobilindustrie.

Während Studien aus den 1990er Jahren eine Schwächung der Gewerkschaften in Mittelosteuropa diagnostizieren, ist seit Mitte der 2000er Jahre eine Veränderung festzustellen. Der gewerkschaftliche Organisierungsgrad liegt nach unseren Erhebungen zwischen 30 Prozent und 60 Prozent bei Endherstellern und bei etwa 20 Prozent bei Zulieferern (PL-4, PL-5, PL-6). Das ist weniger als in den gut organisierten deutschen oder schwedischen Automobilwerken, ist aber vergleichbar mit dem Organisierungsgrad in Ländern wie Spanien, Italien oder Großbritannien. Seit Mitte der 2000er Jahre zeichnet sich zudem ein Ende des Trends sinkender Mitgliedszahlen, der in den 1990er Jahren dominierte, ab. Die polnische Solidarność berichtet seit 2005 über eine Reihe von Gewerkschaftsgründungen in Greenfield-Werken. Beispiele sind die amerikanischen Zulieferer Wabco und Johnson Controls, der italienische Zulieferer ASK, der französische Zulieferer Faurecia, der deutsche Zulieferer Keiper, die japanischen Zulieferer Sanden, Sumitomo und NSK Nakanishi sowie die Motorenwerke von Toyota (Krzywdzinski 2009).

Es gibt verschiedene Modelle der industriellen Beziehungen in ausländischen Unternehmen in Mittelosteuropa.

- Als Beispiele einer sozialpartnerschaftlichen Beziehung zwischen Management und Gewerkschaften können die Werke von Volkswagen sowie von Volvo genannt werden. Von unseren Interviewpartnern wird die Kooperation zwischen Management und Interessenvertretung als ein zentrales Element des »VW-Modells« beziehungsweise des »Volvo-Modells« gesehen (PL-6, PL-7, PL-33). Im Fall von General Motors und Fiat in Polen gab es Versuche des Managements, die Gründung beziehungsweise die Arbeit der Gewerkschaften zu erschweren, die jedoch nach Widerstand der Beschäftigten und Gewerkschaften aufgegeben wurden (PL-44; Meardi/Toth 2006). Schließlich entwickelten sich auch in diesen Werken eher kooperative Beziehungen zwischen Management und Gewerkschaft.
- Antigewerkschaftliche Aktivitäten werden von Suzuki Ungarn berichtet. Im Jahr 2006 wurde eine Gewerkschaft bei Suzuki gegründet, aber

das Unternehmen entließ den Gewerkschaftsvorsitzenden. Der Konflikt um die Anerkennung der Gewerkschaft wurde in der Öffentlichkeit breit diskutiert. Als Reaktion auf die Entlassung lehnte es der damalige ungarische Ministerpräsident ab, an der Zeremonie zum Start eines neuen Fahrzeugsmodells im Werk teilzunehmen. Im Falle Toyotas wird aus den polnischen Motorenwerken eine ablehnende Haltung gegenüber den Gewerkschaften berichtet. Die gewerkschaftliche Vertretung ist zwar vom Unternehmen anerkannt worden, aber Gewerkschafter berichten von anhaltendem Druck des Unternehmens auf die Beschäftigten, nicht in die Gewerkschaft einzutreten. Im tschechischen Werk von Toyota und PSA hat sich dagegen die Gewerkschaft fest etabliert und berichtet von einer kooperativen Haltung des Managements (PL-61, CZ-3).

– Insbesondere von Zulieferern in Mittelosteuropa wurden zum Untersuchungszeitpunkt häufig antigewerkschaftliche Aktivitäten berichtet. So gab es bei Lear in Polen Druck seitens des Managements auf die Beschäftigten, aus der Gewerkschaft auszutreten (PL-40). Auch im Fall des französischen Zulieferer Faurecia wird ein antigewerkschaftliches Verhalten des Managements berichtet. In den Jahren 2006/07 entstanden Gewerkschaften in drei polnischen Werken von Faurecia, aber nur eine Gewerkschaftsorganisation konnte sich halten (PL-66; vergleiche folgende Kurzfallstudie). In den anderen Werken wurden Gewerkschafter entlassen und die Belegschaften durch Drohungen von einer gewerkschaftlichen Aktivität abgehalten.

In lokalen polnischen Unternehmen reicht die Vielfalt von industriellen Beziehungen von der Anerkennung einer gewerkschaftlichen Vertretung und sozialpartnerschaftlich geprägten industriellen Beziehungen, wie wir sie im Falle des polnischen Zulieferers Polmo vorgefunden haben (PL-14), über eine antigewerkschaftliche Haltung des Managements und von konfliktgeprägten Beziehungen zwischen Management und Gewerkschaft im Falle des traditionellen polnischen Busherstellers Autosan (PL-28, PL-29), bis hin zu dem paternalistischen Modell bei den Unternehmen Solaris und Plasmet. Das paternalistische Modell ist durch eine ablehnende Haltung gegenüber der Gewerkschaft bei gleichzeitiger Berücksichtigung von Belegschaftsanliegen und Sicherung von Arbeitsplätzen gekennzeichnet. In den zwei von uns untersuchten Unternehmen, die diesem Modell entsprechen, lehnt das Management die Gründung einer Gewerkschaft ab, hat aber die Institution eines gewählten Vertrauensmanns der Belegschaft geschaffen (PL-13, PL-49). Für eine größere Verbreitung dieses vorgewerkschaftlichen Modells, in dem die Interessenvertretung der Beschäftigten unter Kontrolle des Managements bleibt, sprechen die Ergebnisse der Studie von Gardawski (2001) über die Manager und Eigentümer von kleinen und mittleren Unternehmen in Polen. Nur etwa 10 Prozent der von Gardawski befragten Manager und Unternehmenseigentümer stimmten zu, dass es eine gewerkschaftliche Vertretung in privaten Unternehmen geben sollte. Aber 58 Prozent der Befragten unterstützten die Institution eines Vertrauensmanns zur Kommunikation der Belange der Belegschaft an das Management (Gardawski 2001a).

Es gibt einen deutlichen Unterschied zwischen der betrieblichen Interessenvertretung in mittelosteuropäischen Ländern und in der Ukraine. In Mittelosteuropa sind zwar die formalen Rechte der betrieblichen Interessenvertretungen auf Information und Konsultation begrenzt und Mitbestimmungsrechte aus kommunistischen Zeiten abgeschafft worden. In einem langwierigen Prozess haben aber die Gewerkschaften ihre Funktion als »Transmissionsriemen« der staatlichen Politik abgestreift und sich die Identität einer Interessenvertretung der Beschäftigten angeeignet, auch wenn der Erfolg dieses Rollenwechsels unterschiedlich beurteilt wird (Crowley/Ost 2001; Gardawski 2001b). In der Ukraine ist das kommunistische Arbeitsrecht bisher nur in kleineren Teilen verändert worden und beinhaltet weiterhin starke Mitbestimmungsrechte der gewerkschaftlichen Organisationen (UA-6, UA-4). Diese Rechte sind aber in vielen Branchen und Betrieben mit einer erstaunlichen Passivität der Gewerkschaften verbunden (UA-3). In der Federation of Trade Unions of Ukraine (FPU), der Nachfolgerorganisation der kommunistischen Gewerkschaft und dem mit Abstand größten Gewerkschaftsverband, dominiert die Identifikation mit dem Regierungshandeln auf politischer Ebene und dem Managementhandeln auf der Unternehmensebene. Dieses Verhalten der Gewerkschaft wird von unabhängigen Gewerkschaftern in der Ukraine kritisiert, da sie auch zur Tolerierung von Verstößen gegen das Arbeitsrecht und in manchen Fällen zur Mitwirkung an der Unterdrückung unabhängiger Gewerkschaftsgründungen führt (Mandel 2004; Kubicek 2004). Diese Kritik hat dazu geführt, dass die FPU ihre Identität und Politik wandelt und die Interessen der Beschäftigten gegenüber den Interessen der Unternehmen stärker betont (Mandel 2004; UA-6). Zugleich wird in der Ukraine eine Reform des Arbeitsrechts diskutiert, die die Rechte der Gewerkschaften schwächen soll.

Im Folgenden untersuchen zwei Kurzfallstudien die Schwierigkeiten und Erfolgsbedingungen der Gründung von Gewerkschaften in Unternehmen der Automobilindustrie in Mittelosteuropa.

6.4.1 Toyota

Toyota besitzt in Mittelosteuropa zwei Motoren- und Getriebewerke sowie ein zusammen mit PSA betriebenes Automobilwerk (TPCA). Die Motoren- und Getriebewerke sind 2002 im polnischen Wałbrzych und 2004 im polnischen Wrocław eröffnet worden. Ein drittes Motorenwerk wird seit 2007 ebenfalls in Wałbrzych errichtet. Das von Toyota und PSA im tschechischen Kolin betriebene Automobilwerk nahm 2004 den Betrieb auf.[27]

Im tschechischen TPCA-Werk wurde im Jahr 2004 eine Organisation der Metallgewerkschaft OS Kovo als Antwort auf Verstöße gegen Arbeitsschutzvorschriften (etwa Pausenzeiten), eine hohe Arbeitsintensität und sehr niedrige Löhne gegründet. Im Jahr 2004 bot Toyota einen Bruttoeinstiegslohn von umgerechnet 391 Euro an, was deutlich unter dem regionalen Lohnniveau lag. Viele Arbeitskräfte waren vom Namen Toyota angezogen worden, wurden aber von den Löhnen enttäuscht. Die Unzufriedenheit machte sich dabei in Fluktuationsquoten von 20 bis 30 Prozent und in einer Abwesenheitsquote von etwa 10 Prozent bemerkbar (PL-61, Kumon 2007). So sah sich Toyota zu schnellen Lohnerhöhungen genötigt. Im Jahr 2007 erreichte der Einstiegslohn bereits 650 Euro, der Durchschnittslohn im Werk lag bei 830 Euro. Damit zahlte Toyota zwar immer noch weniger als der »Lohnführer« Skoda, es befand sich aber im Feld der besser zahlenden Unternehmen der Metallbranche.

TPCA versuchte anfänglich, die Gründung der Gewerkschaft zu erschweren (CZ-3). Kurz nach der Eröffnung des Werks war auf Initiative des Managements ein Betriebsrat gegründet worden. Als die Gewerkschaftsorganisation entstand, wurden zwei der Gewerkschaftsgründer entlassen. Die Gewerkschaft klagte und der TPCA-Vorstand entließ daraufhin zwei tschechische Manager der Personalabteilung, die für die antigewerkschaftliche Strategie verantwortlich waren. Nach der Anerkennung der Gewerkschaft wurde der Betriebsrat gemäß dem tschechischen Recht aufgelöst.

27 Für Informationen über das Arbeitsmodell in den britischen und französischen Werken von Toyota vergleiche Pardi 2005 und 2007.

Nach der konfliktreichen Anfangsphase entwickelte sich aus Sicht der Gewerkschaftsvertreter ein kooperatives Verhältnis zwischen Management und Gewerkschaft. Im Jahr 2007 hatte die Gewerkschaft 550 Mitglieder, was einen Organisierungsgrad von etwa 18 Prozent bedeutete. Wie die Belegschaft des Werks sind auch die Gewerkschaftsmitglieder und der Vorstand erst etwa Ende zwanzig Jahre alt. Organisiert sind fast ausschließlich Produktionsarbeiter.

Im Jahr 2006 gelang es der Gewerkschaft, mit TPCA einen Tarifvertrag abzuschließen. Nicht zuletzt aufgrund der Rekrutierungsprobleme des Betriebs konnten dabei einige über die gesetzlichen Mindeststandards hinausgehende Regelungen getroffen werden. So wurde die Arbeitszeit von den gesetzlich vorgeschriebenen 40 Wochenstunden auf 38 Stunden verkürzt und der Urlaubsanspruch von vier auf fünf Wochen jährlich ausgedehnt. Im Gegenzug akzeptierte die Gewerkschaft eine Flexibilisierung der Arbeitszeit. Der Ausgleichszeitraum für Mehrarbeit wurde von sechs Monaten (gesetzlicher Mindeststandard) auf zwölf Monate ausgedehnt.

Weniger fortgeschritten war bis 2007 die Entwicklung der betrieblichen Interessenvertretung in den polnischen Motorenwerken von Toyota. In dem 2004 eröffneten Motorenwerk in Jelcz-Laskowice bei Wrocław entstand 2006 eine Organisation der Solidarność. Die Ursachen waren ähnlich wie im tschechischen Werk: Schlechte Arbeitsbedingungen und niedrige Löhne. Toyota bot in Jelcz-Laskowice einen Bruttoeinstiegslohn von etwa 450 Euro (Stand 2007), nach ein bis zwei Jahren konnten die Beschäftigten einen Lohn von etwa 540 Euro erreichen. In dem boomenden Industrie- und Dienstleistungszentrum Wrocław war das wenig.

»Es gab den Trend, dass Toyota in den siebenten Himmel gehoben wurde. Jeder wollte bei Toyota arbeiten. Dann aber hörte das auf, denn man merkte, dass es anders ist, als es zu Anfang hieß« (PL-61).

Bei den Arbeitsbedingungen waren in erster Linie eine hohe Arbeitsintensität und überlange Arbeitszeiten ein Problem. Das Arbeitstempo war aufgrund von geringer Personalausstattung sehr hoch und beschwerlich. Zudem wurden immer wieder Überstunden anberaumt, was zur Belastung der familiären Situation der Beschäftigten führte. Als eine Reihe von Arbeitern schließlich Überstunden verweigerte, wurden 22 Personen entlassen. Nach Einschätzung der Gewerkschaft war die Entlassung rechtswidrig, denn das polnische Arbeitsrecht sieht Überstunden für Ausnahmesituationen und nicht als einen geplanten Teil der Arbeitszeit vor. Nach der

Einreichung von Klagen vor Gericht und einer Intervention der Gewerkschaft wurde ein Teil der Entlassenen wieder eingestellt.

Die Gewerkschaft sah sich nach ihrer Gründung mit dem Widerstand des Unternehmens konfrontiert. Unter den Beschäftigten herrschte Angst, im Fall eines Gewerkschaftseintritts entlassen zu werden. Aus diesem Grund zog die Gewerkschaft (Stand 2008) keine Beiträge ein, denn das polnische Arbeitsrecht sieht die automatische Überweisung der Beiträge an die Gewerkschaft durch den Arbeitgeber vor, was zur Voraussetzung hat, dass die Gewerkschaft die Liste ihrer Mitglieder bekannt macht. Das Unternehmen erschwerte die Arbeit der Gewerkschaft, indem kein Büro zur Verfügung gestellt wurde. Nach der Gründung der Gewerkschaft initiierte das Unternehmen die Wahl eines Betriebsrats, was von unseren Gesprächspartnern als der Versuch des Aufbaus einer Konkurrenz zur Gewerkschaft aufgefasst wird. Allerdings gelang es der Solidarność, die Mehrheit der gewählten Betriebsratsmitglieder zu einem Gewerkschaftseintritt zu überzeugen. Aus gewerkschaftlicher Sicht stellt damit die Existenz des Betriebsrats kein Problem mehr da:

»Der Betriebsrat hat keine Rechte, über Löhne und über andere Angelegenheiten zu verhandeln, und ist also keine Konkurrenz zur Gewerkschaft, wie das am Anfang befürchtet wurde« (PL-61).

Trotz des Widerstands des Unternehmens konnte die Solidarność im Werk Jelcz-Laskowice in der kurzen Zeit seit ihrer Gründung 2006 einige Erfolge verbuchen. Sie zählte im Jahr 2007 etwa 200 Mitglieder, was einen Organisierungsgrad von etwa 20 Prozent bedeutet. Organisiert waren fast ausschließlich Produktionsarbeiter, bei denen es sich um junge Menschen im Alter von 30 bis 35 Jahren handelt, die bisher über keine Gewerkschaftserfahrungen verfügten. Im Frühjahr 2007 hat das Unternehmen eine Lohnerhöhung von etwa 20 Euro zugestanden, nachdem sich 80 Prozent der Beschäftigten in einer Abstimmung für einen Tarifkonflikt ausgesprochen haben. Nach dem Zugeständnis des Unternehmens verzichtete die Gewerkschaft auf einen Streik, obwohl die Erhöhung geringer als erwartet ausfiel. Der von uns befragte Gewerkschaftsvertreter bewertete die hohe Konfliktbereitschaft der Beschäftigten als ein gutes Zeichen, der vielleicht auch beim Management schließlich das Interesse an partnerschaftlichen Beziehungen zur Gewerkschaft wecken würde (PL-61).

6.4.2 Faurecia

Faurecia ist der größte französische Zulieferer und zählt zu den fünfzehn größten Zulieferern weltweit. Im Jahr 2006 hatte das Unternehmen knapp 12 Milliarden Euro Umsatz und 66.000 Beschäftigte. Im Jahr 2006 hatte das Unternehmen hier insgesamt neun Greenfield-Werke an fünf Standorten in Polen: Die Produktion von Instrumentenpanels in Gorzów Wielkopolski, die Werke für Sitze und Sitzkomponenten in Grójec, mehrere Werke für Sitze und Sitzkomponenten in Wałbrzych, die Produktion von textilen Sitzkomponenten in Jelcz-Laskowice sowie die Produktion von Dachhimmeln und Bodenbelägen in Legnica (PL-24; Faurecia 2003). Insgesamt beschäftigte Faurecia in Polen im Jahr 2006 etwa 3.500 Mitarbeiter.

Im Jahr 2006 kam es zu Gründungen von Organisationen der Solidarność an drei Standorten von Faurecia, in Legnica, Gorzów Wielkopolski und Wałbrzych. Die Gründe waren unterschiedlich, je nach Standort standen Lohnforderungen, Unzufriedenheit mit der Arbeitszeit und eine unfaire Behandlung der Beschäftigten im Vordergrund. An zwei Standorten reagierte das Management mit der Entlassung der Gewerkschafter. Trotz der Klagen der Gewerkschaft vor Arbeitsgerichten konnten damit die Belegschaften eingeschüchtert und die Gründung der Gewerkschaften verhindert werden. Die Entlassungen führten zu einem öffentlichen Konflikt und die Fronten verhärteten sich (PL-64). Die polnische Zentrale von Faurecia nahm im Laufe des Konflikts eine prinzipiell ablehnende Haltung gegenüber Gewerkschaften ein und übte Druck auf die Standorte aus, es nicht zu Gewerkschaftsgründungen kommen zu lassen.

Am Standort Legnica gelang es, eine Gewerkschaft zu gründen (PL-66). Die Gewerkschaft erhielt zwar ein vom Arbeitgeber gestelltes Büro, die Qualität der Information und Konsultation durch den Arbeitgeber wird aber von den Gewerkschaftern als eher schlecht beurteilt. Das Unternehmen verschleppe die Informationspflichten und versuche, die Konsultation der Gewerkschaft so gering wie möglich zu halten (PL-66).

Die Gründung der Gewerkschaft in Legnica geschah in Form einer geheimen Aktion, da die Beschäftigten Angst vor Entlassungen hatten. Erst als ein Organisierungsgrad von 20 Prozent der Belegschaft erreicht war, wurde die Gewerkschaftsgründung offiziell registriert. Trotz der Anerkennung der Gewerkschaft wurde auf neu eingestellte Beschäftigte weiterhin Druck ausgeübt, nicht in die Gewerkschaft einzutreten. Der Organisierungsgrad schwankt wegen der hohen Fluktuation zwischen 10

Prozent und 20 Prozent der Belegschaft. Die wichtigsten Probleme im Hinblick auf stärkere Organisierung sind die Fluktuation der Beschäftigten sowie die sehr hohe Zahl befristeter Arbeitsverträge. Etwa zwei Drittel der Belegschaft haben befristete Verträge, was bedeutet, dass sie mit zwei Wochen Kündigungsfrist ohne Nennung von Gründen entlassen werden können.

6.5 Schlussfolgerungen

Wie lässt sich die Entwicklung der Arbeitsmodelle in der mittelosteuropäischen Automobilindustrie im Hinblick auf die Chancen für eine *High-Road*-Entwicklung interpretieren?

Ein erstes Merkmal der Entwicklung in Mittelosteuropa ist der selektive Transfer von Arbeitsmodellen durch ausländische Unternehmen. Am stärksten ist die Bereitschaft zum Transfer im Hinblick auf die Qualifizierung von Fachkräften ausgeprägt – im Fall der deutschen Unternehmen geht das bis hin zum Transfer der deutschen Berufsausbildung. Selektiv bleibt dieser Transfer, weil er sich nur auf die Qualifizierung von Beschäftigten in Fachabteilungen wie der Instandhaltung bezieht, während normale Produktionsarbeiter nur angelernt werden. Eine relativ hohe Varianz zeigt sich im Hinblick auf die Ausgestaltung der betrieblichen Interessenvertretung. Eine allgemeine Tendenz zum Transfer kooperativer industrieller Beziehungen nach dem Muster der westeuropäischen Herkunftsländer der Unternehmen lässt sich hier nicht feststellen. Hier muss aber zwischen Endherstellern und Zulieferern unterschieden werden. Die Automobilhersteller setzen auf kooperative Beziehungen zur gewerkschaftlichen Interessenvertretung, aber in vielen Greenfield-Werken der Zulieferer gibt es keine Interessenvertretung und es werden häufig antigewerkschaftliche Haltungen des Managements berichtet.

Ein weiteres Merkmal der Entwicklung in Mittelosteuropa ist die starke Segmentierung der Arbeitsmodelle. Die Segmentierung gibt es zum Ersten zwischen Unternehmen auf verschiedenen Stufen der Wertschöpfungskette in der Automobilindustrie. Es gibt trotz großer räumlicher Nähe ein bemerkenswertes Ausmaß der Ungleichheit zwischen den an der *High Road* orientierten Arbeitsmodellen der Automobilhersteller und den der *Low Road* zugehörigen Arbeitsmodellen von Zulieferern etwa im Bereich der

Kabelbaummontage oder der Herstellung von Textilien für die Automobilproduktion. Diese Ungleichheit wird ermöglicht durch die staatliche Förderung eines Niedriglohnbereichs und durch eine rein betriebliche Tarifpolitik ohne Koordinierung zwischen Betrieben und Branchen. Zum Zweiten gibt es eine Segmentierung der Arbeitsmodelle innerhalb der Betriebe selbst. Sie betrifft nicht die Löhne, sondern die Beschäftigungssicherheit. Die Zusage der Beschäftigungssicherheit gilt nur für einen Kern von Stammarbeitern, während die Schwankungen der Marktentwicklung von Beschäftigten und Leiharbeitern aufgefangen werden. Die Grundlage dieser Segmentierung sind sehr permissive Regelungen der Leiharbeit und der befristeten Verträge. Erst langsam werden von staatlicher Seite die regulativen Rahmenbedingungen für eine Stärkung der internen Flexibilität geschaffen (z.B. im Bereich der Arbeitszeitflexibilität).

Schließlich war zum Untersuchungszeitpunkt die Entkopplung der Lohn- und der Produktivitätsentwicklung ein wichtiges Merkmal der Arbeitsmodelle in Mittelosteuropa.

In den 1990er Jahren sind somit in Teilen der mittelosteuropäischen Automobilindustrie eingeschränkte *High-Road*-Arbeitsmodelle entstanden. Eingeschränkt sind sie, weil Unternehmen zwar qualifizierte Arbeitskräfte rekrutieren und in die Arbeitsbedingungen investieren, zugleich aber an niedrigen Entgelten und einem breiten Rand prekärer Beschäftigung festhalten. Die potentiellen Komplementaritäten eines *High-Road*-Modells wurden nicht ausgeschöpft. Die Grundlage dieser Praxis ist die bis zum EU-Beitritt der mittelosteuropäischen Länder anhaltende hohe Arbeitslosigkeit auch unter qualifizierten Arbeitskräften: Unternehmen konnten auf genügend qualifizierte und motivierte Arbeitskräfte zugreifen, ohne ihre internen Arbeitsmodelle auf die Generierung von Qualifikation und Motivation bei den Beschäftigten hin zu auszurichten. Die komplementären Elemente und Widersprüche dieses Modells werden in der Abbildung 37 dargestellt.

Seit dem EU-Beitritt der mittelosteuropäischen Länder sinkt die Arbeitslosigkeit, der anhaltende Zustrom von Direktinvestitionen und die Migration nach Westeuropa haben innerhalb einer kurzen Zeit zu einer Arbeitskräfteknappheit geführt. Insbesondere Polen erlebte nach 2005 eine Massenemigration. Nach den Daten des Polnischen Statistischen Amtes (GUS 2007) arbeiteten im Jahre 2006 bereits etwa 2 Millionen Polen in westlichen EU-Ländern, vor allem in Großbritannien, Irland und Deutschland. Angesichts der sinkenden Arbeitslosigkeit brachen die Spannungen und Probleme des eingeschränkten *High-Road*-Modells auf: viele

Unternehmen waren mit Arbeitskonflikten konfrontiert, zudem mussten die meisten Unternehmen mit einer sehr hohen Fluktuation von Arbeitskräften zurechtkommen.

Abbildung 37: Spannungen des Arbeitsmodells in der mittelosteuropäischen Automobilindustrie in den 1990er Jahre

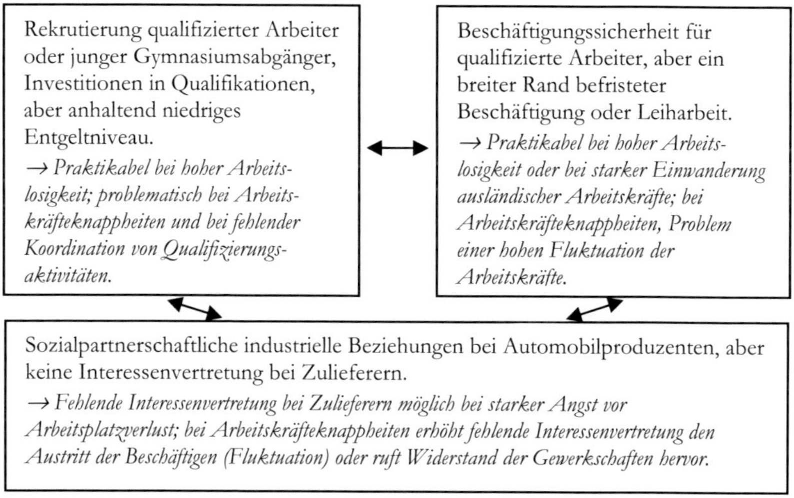

Quelle: Eigene Darstellung.

Eine Umfrage von KPMG (2007) unter mittelosteuropäischen Unternehmen zeigte, dass die am häufigsten verbreitete Antwort auf die Arbeitskräfteknappheiten und Arbeitskonflikte die Erhöhung der Löhne und die Verstärkung der Investitionen in Qualifizierung gewesen ist. Das wäre eine Verstärkung der *High-Road*-Entwicklung. Allerdings kann diese Entwicklung durch das Fehlen koordinierender Institutionen (etwa im Ausbildungssystem) und durch den Wettbewerb anderer Niedriglohnländer bedroht werden. Wenngleich es bisher nur sehr wenige Fälle von Weiterverlagerungen gibt, ist es nicht ausgeschlossen, dass zumindest manche Unternehmen ihre Standorte in andere Niedriglohnländer verlagern, oder dass der *Brain Drain* durch Emigration eine *High-Road*-Strategie erschwert.

Die Europäische Union hat die Entwicklung der Arbeitsmodelle in Mittelosteuropa in unterschiedlicher Weise beeinflusst. Zum einen hat die EU institutionellen Transfer aus West- nach Mittelosteuropa befördert, wie am Beispiel der Betriebsräte zu sehen ist, und transnationale Institutionen wie die Eurobetriebsräte geschaffen. Die Analyse der Rolle von Betriebsräten in Mittelosteuropa zeigt jedoch, dass die Auswirkungen des Institutionentransfers auf die Entwicklung der Arbeitsmodelle bislang gering sind und sich die Hoffnungen auf eine Stärkung der betrieblichen Interessenvertretung nicht erfüllt haben. Zum anderen hat die EU die Liberalisierung der Produkt-, Kapital- und Arbeitsmärkte in Europa gefördert. In der Forschungsdiskussion dominiert die These, dass die Liberalisierung und der damit verbundene Standortwettbewerb negative Auswirkungen auf Löhne und Arbeitsbedingungen haben (Meardi 2007; Höpner 2008; Kohl et al. 2006). Diese These unterschätzt aber die Dynamik, die von dem Zuzug der ausländischen Unternehmen nach Mittelosteuropa und von der Öffnung der westeuropäischen Arbeitsmärkte für Arbeitskräfte aus Mittelosteuropa ausgeht. Die Migration hat die Zahl der verfügbaren Arbeitskräfte in Mittelosteuropa stark verknappt. Die Folge sind steigende Löhne, aber auch verbesserte Organisierungsbedingungen für Gewerkschaften. Ein *Race to the Bottom* ist bislang nicht zu beobachten.

Unsere Ergebnisse widersprechen der These, dass die Osterweiterung der EU eine massive Verschiebung in Richtung eines »angelsächsischen« Modells bewirkt hat (Kohl et al., 2006: 407; Woolfson, 2007; Ost and Crowley, 2001). Der Wandel der internationalen Arbeitsteilung in Europa ist komplexer: Die Integration Mittelosteuropas in die EU hat einen Wettbewerb zwischen Hochlohnländern und Niedriglohnländern in Europa geschaffen, aber zugleich auch Grundlagen für eine potentielle *High-Road*-Entwicklung in Mittelosteuropa gelegt.

7. Rückwirkungen auf die Arbeitsmodelle in Deutschland

7.1 Das Damoklesschwert der Verlagerung

Seit Anfang der 1990er Jahre steht das deutsche Arbeitsmodell unter Veränderungsdruck. Vor dem Hintergrund des sich verschärfenden Wettbewerbs und der nach dem Vereinigungsboom nun doch einbrechenden Wirtschaftskrise kam es zu tief greifenden Neustrukturierungen. *Re-engineering* von Wertschöpfungsketten und *Outsourcing* von Geschäftsaktivitäten waren die beherrschenden Schlagworte. Im Zentrum der *Outsourcing*-Bewegung standen zunächst Verlagerungen vor allem von Produktionstätigkeiten an inländische Zulieferer. Kostengesichtspunkte bildeten nicht immer die beherrschende Maxime. Zentral für die *Re-engineering*-Bewegung war vielmehr, dass die Unternehmen sich auf ihre Kernkompetenzen beschränken sollten, um auf diese Weise eine höhere Wachstumsdynamik und eine höhere Rendite zu erzielen.

Das Fallen der Grenzen zu den Niedriglohnländern in Mittelosteuropa eröffnete den Unternehmen nunmehr aber ungeahnte neue Möglichkeiten für ein kostengetriebenes *Outsourcing*. In dem Maße, wie erste Verlagerungen in diese Regionen aus Sicht der Unternehmen überwiegend positive Ergebnisse zeigten, nahm die Anzahl von Verlagerungen dorthin zu. Verlagerungsdrohungen waren für die Beschäftigten und ihre Interessenvertretungen in den Unternehmen angesichts der Erfahrungen mit der *Outsourcing*-Bewegung also kein neues Phänomen; die Drohungen erhielten im Hinblick auf die Kosten- und Arbeitsbedingungen in den Niedriglohnländern allerdings eine neue Qualität.

Die Verlagerungsdrohungen nahmen bis Mitte des ersten Jahrzehnts der 2000er kontinuierlich zu. Nach eine Befragung von Ahlers et al. (2007) gab es in den Jahren 2003 bis 2005 in 35 Prozent der Unternehmen des Investitionsgütersektors Verlagerungsdrohungen; in weiteren 32 Prozent der Unternehmen hatten tatsächliche Verlagerungen stattgefunden. Im Fall von Großunternehmen mit mehr als 1.000 Beschäftigten hatten zwar nur 20 Prozent tatsächlich Arbeitsplätze verlagert, 44 Prozent aber mit Verlagerung gedroht (Ahlers et al. 2007). Allerdings macht die Studie auf den unterschiedlichen Umfang und die unterschiedlichen Folgen der Verlagerungen ins Ausland und ins Inland aufmerksam. Bemerkenswert ist, dass nur 36 Prozent aller Verlagerungsfälle ins Ausland gingen. Die negativen Effekte der Inlandsverlagerungen waren zudem größer als im Fall der Verlagerung ins Ausland. Zu einer Verschlechterung der Arbeitsbedingungen kam es in 39 Prozent der Unternehmen, die mit einer Verlagerung ins Ausland drohten oder diese durchführten – im Vergleich zu 53 Prozent (!) im Fall einer Verlagerung im Inland.

Outsourcing und Verlagerung wurden zu Drohmitteln, mit denen Unternehmen auf eine Anpassung des Arbeitsmodells in der deutschen Automobilindustrie zu drängen begannen. Als Charakteristika dieses Arbeitsmodells sind zu nennen (Jürgens 2003 und 2004; Jürgens/Krzywdzinski 2007b):

- eine glaubhafte Verpflichtung der Unternehmen auf das Ziel der Beschäftigungssicherheit einhergehend mit der Mitwirkung der Beschäftigten bei betrieblichen Rationalisierungsbemühungen,
- eine Orientierung auf Facharbeit, unterstützt durch die Verbreitung sogenannter »neuer Produktionskonzepte«,
- starke Interessenvertretungen der Beschäftigten in Unternehmen und starke Branchengewerkschaften, die industrieweit einheitliche Arbeitsstandards durchsetzen, und
- der Fokus auf Verhandlungen und Kooperation als Formen der Anpassung und Weiterentwicklung der Arbeitsregulierung.

Der Prozess der Neuaushandlung des Arbeitsmodells in der deutschen Automobilindustrie begann mit der Öffnung von Flächentarifverträgen seit Anfang der 1990er Jahre. Ausgangspunkt in der Metallindustrie war die Reduzierung der Arbeitszeit auf 35 Stunden, die zur erstmaligen Einführung so genannter Öffnungsklauseln im Tarifvertrag führte. Den Betrieben wurde die Möglichkeit eingeräumt, in Abweichung vom Flächentarif für bis zu 18 Prozent der Beschäftigten eine Verlängerung der Wochenarbeitszeit auf 40 Stunden zu vereinbaren. Die nächste und folgenreichere Etappe der Einführung von Öffnungsklauseln wurde durch die prekäre Lage der ostdeutschen Metallindustrie eröffnet. 1993 wurde eine so genannte »Härtefallklausel« in die ostdeutschen Metalltarifverträge eingeführt, die bei wirtschaftlichen Schwierigkeiten eines Betriebes die Möglichkeit zur Aussetzung der vereinbarten Anpassung der Lohnentwicklung an das Westniveau vorsahen. Schrittweise wurden im Rahmen dieser Öffnungsklausel weitere Einschnitte ermöglicht, die den Tarifstandard unterschreiten. Die dritte Etappe der Einführung von Öffnungsklauseln wurde schließlich durch den als »Pforzheim-Abkommen« bezeichneten Tarifabschluss 2004 eingeläutet. Nach diesem Abkommen können Betriebe mit der Zustimmung der Tarifparteien (IG Metall und Gesamtmetall) Abweichungen bei allen zentralen Tarifstandards vereinbaren, wenn diese Abweichung der Beschäftigungssicherung dient oder zukunftsorientierte Investitionen und Innovationen ermöglicht. Ein wichtiges Ziel des Pforzheimer Abkommens war die Regulierung der Tarifabweichungen. Die IG Metall verlangt eine Offenlegung von Informationen über die Unternehmenssituation als Voraussetzung für die Zustimmung zur Abweichung. Das Abkommen hat die Kontrollmöglichkeiten der Tarifparteien gegenüber Abweichungen auf Betriebsebene gestärkt, zugleich aber auch zu einem starken Druck auf die Gewerkschaft geführt, die auf unterschiedlichen Ebenen mit einem großen Kraftaufwand Anträge auf Tarifabweichungen prüfen und Verhandlungen führen muss (Huber et al. 2005).

Mit der Öffnung des Flächentarifvertragssystems schien ein zentraler Pfeiler des deutschen Arbeitsmodells bedroht. Nach den Betriebsrätebefragungen des Wirtschafts- und Sozialwissenschaftlichen Instituts (WSI) der Hans-Böckler-Stiftung war branchenübergreifend die Nutzung von tariflichen Öffnungsklauseln zwischen 1999/2000 und 2004/2005 von 22 Prozent aller tarifgebundenen Betriebe auf 75 Prozent gestiegen (Bispinck/ Schulten 2003; Bispinck 2005). In der Metallindustrie wurden von Anfang 2004 bis Ende 2006 insgesamt 850 Vereinbarungen über Abweichungen vom Metallflächentarifvertrag abgeschlossen (Haipeter 2009: 150), wobei 311 bis 2006 bereits ausgelaufen waren. Das bedeutet, dass 20 Prozent der tarifgebundenen Unternehmen der Metallindustrie Tarifabweichungen auf der Grundlage des Pforzheimer Abkommens durchsetzen konnten.

Das Verhältnis zwischen den Standards der Flächentarifverträge und unternehmensspezifischen Abweichungen wurde und wird kontrovers diskutiert. Hassel (1999) und Bispinck (2004) vertraten die These der »Erosion« des deutschen Flächentarifvertragssystems. Bispinck und Schulten (2009: 201) fassten diese These folgendermaßen zusammen: »Deutschland erlebt seit Mitte der 1990er Jahre eine anhaltende Erosion des Flächentarifvertrages. Sie vollzieht sich nicht in großen Sprüngen, sondern als inkrementeller Prozess, der mehrere Ursachen hat: die Erosion struktureller Macht, gewerkschaftlicher Organisationsmacht und institutioneller Macht.«

Andere Autoren widersprachen dieser These. Streeck und Rehder (2003: 352) konstatierten, dass die betrieblichen Beschäftigungssicherungsvereinbarungen je nach ihrem Inhalt eine funktionale Korrektur des Flächentarifsystems bilden beziehungsweise dieses sogar stützen. Haipeter (2009: 312) stellte auf Basis seiner Untersuchung der Tarifabweichungen in der Metall- und Elektroindustrie in den Jahren 2004 bis 2006 fest: »Die Tarifabweichung – genauer gesagt der im Anschluss an die Pforzheimer Vereinbarung entwickelte praktische Umgang mit der Tarifabweichung – [hat] bislang weit mehr zu einer Stabilisierung des Tarifsystems in der Metall- und Elektroindustrie beigetragen als zu seiner Erosion. Die Etablierung von Verfahrensstandards, die Verbesserung der Qualität der Gegenleistungen der Unternehmen und die Kanalisierung der wilden Dezentralisierung in die geordneten Bahnen der Tarifabweichung haben zu einem deutlichen Anstieg der gewerkschaftlichen Kontrolle von Tarifunterschreitungen geführt.«

Die IG Metall selbst betonte, dass die Abweichungen vom Flächentarif jederzeit von der Zustimmung der Tarifparteien abhängig sind und die Stärkung der betrieblichen Ebene damit nicht die Kontrolle der Tarifparteien aushebelt. Zudem versuchte die Gewerkschaft, die durch die Beschäftigungssicherungsvereinbarungen erhöhte Bedeutung der betrieblichen Ebene für die stärkere Einbeziehung der Mitglieder in die Tarifpolitik zu nutzen. Durch tarifpolitische Auseinandersetzungen im Betrieb sollen Mitglieder mobilisiert und neue Mitglieder gewonnen werden (Wetzel 2007; Bispinck/Schulten 2009).

Vor dem Hintergrund der Öffnung von Flächentarifverträgen wurden Beschäftigungssicherungsvereinbarungen zu dem zentralen Mittel eines *verhandelten Wandels* der Arbeitsmodelle in der deutschen Automobilindustrie. Mit diesem Wandel werden wir uns in den folgenden Abschnitten befassen.

7.2 Beschäftigungssicherungsvereinbarungen

Beschäftigungssicherungsvereinbarungen werden auf Unternehmensebene vom Management und Betriebsräten, in der Regel unter Mitwirkung der Gewerkschaften, abgeschlossen. In diesen Vereinbarungen gehen Unternehmen Verpflichtungen im Hinblick auf die Investitions- und Produktpolitik ein und verzichten auf betriebsbedingte Kündigungen. Im Gegenzug leisten Betriebsräte und Gewerkschaften Konzessionen bei Verdiensten, Arbeitszeiten und der Arbeitseinsatzflexibilität. Die Vereinbarungen betreffen in der deutschen Automobilindustrie in der Regel alle Betriebe eines Unternehmens, häufig werden dabei die unternehmensweit geltenden Vereinbarungen durch betriebsspezifische Zusatzvereinbarungen ergänzt. Formal können zwei Arten von Vereinbarungen unterschieden werden: Zum einen die Form der Betriebsvereinbarung, zum anderen die Form des Ergänzungstarifvertrags zur Beschäftigungssicherung, der zwischen Gewerkschaft und Unternehmen abgeschlossen wird.

In der Literatur werden Beschäftigungspakte kontrovers diskutiert. Auf der einen Seite werden sie als ein reziproker Tausch und als ein »win-win«-Prozess für Beschäftigte und Unternehmen angesehen (Seifert 2002). Zagelmeyer (2000: 19) spricht von »Waffenbrüderschaft« zwischen Arbeit und Kapital und betont die Rolle der Beschäftigungspakte als eines Instruments kooperativer Problembewältigung, innerhalb dessen »management and labour both gain when they reach agreements that increase productivity and organizational performance (win-win bargaining)«. Hancké (1998) weist dagegen auf die Gefahr eines Unterbietungswettbewerbs hin. Ungleich sind zudem die Konzessionen der Beschäftigten und der Unternehmen: Während von Seiten der Beschäftigten unmittelbar wirksame Konzessionen bei Löhnen und Flexibilität eingebracht werden, sind die Zusagen der Unternehmen faktisch von der Absatzentwicklung abhängig und widerrufbar.

Wir werden im Folgenden zeigen, dass die Kontinuität der Verhandlungs- und Kompromissorientierung ein wichtiges Kennzeichen der Beschäftigungspakte in der deutschen Automobilindustrie ist. Sie spricht für eine Interpretation des Wandels als eine Anpassung des Arbeitsmodells in der deutschen Automobilindustrie und nicht als ein Pfadbruch (Jürgens et al. 2006). Dazu analysieren wir die zentralen Inhalte der Vereinbarungen.

7.2.1 Beschäftigungssicherung

Beschäftigungsgarantien, Investitions- und Produktzusagen für Standorte stehen aus der Sicht der Arbeitnehmer im Zentrum der Beschäftigungssicherungsvereinbarungen. Je umfassender und langfristiger diese Zusagen sind, desto stärker sprechen sie für die These einer Kontinuität eines kooperativen Modells der Arbeitsbeziehungen in der deutschen Automobilindustrie.

Die typische Zusage der Beschäftigungssicherungsvereinbarungen ist der Ausschluss von betriebsbedingten Kündigungen. Sie findet sich in fast allen Vereinbarungen in der deutschen Automobilindustrie. Bemerkenswert ist allerdings, dass die Vereinbarungen der Jahre 2004 bis 2006 bei Volkswagen, Daimler, Ford, Opel und Porsche neben dem Ausschluss von betriebsbedingten Kündigungen auch konkrete Produkt- und Investitionszusagen für die deutschen Standorte beinhalteten (Jürgens/Krzywdzinski 2006). Mit der Verhandlung von Produktionsallokations- und Investitionsentscheidungen zwischen dem Management, den Betriebsräten und den Gewerkschaften wird das Handlungsfeld der beiden letzteren Akteure erweitert, Betriebsräte und Gewerkschaften bekommen neue Regelungsfunktionen (Streeck/Rehder 2003: 345). Selbst wenn der Bedeutungszuwachs der betrieblichen Ebene also eine gewisse Schwächung des Flächentarifvertrags bedeutet, so ist das also keineswegs mit einer Schwächung der Betriebsräte und Gewerkschaften gleichzusetzen.

Es lässt sich beobachten, dass der Zeithorizont der in den Vereinbarungen festgeschriebenen Zusagen der Unternehmen gegenüber den Beschäftigten seit dem Anfang der 1990er Jahre immer länger geworden ist. Während die Beschäftigungsgarantien in der ersten Hälfte der 1990er Jahre für eine Dauer von zwei, maximal drei Jahren abgegeben wurden, waren in den Vereinbarungen der zweiten Hälfte der 1990er Jahre Zusagen für vier oder fünf Jahre bereits sehr häufig. Die Beschäftigungsgarantien der Vereinbarungen der Jahre 2004 und 2006 haben eine Laufzeit von fünf bis sieben Jahren.

Es muss allerdings betont werden, dass der Verzicht auf betriebsbedingte Kündigungen keineswegs einen Arbeitsplatzabbau verhindern kann. Alle Automobilhersteller haben durch *Outsourcing*, Nutzung der Fluktuation, Frühverrentung und Abfindungsprogramme Arbeitsplätze abbauen können. Ganz deutlich ist dies bei Opel und Ford zu beobachten. Opel reduzierte trotz fünf Vereinbarungen zur Beschäftigungssicherung seit Anfang der 1990er Jahre seine Belegschaft von 56.800 auf etwa 20.000

Mitarbeiter im Jahre 2007/08. Ford senkte im gleichen Zeitraum die Zahl seiner Beschäftigten in Deutschland von 35.500 auf 30.000. Aber auch Volkswagen und Damiler kündigten kurz nach Abschluss der Beschäftigungssicherungsvereinbarungen von 2004 den Abbau von 10.000 beziehungsweise 8.500 Arbeitsplätzen an.

7.2.2 Lohnkonzessionen

Für die Interpretation der Beschäftigungspakte ist die Größe und die Form der Lohnkonzessionen von erheblicher Bedeutung: Je höher die Konzessionen, umso plausibler ist eine Interpretation der Beschäftigungspakte als eines *Concession Bargaining*, in dem vor allem die Beschäftigten die Lasten der wirtschaftlichen Anpassungsprozesse tragen müssen. Je höher die Lohnkonzessionen, desto fragiler ist zudem die Akzeptanz der Pakte.

Charakteristisch für die Konzessionen bei deutschen Automobilherstellern ist die Vermeidung von unmittelbaren Lohn- und Gehaltssenkungen. Die in Jahrzehnten aufgebauten übertariflichen Entgeltbestandteile und die Arbeitszeitverkürzungen seit Mitte der 1980er Jahre bilden einen Puffer, der nun schrittweise »abgeschmolzen« wird. Am Anfang der 1990er Jahre war bei den deutschen Automobilendherstellern ein Anteil übertariflicher Entgeltbestandteile von bis zu 30 bis 40 Prozent des Tariflohns üblich. Bis Mitte der 2000er Jahre wurde es bei den Massenherstellern VW, Opel und Ford auf etwa 15 bis 20 Prozent reduziert und die Bewegung in Richtung des Flächentarifvertrags hält an. Eine unmittelbare Senkung des Entgelts ist aber bislang nicht vorgekommen.

Anders ist die Situation bei Automobilzulieferern, deren Entgelte auf dem Niveau des Flächentarifs liegen und die von den durch das Pforzheim-Abkommen geschaffenen Möglichkeiten des Abweichens vom Flächentarif Gebrauch machen. In der Automobilindustrie gibt es also zwei Bewegungen: Die Endhersteller nähern ihre Regelungen und Leistungen dem Flächentarifniveau an, während die Zulieferer eher von den Öffnungsklauseln Gebrauch machen, um die Flächentarifnormen zu unterschreiten.

Die Abschmelzung der übertariflichen Entgeltbestandteile bei Automobilherstellern findet in mehreren Formen statt:

- Erhöhung der Arbeitszeit ohne Lohnausgleich. Dieser Weg wurde bisher vor allem von Volkswagen eingeschlagen, da das Unternehmen durch den Haustarifvertrag eine besondere Flexibilität besitzt. Seit dem Tarifvertrag von 1993 lag die Regelarbeitszeit bei Volkswagen bei 28,8 Stunden pro Woche. 2006 wurde eine Erhöhung der Wochenarbeitszeit auf 33 Stunden ohne Lohnausgleich vereinbart, was faktisch eine fast 15-prozentige Senkung des Stundenlohns bedeutet.

- Anrechnung von Flächentariferhöhungen auf übertarifliche Entgeltbestandteile. Dieses Mittel wird von allen Automobilherstellern in Deutschland genutzt. Es kommt dabei nicht zu einer unmittelbaren Lohnsenkung, aber der Abstand gegenüber dem Niveau des Flächentarifs verringert sich.
- Senkung der Löhne für neu eingestellte Beschäftigte. In den Vereinbarungen der Jahre 2004 bis 2006 haben VW, Ford und Daimler für neu eingestellte Mitarbeiter eine Absenkung des Entgelts auf das Flächentarifniveau vereinbart. Die Löhne der bereits beschäftigten Arbeiter bleiben davon unangetastet.

Abbildung 38: Arbeitskosten im Verarbeitenden Gewerbe in ausgewählten europäischen Staaten, 1990–2007

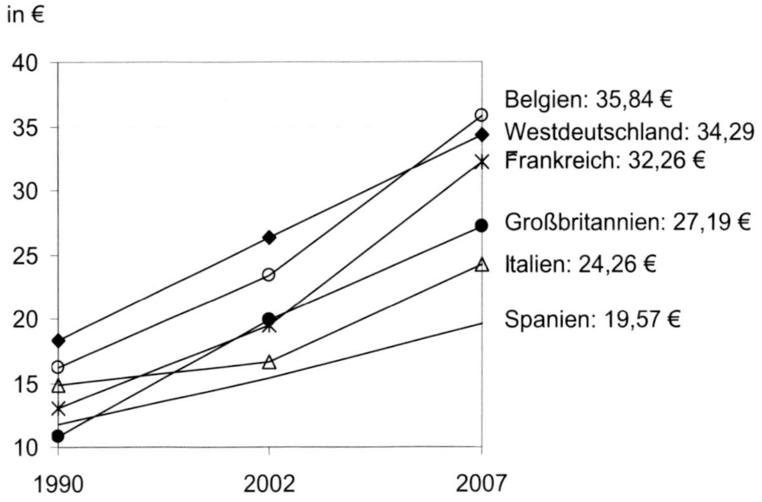

Quelle: Eigene Darstellung nach Institut der deutschen Wirtschaft, iw-trends 3/2008 und 3/2003. Arbeitskosten pro Arbeitsstunde für Arbeiter.

Die Lohnkonzessionen im Rahmen der Beschäftigungspakte trugen wesentlich dazu bei, dass die Lohnentwicklung in Deutschland trotz starker Produktivitätszuwächse stagnierte. In anderen europäischen Ländern trug dies Deutschland die Kritik des Unterbietungswettbewerbs ein. In Frankreich werden von den Unternehmen die Lohnkonzessionen in der deutschen Automobilindustrie als Anlass genommen, ebenfalls eine Reduzierung der Löhne zu fordern (Michaux 2006). In Schweden hat der Standortwettbewerb zwischen den General Motors-Werken Rüsselsheim und Trollhättan 2004/2005 zur Kritik der schwedischen IF Metall an den Beschäftigungspakten in Deutschland geführt (SE-16).

Allerdings ist zu betonen, dass die Arbeitskosten in der deutschen Automobilindustrie weiterhin zu den höchsten in Europa zählen. Es findet zwar ein Angleichungsprozess statt, der aber nicht alle Länder betrifft. Gegenüber Italien und Spanien ist sogar, wie Abbildung 38 zeigt, die relative und absolute Lohndifferenz gewachsen. Gegenüber Großbritannien ist der absolute Abstand in etwa gleich geblieben, aber der relative Abstand hat abgenommen. Die Arbeitskosten in Frankreich, Belgien und den (nicht in der Abbildung aufgeführten) Niederlanden und Schweden haben dagegen mit dem westdeutschen Niveau gleichgezogen.

7.2.3 Flexibilisierung der Arbeitszeit

An Hochlohnstandorten ist eine hohe Flexibilität der Arbeitszeit eine der Möglichkeiten zur Bewahrung der Wettbewerbsfähigkeit gegenüber Niedriglohnstandorten. Seit Anfang der 1990er Jahre haben sich in der Automobilindustrie in Europa 3-Schicht-Systeme in Automobilwerken durchgesetzt, um Produktionsanlagen rund um die Uhr nutzen zu können und somit die Fixkosten pro produzierte Einheit zu reduzieren (Lehndorff 2001). Seit Ende der 1990er Jahre wurde die Frage der Wochenendarbeit ein wichtiges Verhandlungsthema, da sich immer mehr Unternehmen um die Ausdehnung der Betriebszeiten auf das Wochenende bemühten. In einer Analyse der durchschnittlichen Betriebszeiten im gesamten Produzierenden Gewerbe im Jahr 2003 wurden die höchsten Werte für Deutschland und Frankreich gemessen, wie Tabelle 21 zeigt.

Neben der Ausdehnung der Betriebszeiten durch 3-Schicht-Systeme und Wochenendarbeit gehört die Einführung von Arbeitszeitkorridoren und Arbeitszeitkonten zu den wichtigsten Instrumenten der Flexibilisierung des Arbeitseinsatzes. Arbeitszeitkonten senken die Kosten der Flexibilität erheblich, da sie die Anpassung der Arbeitszeit an Schwankungen der Produktion erlauben. In Zeiten von Mehrproduktion kann ohne Überstundenzuschläge mehr Arbeitszeit geleistet werden. Die Mehrzeit wird auf Arbeitszeitkonten akkumuliert und kann in Phasen einer geringeren Produktion durch Freizeit kompensiert werden.

Tabelle 21: Durchschnittliche wöchentliche Betriebszeiten in Stunden im Verarbeitenden Gewerbe, 2003

Deutschland	Frankreich	Großbritannien	Niederlande	Spanien	Portugal
63,4	61,5	59,4	50,1	51,6	51,5

Quelle: Bauer/Groß 2006: 316.

In der deutschen Automobilindustrie haben Arbeitszeitkonten eine sehr große Verbreitung gefunden. Die ersten Konten sind in den Jahren 1993 bis 1996 als Antwort auf die damalige Rezession eingeführt worden. Seitdem sind die Arbeitszeitkonten bei allen deutschen Automobilherstellern in mehreren Schritten ausgebaut worden. In der großen Welle von Vereinbarungen der Jahre 2004 bis 2006 ist das Aufnahmevolumen der Konten ausgedehnt worden (Jürgens/Krzywdzinski 2006: 42). Bei Volkswagen können bis zu ±400 Arbeitsstunden auf den Konten gespeichert werden, bei Opel gibt es gar keine Begrenzung der Aufnahmefähigkeit der Arbeitszeitkonten.

Ein Beispiel für die Bedeutung flexibler Arbeitszeiten als Standortfaktor ist der Fall der Ansiedlung des BMW-Werks im ostdeutschen Leipzig (Pries 2006). Das Werk in Leipzig hat 2005 die Produktion aufgenommen. Es beschäftigt etwa 5.500 Mitarbeiter. Die Stadt Leipzig wurde von BMW im Wettbewerb mit dem tschechischen Standort Kolin ausgewählt. Für die Entscheidung für Leipzig gab es viele Gründe: eine öffentliche Subvention in Höhe von 30 Prozent der Investitionen; eine gute Infrastruktur und geographische Lage; die Verfügbarkeit qualifizierter Arbeitskräfte in der Region um Leipzig, während die Arbeitskräfteknappheiten in den Ländern Mittelosteuropas zunehmen. Ein wichtiger Faktor war sicherlich auch die Lohndifferenz zwischen Ostdeutschland und Westdeutschland. Der Tariflohn liegt in der ostdeutschen Metallindustrie bei Berücksichtigung der längeren Regelarbeitszeiten bei etwa 80 Prozent des Westniveaus. Zudem konnte BMW mit der IG Metall vereinbaren, dass die übertariflichen Zulagen in Leipzig deutlich geringer sind als in BMWs westdeutschen Werken.

Von Management- wie Betriebsratsseite im Werk Leipzig wird betont, dass die Flexibilisierung der Arbeitszeiten ein wichtiger Standortvorteil Leipzigs war (Pries 2006). In der Vereinbarung zwischen BMW und dem Betriebsrat wurde für das Werk in Leipzig eine über das Niveau der westdeutschen Werke hinausgehende Flexibilisierung der Arbeitszeiten beschlossen. Der Betriebsrat stimmte einer maximalen Betriebslaufzeit von 140 Stunden pro Woche zu (40 Stunden mehr als in den westdeutschen BMW-Werken). Innerhalb eines Korridors von 60 bis 140 Stunden kann die Betriebsleitung autonom über die Bandlaufzeiten entscheiden. Es ist eine regelmäßige Samstagsfrühschicht, bis zu 30-mal im Jahr auch eine Spätschicht möglich. Es gibt Jahresarbeitszeitkonten, die bis zu ±200 Arbeitsstunden aufnehmen können. Die Schwankungen der Betriebszeiten sind so ohne Mehrkosten möglich.

Nach Pries (2006) ermöglicht diese Arbeitszeitflexibilität einen flexiblen *Break-even Point* für das Werk, während der konkurrierende tschechische Standort zwar niedrigere Arbeitskosten, aber eine rigidere Arbeitszeitregulierung aufwies.

»In the case of BMW Leipzig, work and working time flexibility, as well as a culture of ›cooperative conflict partnership‹, played a decisive role in counterbalancing the disadvantages in direct labour costs. Focusing on innovation competition and on ›soft factors‹ of competition could be a sustainable alternative to a business model based exclusively on cost competition« (Pries 2006: 11).

Die Flexibilisierung der Arbeitzeiten hat auch in anderen westeuropäischen Ländern stattgefunden. In Frankreich wurde die von der Regierung eingeführte 35-Stunden-Woche zu einem wichtigen Katalysator der Einführung flexibler Arbeitszeitmodelle. Die Gesetzgebung sah Vergünstigungen für Unternehmen vor, die durch die Arbeitszeitverkürzung auf 35 Stunden pro Woche Arbeitsplätze sichern und dies mit den Gewerkschaften tarifverträglich gestalten. Viele Unternehmen flexibilisierten in diesem Kontext die Arbeitszeit, wie Hancké (1998) am Beispiel Renaults zeigt. Die Flexibilisierung begann im (später geschlossenen) belgischen Renault-Werk in Vilvoorde und wurde anschließend auf die französischen Werke ausgedehnt. Die Flexibilisierungsmaßnahmen umfassten die Einführung von Arbeitszeitkorridoren und Arbeitszeitkonten sowie den 3-Schicht-Betrieb und Samstagsarbeit. In Schweden gehörten Automobilunternehmen zu den Vorreitern der Einführung von Arbeitszeitkonten. Saab führte 1993 als erstes schwedisches Unternehmen Arbeitszeitkonten ein (SE-13). Bei Volvo gibt es auf betrieblicher Ebene unterschiedliche Modelle der Arbeitszeitkonten und -korridore (SE-11; Stand 2005).

Allerdings gilt in Bezug auf Arbeitszeitkonten und Betriebszeiten, dass die mittelosteuropäischen Standorte immer weniger hinter den westeuropäischen Werken zurückstehen. In Lehndorffs (2001) Untersuchung gehörte das tschechische Skoda-Werk in Mlada Boleslav zu den Werken des VW-Konzerns mit den längsten Betriebszeiten. In Polen ist der 3-Schicht-Betrieb an fünf Tagen pro Woche mit bei Bedarf möglichen Samstagsschichten die Regel in Automobilwerken. Tschechien, Ungarn und die Slowakei haben seit Ende der 1990er Jahre ihre Arbeitszeitgesetzgebung reformiert und die Möglichkeit der Einführung von Jahresarbeitszeitkonten auf der Basis von Tarifverträgen geschaffen. Schrittweise hat Arbeitszeitflexibilität damit den Charakter eines Standortvorteils der westeuropäischen Hochlohnstandorte verloren, wenngleich die Ausgestaltung von Arbeitszeitkonten und -korridoren in Westeuropa weiterhin stärker ausgeprägt ist als in Mittelosteuropa.

7.2.4 Leiharbeit

Seit den 1990er Jahren hat die Nutzung von Leiharbeit in der westeuropäischen Automobilindustrie stark zugenommen. Obwohl in fast allen Ländern in Bezug auf Arbeitsbedingungen und Löhne das »equal treatment« von Leiharbeitern und regulär Beschäftigten vorgeschrieben ist (vergleiche Eurofound 2006a), bleibt Leiharbeit prekäre Beschäftigung. In den meisten Ländern werden Leiharbeiter von der Leihagentur befristet für die Dauer ihres Einsatzes beschäftigt und haben keine dauerhaften Arbeitsverträge, wenngleich in einigen Ländern wie Schweden oder Deutschland unbefristete Verträge insbesondere für qualifizierte Leiharbeiter üblich sind.

Das Verarbeitende Gewerbe ist ein Schwerpunkt des Einsatzes von Leiharbeit (IG Metall 2010: 9). Fast alle Automobilwerke in Deutschland greifen auf Leiharbeit zurück. Dabei spielt eine Spezifik des deutschen Leiharbeitsgesetzes eine große Rolle. Nach dem Gesetz zur Arbeitnehmerüberlassung von 2004 müssen die Leiharbeiter nach dem jeweils für ihr Einsatzunternehmen geltenden Tarifvertrag bezahlt werden (»equal pay«-Prinzip), wenn die Leiharbeitsagentur keinen eigenen Tarifvertrag abgeschlossen hat. Das Ziel der gesetzlichen Regelung war, die Entwicklung von Tarifverträgen im Bereich der Leiharbeit zu fördern, da für die Leiharbeitsagenturen ein Anreiz bestand, eigene Tarifverträge abzuschließen. Als Folge schlossen die Leiharbeitsagenturen Tarifverträge mit christlichen Gewerkschaften ab, die zwar eine marginale Rolle im deutschen Tarifvertragssystem spielen, den Leiharbeitsagenturen aber die Umgehung des *Equal-Pay*-Prinzips ermöglichten. Auch der DGB akzeptierte einen Tarifvertrag mit den Arbeitgebervereinigungen Bundesverband Zeitarbeit und dem Interessenverband Deutscher Zeitarbeitsunternehmen, der ein unter den jeweiligen Industrieflächentarifverträgen liegendes Lohnniveau vorsah. Auf diese Weise bedeutete der Einsatz von Leiharbeit in Unternehmen der Automobilindustrie nicht nur einen Flexibilitäts-, sondern auch einen Kostenvorteil. Nach Angaben der IG Metall betrug der Entgeltunterschied zwischen Leiharbeitern und regulär Beschäftigten in der nordrhein-westfälischen Metallindustrie im Jahr 2006 38-44 Prozent (IG Metall 2010). Als Folge nahm der Einsatz von Leiharbeit in der Automobilbranche sehr schnell zu. Im BMW-Werk in Leipzig waren Mitte der 2000er Jahre etwa 30 Prozent der Beschäftigten Leiharbeiter, was ein absoluter Höchstwert bei deutschen Automobilherstellern war. Im Industriedurchschnitt schätzte eine Studie (Dudenhöffer/Büttner 2006) den Anteil von Leiharbeitern auf 17 Prozent bei den »angelernten Hilfskräften« und auf 7 Prozent bei Facharbeitertätigkeiten.

Die IG Metall und die Betriebsräte reagierten auf die Expansion der Leiharbeit und es gelang ihnen, in den besonders gut gewerkschaftlich organisierten Betrieben der Automobilhersteller Vereinbarungen zur Regulierung des Einsatzes von Leiharbeitern zu erreichen (Jürgens/ Krzywdzinski 2006). Bei Audi wurde die maximale Zahl der Leiharbeiter pro Werk auf 5 Prozent der direkten Mitarbeiter festgeschrieben, höhere Quoten sind bei Produktanläufen möglich. Bei Mercedes-Benz ist die Zahl der Leiharbeiter auf 4 Prozent der Belegschaft pro Werk und auf 1,5 Prozent der Gesamtbelegschaft begrenzt. Bei Ford Deutschland wurde die Zahl der Leiharbeiter auf 3 Prozent der Beschäftigten im Produktionsbereich festgelegt, kann aber ebenfalls bei Produktanläufen diese Grenze überschreiten.

Aufgrund des sehr niedrigen Lohnniveaus in den Tarifverträgen der Leiharbeitsbranche begannen Betriebsräte in deutschen Automobilunternehmen, auf die Bezahlung der Leiharbeiter nach dem Metalltarifniveau zu drängen. Die 2003 abgeschlossene Vereinbarung über den Einsatz von Leiharbeit bei Ford verlangte eine Vergütung der Leiharbeiter auf dem Niveau der nordrheinwestfälischen Metallindustrie. BMW hat Ende 2007 einer Vereinbarung mit dem Betriebsrat zugestimmt, wonach nur noch Leiharbeiter aus Agenturen, die mindestens den Flächentariflohn der Metallindustrie bezahlen, eingesetzt werden sollen. Die IG Metall und Adecco vereinbarten 2007 einen Tarifvertrag für Leiharbeiter bei Audi, der dem Tarifniveau der bayerischen Metallindustrie entspricht. Die Bezahlung enstprechend dem Flächentarif der Metallbranche entspricht noch nicht dem *Equal-Pay*-Prinzip, da die Löhne der Stammbelegschaften deutscher Automobilhersteller immer noch etwas über dem Flächentarifniveau liegen. Sie bedeutet aber eine erhebliche Begrenzung der Lohndifferenzen und damit des Lohnkostenwettbewerbs.

Volkswagen hat eine eigene Leiharbeitsagentur unter dem Namen AutoVision gegründet. Die AutoVision GmbH wurde im Jahre 2001 gegründet und ist aus einem Projekt zur Förderung von Unternehmensgründungen und Beschäftigung im Raum Wolfsburg hervorgegangen (Wolfsburg AG). AutoVision bietet Dienstleistungen im Bereich Leiharbeit und Personalvermittlung für den VW-Konzern und für externe Kunden an. 2005 beschäftigte AutoVision etwa 2.000 Stammarbeitskräfte und etwa 2.000 Leiharbeiter, die größtenteils für den VW-Konzern tätig waren (DE-8). AutoVision hat mit der IG Metall Tarifverträge für die eigenen Stammkräfte und Leiharbeitnehmer abgeschlossen, die auf Flächentarifniveau liegen. Aus der Perspektive des Unternehmens kann durch externe Auftragseinwerbung und Leiharbeitsvermittlung Beschäftigung im Volkswagen Konzern stabilisiert werden. Zudem liegt der Flächentarifvertrag Metall immer noch unter dem VW-Haustarifvertrag und bietet somit den Vorteil niedrigerer Lohnkosten.

Bei deutschen Automobilherstellern ist somit ein Ausgleich zwischen den Interessen der Unternehmen und jenen der Beschäftigten, Gewerkschaften und Betriebsräte gefunden worden. Leiharbeit wird eingesetzt, aber in genau definierten Grenzen und nach dem Entgeltniveau der Metallbranche. Aufgrund dieses verhandelten Ausgleichs ist die Nutzung der Leiharbeit eher eine Anpassung des bisherigen Arbeitsmodells als ein Bruch mit ihm. Viel prekärer ist allerdings die Situation der Leiharbeiter in Automobilzulieferunternehmen. Hier gelingt es Betriebsräten und Gewerkschaften in viel geringerem Maße, den Einsatz von Leiharbeit zu regulieren.

Nicht nur in Deutschland, sondern auch in anderen westeuropäischen Ländern wird Leiharbeit in der Automobilindustrie eingesetzt. In Frankreich ist im Leiharbeitsgesetz das *Equal-Pay*-Prinzip verankert, zudem regeln Tarifverträge weitere Aspekte der Beschäftigung von Leiharbeitern, etwa die Frage der Qualifizierung (Eurofound 2006a). Beim Automobilhersteller PSA Peugeot Citroen lag der Anteil von Leiharbeitern in den Jahren 2004 bis 2006 bei 3 bis 5 Prozent (PSA 2006). Bei Zulieferern lag er im gleichen Zeitraum deutlich höher, so erreichte er beim größten französischen Zulieferer Faurecia 13 bis 14 Prozent (Faurecia 2006) und beim zweitgrößten Zulieferer Valeo 17 bis 18 Prozent (Valeo 2006). Ähnlich ist die Entwicklung in der schwedischen Automobilindustrie. Zwar sieht das schwedische Leiharbeitsgesetz nicht das *Equal-Pay*-Prinzip vor, aber in Tarifverträgen ist dieses Prinzip verankert worden. Die Tarifverträge setzen zudem Anreize dafür, dass Leiharbeitsagenturen ihre Leiharbeiter auf der Basis unbefristeter Verträge einstellen, da die Zahl zugelassener befristeter Verträge für Leiharbeiter begrenzt ist. Nach Angaben der Gewerkschaft IF Metall liegt der Anteil von Leiharbeitern in vielen Automobilzulieferunternehmen in Schweden bei 20 bis 30 Prozent der Beschäftigten (SE-20).

Die Automobilindustrie in Westeuropa ist also zu einem wichtigen Einsatzfeld von Leiharbeit geworden. Die Größe der prekären Beschäftigung von Leiharbeitern in den Betrieben der Automobilindustrie schwankt zwar mit Veränderungen der Produktionsvolumina, es ist aber bemerkenswert, dass sich ein stabiler Mindestsockel von Leiharbeit in der Automobilbranche durchsetzt:

»Unsere […] empirische Untersuchung zeigt, dass in der Automobil- und Zulieferindustrie Zeitarbeit in einer ganzen Reihe von Unternehmen permanent eingesetzt wird. Zeitarbeitnehmer stehen damit nicht nur zur Bewältigung von Auftragsspitzen und zur Überbrückung von Urlaubs- und Krankheitszeiten zur Verfügung, sondern bilden einen Teil des operativen Geschäfts« (Dudenhöffer/Büttner 2006: 4).

45 Prozent der von Dudenhöffer und Büttner befragten Automobilunternehmen in Deutschland setzten Leiharbeiter in der Produktion zeitweise bei Engpässen ein, immerhin 34 Prozent der Unternehmen berichteten aber einen permanenten Einsatz von Leiharbeitern. Dieser permanente Einsatz der Leiharbeit entspricht der von Holst, Nachtwey und Dörre (2009) so genannten »strategischen Nutzung« der Leiharbeit. Hierbei wird die Stammbelegschaft so reduziert, dass sie die »normale« Produktionsauslastung nicht bewältigen kann und der Einsatz von Leiharbeitern dauerhaft wird. Leiharbeiter übernehmen die gleichen Tätigkeiten wie Stammarbeitskräfte. Neue Stammkräfte werden aus den Reihen der Leiharbeiter rekru-

tiert, wodurch die Motivation aufrechterhalten und Fluktuation begrenzt wird. Die niedrigeren Entgelte und Entlassungskosten der Leiharbeiter üben Druck auf die Beschäftigungsbedingungen der Stammarbeitskräfte aus.

7.3 Koordination auf der europäischen Ebene

Zum verhandelten Wandel der Arbeitsmodelle der deutschen Automobilindustrie gehört auch die Entwicklung einer europäischen Ebene der Interessenkoordination und des Interessenausgleichs. Diese europäische Ebene war nicht Gegenstand unserer Untersuchung, soll aber an dieser Stelle kurz angesprochen werden.

Als Ergänzung der nationalen kollektiven Verhandlungssysteme gewinnen Koordinationsaktivitäten der gewerkschaftlichen Dachverbände (Schulten 2004) und die Europäischen Betriebsräte (EBRs) an Bedeutung. Die Automobilindustrie gehörte zu den Vorreitern der Einführung von EBRs. 2008 gab es branchenübergreifend etwa 800 Eurobetriebsräte, wobei nach Schätzungen etwas mehr als 2.000 Unternehmen in den Geltungsbereich der EBR-Direktive fallen (also eine Quote von etwa 40 Prozent). Es ist in der Forschung umstritten, inwieweit die EBRs tatsächlich zur Berücksichtigung von Beschäftigteninteressen in transnationalen Restrukturierungsprozessen führen (Falkner 1996; Hancké 2000; Kotthoff 2006; Martinez-Lucio/Weston 2004; Waddington 2006). In vielen Fällen ist die Qualität der Konsultation sowie die Zusammenarbeit zwischen den Vertretern unterschiedlicher Standorte relativ schlecht, aber in einigen Fällen ist es den EBRs gelungen, eine aktivere Rolle zu entwickeln und europäische Rahmenvereinbarungen abzuschließen (Eurofound 2006b: 76). Die Europäischen Betriebsräte europäischer Automobilhersteller zu den erfolgreichsten Beispielen transnationaler Kooperation (Widuckel 2001).

Ein wichtiger Einflussfaktor für die Handlungsfähigkeit der EBRs ist die Fähigkeit der gewerkschaftlichen Akteure zur Generierung von Solidarität zwischen den Standorten. Ein Gewerkschaftsvertreter aus dem polnischen Werk von General Motors beschreibt die damit verbundenen Probleme folgendermaßen:

»Wir wollen nicht, dass Kollegen in Deutschland entlassen werden. Aber ich muss sagen, unsere Mitglieder im Werk interessieren sich nicht dafür. Sie fragen mich: Wer hat dich als Vertreter gewählt, wir oder etwa die Deutschen? Wir als Gewerkschaft sind zwischen Hammer und Amboss. Ich habe den Eindruck, die deutschen Kollegen erwarten, dass wir hier jedes Jahr 10 bis 15 Prozent Lohnerhöhungen durchsetzen. Das geht aber nicht. Die Leute hier wollen vor allem ihre Arbeit verteidigen« (PL-44).

Zugleich gibt es aber durchaus erhebliches Solidaritätspotential. In einer Studie mehrerer Eurobetriebsräte stellte Meardi (2004) fest, dass Gewerkschafter aus Polen selbst die Erfahrung von Verlagerungsdrohungen gemacht haben und für länderübergreifende Abwehrstrategien gegenüber einem ungebremsten Standortwettbewerb aufgeschlossen sind:

»It is interesting that Polish representatives firmly reject, at least overtly, social dumping strategies, and they are perfectly aware of the risks of a ›race to the bottom‹, since Ukraine and Lithuania are just beyond the border offering even lower labour costs« (Meardi 2004: 170).

7.4 Schlussfolgerungen

Verlagerungsdrohungen und Verlagerungen haben die Arbeitsmodelle in der deutschen Automobilindustrie verändert. Ein wichtige Form der Abwehr von Verlagerungsdrohungen waren Beschäftigungspakte (sog. Beschäftigungssicherungsvereinbarungen). Der von ihnen vorangetriebene Wandel der Arbeitsmodelle hatte die folgenden Elemente:

- eine Verschiebung der Verteilungsrelationen zwischen Kapital und Arbeit, die sich in den Lohn- und Arbeitszeitkonzessionen der Beschäftigten ausdrückt.
- eine Segmentierung der Arbeitsmodelle in Form der Einschränkung der Beschäftigungssicherheit auf eine kleiner werdende Kernbelegschaft und in Form einer Differenzierung der Entgeltbedingungen von Leiharbeitern und regulär Beschäftigten innerhalb der Betriebe.
- eine Neukonfiguration des Verhältnisses zwischen der betrieblichen Ebene und der Branchenebene im Tarifsystem der deutschen Automobilindustrie zugunsten der betrieblichen Ebene.

Dieser Wandel ist erheblich. Er zeigt Parallelitäten zur Entwicklung der Arbeitsmodelle in der mittelosteuropäischen Automobilindustrie und legt eine gewisse Konvergenz zwischen West und Ost nahe.

Zugleich ist zu betonen, dass dieser verhandelte Wandel wichtige Elemente des Arbeitsmodells der deutschen Automobilindustrie nicht in Frage gestellt hat. Dazu gehören insbesondere die Verpflichtung der Unternehmen auf die Beschäftigungssicherung (wenngleich eingeschränkt auf die Kernbelegschaften), der Fokus auf Verhandlungen und Kooperation als Mittel der Anpassung und Weiterentwicklung der Arbeitsregulierung sowie starke Interessenvertretungen der Beschäftigten in Unternehmen und starke Branchengewerkschaften (Jacobi 2003). Die »kontrollierte Dezentralisierung« der kollektiven Verhandlungen bedeutet nicht unbedingt Deregulierung und Desorganisierung (Streeck 2009).

Mit dem Ausbruch der Weltwirtschaftskrise 2008 stellte sich die Frage, ob die Beschäftigungspakte halten würden. Die deutschen Automobilhersteller und viele Zulieferer hatten in den Jahren 2004 bis 2006 Beschäftigungssicherungsvereinbarungen mit einer Laufzeit bis 2011 abgeschlossen. In fast allen Fällen sind die Zusagen der Vermeidung betriebsbedingter Kündigungen eingehalten worden – sicherlich maßgeblich ermöglicht durch den massiven Einsatz von Kurzarbeit, das heißt durch die staatliche Subventionierung der Beschäftigungssicherung. Auch wenn es in der Krise zu häufigen Nachverhandlungen kam[28], ist es zu einem Bruch der Vereinbarungen noch nicht gekommen. Auch das ist ein Zeichen für die Kontinuität der Arbeitsmodelle in der deutschen Automobilindustrie. Diese Kontinuität ist sicherlich höher als in manchen anderen Branchen, etwa in der Elektronik- und Telekommunikationsindustrie, in Dienstleistungsbranchen oder in von jungen *Startups* geprägten Branchen wie der Softwareindustrie (Jürgens et al. 2006).

28 So wurde bei Ford 2009 vereinbart, die im Flächentarifvertrag für Mai 2009 festgelegte Erhöhung auf Oktober 2010 zu verschieben. Bei Daimler wurde eine von Mai 2009 bis Juni 2010 geltende Arbeitszeitverkürzung um 8,75 Prozent ohne Lohnausgleich sowie eine Verschiebung der Auszahlung des Unternehmensbonus von 2009 auf 2010 und der vom Flächentarif vorgesehenen Erhöhung von Mai 2009 auf Oktober 2009 beschlossen. Vergleichbare Vereinbarungen hat es bei einer Reihe von Zulieferern gegeben.

8. Fazit

Zwei Fragen standen im Zentrum dieses Buches: Wie verändert sich die Arbeitsteilung zwischen den Hochlohnstandorten in Westeuropa und den Niedriglohnstandorten in Mittelosteuropa? Wie wirken sich die Veränderungen der Arbeitsteilung auf Arbeitsmodelle in West und Ost aus?

Im Zentrum der Kontroversen über den Wandel der Ost-West-Arbeitsteilung in Europa stehen die Verlagerung von Produktion und ihre Auswirkungen auf Arbeitsplätze. Unsere Fallstudien der Automobilhersteller Volkswagen, General Motors, MAN und Volvo zeigen, dass es verschiedene Muster der Arbeitsteilung gibt, die nicht alle mit Verlagerung verbunden sind: Spezialisierung Mittelosteuropas auf Kleinwagen, Ansiedlung besonders arbeitsintensiver Fertigungsstufen in Mittelosteuropa, aber auch direkte Konkurrenz um gleiche Modelle zwischen west- und mittelosteuropäischen Standorten. Anders sieht es aber bei Zulieferern aus. Insbesondere multinationale Großzulieferer beantworten den Kostendruck der Automobilhersteller durch Verlagerung in Niedriglohnländer. Diese Großzulieferer beginnen zudem, den Einkauf in Niedriglohnländern auszuweiten, was langfristig kleine und mittelständische Unternehmen in Westeuropa vor Probleme stellen könnte.

Die beschriebene Ost-West-Arbeitsteilung wird von *Governance*-Strukturen und Kompromissen in Unternehmen beeinflusst. Eine starke Arbeitnehmervertretung an den Heimatstandorten der Unternehmen erweist sich als eine wichtige Bedingung, um Kompromisse zwischen Beschäftigungsinteressen und Wettbewerbsfähigkeit zu erreichen. Das Beispiel der komplementären Produktteilung und der Produktdrehscheibe zwischen dem deutschen und dem polnischen Standort von Volkswagen Nutzfahrzeuge zeigte einen Kompromiss zwischen Beschäftigungsinteressen der Werke und dem Ziel eines Wettbewerbs der Werke um Produkte, um die Wettbewerbsfähigkeit zu erhöhen. Dieser Kompromiss ist Ergebnis der *Governance*-Struktur von Volkswagen, die durch eine besonders stark ausgeprägte

Arbeitnehmermitbestimmung in Deutschland gekennzeichnet ist. Beispiele anderer *Governance*-Strukturen und Kompromisse sowie anderer Formen der Ost-West-Arbeitsteilung waren Volvo Bus und General Motors. Die Herausbildung von Kompromissen zwischen Beschäftigungsinteressen in Ost und West sowie die Entwicklung von Produktionsmodellen, die diese Kompromisse ermöglichen, setzt starke Arbeitnehmervertretungen an den Unternehmenszentralen voraus. Ein Beispiel von Unternehmen, bei denen starke Arbeitnehmervertretungen in Europa fehlen, sind US-amerikanische Großzulieferer. Diese Unternehmen haben in Europa eine Vielzahl mittelgroßer Werke, wobei überbetriebliche Arbeitnehmervertretungsstrukturen, die Beschäftigungsinteressen unterschiedlicher Standorte ausgleichen und verteidigen, schwach sind. Unter dem Kostendruck der Automobilhersteller betreiben diese Großzulieferer *Whipsawing* und setzen Verlagerungen um.

Mittelosteuropa ist zu einem wichtigen Komponentenhersteller für die deutsche Automobilindustrie geworden. 2008 stammten knapp 40 Prozent der deutschen Importe von Automobilteilen, Komponenten und Motoren aus Mittelosteuropa. Keine andere westeuropäische Automobilindustrie bezieht so viele Komponenten aus den mittelosteuropäischen Niedriglohnländern. Dennoch hat sich die massive Expansion der deutschen Unternehmen in Mittelosteuropa bislang nicht negativ auf die Beschäftigung in Deutschland ausgewirkt. Zum ersten erhöhte das Engagement in den Niedriglohnländern Mittelosteuropas die preisliche Wettbewerbsfähigkeit deutscher Unternehmen und unterstützte Wachstum in Deutschland. Zum zweiten konnte Deutschland von seinen gut etablierten Premiummarken profitieren, die auf das *Made in Germany*-Label setzen. Zum dritten hat die Beschäftigung bei deutschen Anlagen- und Vorrichtungsbauern sehr stark von der Nachfrage der mittelosteuropäischen Automobilindustrie nach Produktionsausrüstung profitiert. Zum vierten darf nicht übersehen werden, dass die mittelosteuropäische Automobilindustrie selbst hochgradig von Komponentenimporten aus Deutschland abhängig ist und somit Beschäftigung in Deutschland schafft.

Die Diskussion über Verlagerung von Arbeitsplätzen nach Mittelosteuropa ist also differenziert zu führen. Sicherlich gibt es eine große Zahl an Verlagerungen aus Deutschland (beziehungsweise Westeuropa) nach Mittelosteuropa, aber diese Verlagerungen erhöhen in etlichen Fällen aufgrund der Möglichkeit einer »Mischkalkulation« die Wettbewerbsfähigkeit deutscher Standorte und werden zudem aus einer unternehmensübergreifenden

Sicht durch die aus Mittelosteuropa kommende Nachfrage nach Komponenten und Produktionsausrüstung nach Deutschland kompensiert.

Welche Entwicklungsperspektiven bieten sich aufgrund des Wandels der Arbeitsteilung für mittelosteuropäische Standorte und Länder? Seit den 1990er Jahren hat sich in Mittelosteuropa eine diversifizierte Zuliefererstruktur entwickelt, die im Laufe der Zeit ihre Fertigungstiefe, ihr Produktspektrum und ihre Kompetenzen hat ausbauen können. Allerdings gibt es deutliche Hemmnisse der weiteren Entwicklung. FuE-Kapazitäten werden bis auf wenige Ausnahmen nicht in den mittelosteuropäischen Ländern angesiedelt. Die Produktionsausrüstung für die Standorte in Mittelosteuropa wird zu einem großen Teil aus Westeuropa bezogen, da sich die einheimischen Hersteller nicht gegen die westlichen Konkurrenten behaupten konnten. Die einheimischen Zulieferer bleiben größtenteils auf relativ einfache Metall- und Kunststoffteile spezialisiert.

Eine entscheidende Rolle für die weitere Entwicklung in Mittelosteuropa könnte die Frage haben, ob es im Kontext steigender Löhne in Mittelosteuropa zu einer Weiterverlagerung in andere Niedriglohnländer kommt. Besonders arbeitsintensive Tätigkeiten der Kabelbaummontage und der Herstellung von Sitzbezügen werden bereits aus Mittelosteuropa in die Ukraine oder nach Rumänien verlagert. Allerdings bleiben diese Weiterverlagerungen vom Umfang her begrenzt. Insgesamt erweist sich, dass schlechte Infrastruktur und fehlende einheimische Zuliefererbasis sowie die politische Instabilität das Weiterziehen der Verlagerungskarawane in die östlichen Nachbarn Mittelosteuropas erschweren. Die Mobilität des Kapitals ist kein universelles Drohmittel.

Wie wirkt sich der Wandel der Arbeitsteilung auf die Arbeitsmodelle in Mittelosteuropa aus? Wir haben gezeigt, dass *Low-Road*-Strategien in der Automobilindustrie bislang nicht dominant sind, auch wenn sie durchaus vorkommen. Die Arbeitsmodelle waren in den von uns untersuchten Fällen durch einen selektiven Transfer der Praktiken aus den Herkunftsländern der Unternehmen gekennzeichnet. Die Unternehmen setzen auf die Rekrutierung gut qualifizierter Arbeitskräfte und auf den Transfer von Ausbildungspraktiken. Selektiv ist dieser Transfer, weil umfangreichere Ausbildungsaktivitäten auf Arbeiter und Spezialisten in Fachabteilungen begrenzt bleiben und Produktionsarbeiter nicht einschließen. Im Hinblick auf Interessenvertretung haben Automobilhersteller durch Transfer ihrer Herkunftslandmodelle (VW, Volvo) oder nach Konflikten mit Gewerkschaften (GM, Fiat) kooperative Beziehungen zur gewerkschaftlichen Interessenvertretung entwickelt. Bei Zulieferern finden sich aber viele Fälle antigewerkschaftlicher Praktiken.

Die Arbeitsmodelle in der mittelosteuropäischen Automobilindustrie sind damit durch eine starke Segmentierung innerhalb der Wertschöpfungskette und innerhalb der Betriebe gekennzeichnet. *High-Road*-Modelle in Mittelosteuropa sind nicht Ausdruck gesellschaftlich verallgemeinerter und institutionell verankerter »industrieller Bürgerrechte« (Müller-Jentsch 2008), sondern dort, wo es die unternehmensspezifischen *Governance*-Kompromisse ermöglichen oder wo es besondere Anreize für solche Arbeitsmodelle aufgrund der Arbeitsmarktlage oder der Anforderungen des Produktionssystems gibt. *High-Road*-Modelle koexistieren somit mit *Low-Road*-Modellen, die Institutionen der Arbeitsregulierung in Mittelosteuropa lassen Spielraum für beiden Entwicklungen.

In den Jahren nach dem EU-Beitritt der mittelosteuropäischen Länder mehrten sich aufgrund von Arbeitskräfteknappheiten die Spannungen innerhalb der Arbeitsmodelle in Mittelosteuropa. Die Unzufriedenheit der Beschäftigten mit den niedrigen Löhnen, die abnehmende Akzeptanz prekärer Beschäftigung und die in vielen Fällen fehlende Interessenvertretung resultierten in Arbeitskonflikten und einer sehr hohen Fluktuation der Beschäftigten. Die Antworten der Unternehmen (Lohnerhöhungen, Investitionen in Personalentwicklung) deuteten bis zum Ausbruch der Weltwirtschaftskrise auf die Fortsetzung der *High Road* hin. Allerdings gibt es eine Reihe von Hindernissen dieser Entwicklung: die Schwäche der mittelosteuropäischen Automobilindustrie im Hinblick auf höherwertige Tätigkeitsbereiche wie Forschung und Entwicklung; die fehlende Koordinierung von Ausbildungsaktivitäten und Innovationsprozessen durch Staat und Verbände; das Fehlen industriepolitischer Aktivität; der *Braindrain* durch Migration nach Westeuropa; die Verlagerung in andere Niedriglohnländer.

Verlagerungsdrohungen und Verlagerung haben auch die Arbeitsmodelle in der deutschen Automobilindustrie verändert. Beschäftigungssicherungsvereinbarungen zu der zentralen Form der Anpassung an den Wettbewerb der Niedriglohnländer geworden. Durch Lohn- und Arbeitszeitkonzessionen haben sich die Verteilungsrelationen zuungunsten der Beschäftigten verändert. Die Ansprüche an die Arbeitszeitflexibilität der Beschäftigten haben zugenommen. Der Rand unsicherer Beschäftigung (Leiharbeit, Befristungen) ist gewachsen und hat eine erhebliche Ungleichheit der Entgeltbedingungen in die deutschen Betriebe gebracht. Das Verhältnis zwischen der Industrie- und der Betriebsebene im Tarifverhandlungssystem hat sich verändert, die Rolle betrieblicher Aushandlungsprozesse ist gestärkt worden.

Zu einem Bruch mit den Grundelementen der Arbeitsmodelle der deutschen Automobilindustrie ist es aber nicht gekommen. Das Ziel der Beschäftigungssicherung (wenngleich eingeschränkt auf die Kernbelegschaften) wird von den Unternehmen weiterhin geteilt und der Fokus auf *Governance*-Kompromisse zwischen Management, Betriebsräten und Gewerkschaften bei der Weiterentwicklung der Arbeitsmodelle bleibt bestehen.

Abbildungen und Tabellen

Abbildungen

Tabellen

Zitierte Interviews

CZ-1	Metallgewerkschaft OS Kovo Prag, Vizevorsitzender, 18.6.2007
CZ-3	TPCA Kolin, Vorsitzender der Gewerkschaft OS Kovo, 25.6.2007
DE-8	AutoVision Wolfsburg, Leitung, 30.6.2005
DE-10	Lear Quakenbrück, Gesamtbetriebsrat, 25.11.2005
DE-18	AutoVision Wolfsburg, Leitung, 15.7.2005
DE-30	Volkswagen Hannover, Betriebsrat, 15.1.2007
DE-31	Volkswagen Hannover, Personalleiterin, 15.1.2007
DE-32	Volkswagen Salzgitter, Betriebsrat, 19.6.2007
DE-33	Leoni Kitzingen, Gesamtbetriebsrat, 24.7.2007
PL-2	Automobilverband ZPM Warszawa, Geschäftsführer, 15.2.2005
PL-4	FSO Warszawa, Gewerkschaft der Ingenieure und Techniker, 28.2.2005
PL-5	Solidarność, Vorsitzender Branchensektion Automobil, 21.3.2005
PL-6	Volkswagen Poznań, Personalleiterin, 4.5.2005
PL-7	Volkswagen Polkowice, Personalleiter, 11.5.2005
PL-10	Morpak Gdańsk, Stellvertretender Vorstandsvorsitzender, 6.6.2005
PL-13	Plasmet Słupsk, Vorstandsvorsitzender, 11.6.2005
PL-14	Polmo Kalisz, Vorsitzender der Gewerkschaft Metalowcy, 28.6.2005
PL-16	Polmo Kalisz, Personalleiter, 28.6.2005
PL-18	Volkswagen Poznań, Personalleiterin, 7.7.2005
PL-19	Volkswagen Poznań, Vorsitzender der Solidarność, 7.7.2005
PL-21	Volkswagen Poznań, Personalleiterin, 8.7.2005
PL-22	Volkswagen Poznań, Leiter Beschaffung und Disposition, 8.7.2005
PL-23	Volkswagen Poznań, Spezialist Berufsausbildung, 8.7.2005
PL-24	Faurecia Gorzów Wielkopolski, Werksleiter, 30.8.2005
PL-25	Faurecia Gorzów Wielkopolski, Personalleiter, 30.8.2005
PL-26	Taskoprojekt Poznań, Beschaffung und Marketing, 14.9.2005
PL-27	Solidarność, Leiter Internationale Koordination, 25.10.2005
PL-28	Autosan Sanok, Vorsitzender der Solidarność, 7.12.2005

PL-29	Autosan Sanok, Vorsitzender der Gewerkschaft Metalowcy, 7.12.2005
PL-30	Autosan Sanok, Personalleiter, 7.12.2005
PL-32	Volvo Wrocław, Produktionsleiter, 14.2.2006
PL-33	Volvo Wrocław, Werksleiter, 14.2.2006
PL-34	Volvo Wrocław, Leiter Beschaffung, 14.2.2006
PL-36	Volvo Wrocław, Vorsitzender der Solidarność, 15.2.2006
PL-37	Volvo Wrocław, Leiter Trainingszentrum, 15.2.2006
PL-38	Mahle Krotoszyn, Vorsitzender der Solidarność, 8.3.2006
PL-40	Lear Tychy, Vorsitzende der Solidarność, 9.3.2006
PL-43	Opel Gliwice, Leiter Personalentwicklung, 6.9.2006
PL-44	Opel Gliwice, Vizevorsitzender der Solidarność, 6.9.2006
PL-46	Opel Gliwice, Leiter Zulieferer-Qualität, 6.9.2006
PL-47	Opel Gliwice, Personalleiter, 6.9.2006
PL-49	Solaris Poznań, Personalleiterin, 16.11.2006
PL-51	Solaris Poznań, Leiter Marketing, 16.11.2006
PL-52	Solaris Poznań, Leiter Beschaffung und Logistik, 16.11.2006
PL-53	Fiat Tychy, Personalabteilung, 16.2.2007
PL-58	Delphi Technical Center Kraków, Personalabteilung, 17.2.2007
PL-59	Delphi Kraków, Abteilung Beschaffung, 28.5.2007
PL-61	Toyota Jelcz-Laskowice, Vorsitzender der Solidarność, 30.5.2007
PL-62	Valeo Skawina, Abteilung Beschaffung, 31.5.2007
PL-64	Solidarność, Leiter Abteilung Gewerkschaftsentwicklung, 19.3.2008
PL-66	Faurecia Legnica, Vorsitzender der Solidarność, 6.6.2008
SE-10	Volvo Borås, Vorsitzender der Gewerkschaft SIF, 29.11.2005
SE-11	Volvo Göteborg, Leiter des HR Center of Excellence, 1.12.2005
SE-13	Saab Trollhättan, Personalleiter, 29.8.2006
SE-16	Saab Trollhättan, Vorsitzender der Gewerkschaft IF Metall, 30.8.2006
SE-19	IF Metall, Forschungsabteilung, 31.8.2006
SE-20	Gewerkschaft IF Metall, Leiter Abteilung Arbeitsbedingungen, 1.9.2006
UA-1	KWL Lwiw, Werksleiter, 30.10.2007
UA-2	Leoni Stryj, Werksleiter, 30.10.2007
UA-3	Bfai Kiew, Korrespondent der Bfai in der Ukraine, 29.10.2007
UA-4	AvtoZAZ Zaporoshje, Betriebsgewerkschaft, 26.10.2007
UA-5	Automobilverband Ukravtoprom Kiew, Geschäftsführer, 25.10.2007
UA-6	Automobilbranchengewerkschaft ASMU Kiew, Vorsitzender, 25.10.2007

Literatur

ACEA European Automobile Manufacturers' Association (2009), *New Vehicle Registrations by Manufacturer, Brussels: ACEA*, http://www.acea. be/images/ uploads/files/20100309_02_2009_vo_By_Country_Enlarged_Europe.xls, 18.2.2010.

Adecco (2005), *Tymczasowo najlepiej w branży motoryzacyjnej*, http://www.adecco.pl/ PressInfo/MediaPR/Pages/Press2005.aspx, 11.3.2006.

Ahlers, Elke; Öz, Fikret; Ziegler, Astrid (2007), *Standortverlagerung in Deutschland – einige empirische und politische Befunde*, Düsseldorf: Hans-Böckler-Stiftung.

Aláez, Ricardo Aller; Ubillos, Javier Bilbao; Belderrain, Vicente Camino; Longàs Garcia, Juan Carlos (1999), »New Tendencies in Inter-Firm Relations in the Automotive Industry and their Impact on European Periphery Suppliers: Lessons from Spain«, in: *European Urban and Regional Studies*, Nr. 3, Bd. 6, S. 255–264.

Amable, Bruno; Gatti, Donatella; Schumacher, Jan (2006), »Welfare-State Retrenchment: The Partisan Effect Revisited«, in: *Oxford Review of Economic Policy*, Nr. 3, Bd. 22, S.426–444.

Aoki, Masahiko (1984), *The Co-operative Game Theory of the Firm*, Oxford: Oxford University Press.

Ashwin, Sarah (2004), »Social Partnership or a ›Complete Sellout‹? Russian Trade Unions' Responses to Conflict«, in: *British Journal of Industrial Relations*, Nr. 1, Bd. 42, S.23–46.

Bair, Jennifer (2005), »Global Capitalism and Commodity Chains: Looking Back, Going Forward«, in: *Competition & Change*, Nr. 2, Bd. 9, S.153–180.

—; Dussel Peters, Enrique (2006), »Global Commodity Chains and Endogenous Growth: Export Dynamism and Development in Mexico and Honduras«, in: *World Development*, Nr. 2, Bd. 34, S.203–221.

Balcet, Giovanni; Enrietti, Aldo (2002), »The Impact of Focused Globalisation in the Italian Automotive Industry«, in: *Journal of Interdisciplinary Economics*, Nr. 1–3, Bd. 13, S.97–133.

Bardhan, Ashok; Jaffee, Dwight M. (2005), *Innovation, R&D, and Offshoring, Fisher Center Research Report No. 1005*, http://repositories.cdlib.org/cgi/ viewcontent. cgi?article=1035&context=iber/fcreue, 10.03.2008

Bauer, Frank; Groß, Hermann (2006), »Betriebszeiten in Europa – Wo stehen die deutschen Betriebe?«, in: *WSI-Mitteilungen*, Nr. 6, Bd. 59, S.314–320.

BCG Boston Consulting Group (2004), *Produktionsstandort Deutschland – quo vadis?*, München: Boston Consulting Group.

Becker, Sascha; Ekholm, Karolina; Jäckle, Robert; Mündler, Marc-Andreas (2005), *Location Choice and Employment Decisions: A Comparison of German and Swedish Multinationals*, Kiel Working Paper Nr. 1243, Kiel: Institute for World Economics.

Bensusan, Graciela (2000), *El Modelo Mexicano de Regulacion Laboral*, Mexico City: Plaza y Valdes.

Benyó, Béla (2003), *Workers Participation in Hungary*, Budapest: ILO.

Berger, Suzanne (2005), *How We Compete. What Companies Around the World Are Doing to Make It In Today's Global Economy*, New York: Currency Doubleday.

Beyer, Jürgen (2003), »Deutschland AG a.D.: Deutsche Bank, Allianz und das Verflechtungszentrum des deutschen Kapitalismus«, in: Streeck, Wolfgang; Höpner, Martin (Hg.), *Alle Macht dem Markt? Fallstudien zur Abwicklung der Deutschland AG*, Frankfurt am Main/New York: Campus, S. 118–146.

Bispinck, Reinhard (2004) »Kontrollierte Dezentralisierung der Tarifpolitik – Eine schwierige Balance«, in: *WSI-Mitteilungen*, Nr. 5, Bd. 57, S. 237–245.

—; (2005), »Betriebsräte, Arbeitsbedingungen und Tarifpolitik«, in: *WSI-Mitteilungen*, Nr. 6, Bd. 58, S.301–307.

—; Schulten, Thorsten (2003), »Verbetrieblichung der Tarifpolitik? Aktuelle Tendenzen und Einschätzungen aus Sicht von Betriebs- und Personalräten«, in: *WSI-Mitteilungen*, Nr. 3, Bd. 56, S. 157–166.

—; Schulten, Thorsten (2009), »Re-Stabilisierung des deutschen Flächentarifvertragssystems«, in: *WSI-Mitteilungen*, Nr. 4, Bd. 62, S. 201–209.

Bluhm, Katharina (2007), *Experimentierfeld Ostmitteleuropa? Deutsche Unternehmen in Polen und der Tschechischen Republik*, Wiesbaden: VS Verlag.

Bohle, Dorothee (2002), *Europas neue Peripherie: Polens Transformation und transnationale Integration*, Münster: Westfälisches Dampfboot.

— 2007), »Race to the bottom? Die Dynamik der Konkurrenzbeziehungen in der erweiterten Europäischen Union«, in: *Prokla*, Nr. 3, Bd. 36, S. 353–376.

—; Greskovits, Béla (2005), *Capital, Labor, and the Prospects of the European Social Model*, Paper presented at the 5th Pan European International Relations Conference in The Hague, 9.–11. September 2005.

—; Greskovits, Béla (2007), »Neoliberalism, Embedded Neoliberalism and Neocorporatism: Towards Transnational Capitalism in Central-Eastern Europe«, in: *West European Politics*, Nr. 3, Bd. 30, S. 443–466.

Bonin, Hubert; Lung, Yannick; Tolliday, Steven (Hg.) (2003), *Ford. The European History 1903–2003*, Bd. 1 und 2, Paris: èditions P.L.A.G.E.

Borga, Maria (2005), »Trends in Employment at US Multinational Companies: Evidence from Firm-Level Data«, in: Collins, Susan; Lainard, Brael (Hg.), *Offshoring White-Collar Work*, Baltimore: Brookings Institution Press, S. 135–164.

Boyer, Robert; Freyssenet, Michel (2002), *The Productive Models*, Basingstoke: Palgrave.

Braconier, Henrik; Ekholm, Karolina; Midelfart Knarvik, Karen-Helene (2000), *Does FDI work as a channel for R&D spillovers? Evidence based on Swedish data*, Discussion Paper Nr. 2469, London: Centre for Economic Policy Research.

Bronfenbrenner, Kate; Luce, Stephanie (2004), *The Changing Nature of Corporate Global Restructuring: The Impact of Production Shifts on Jobs in the US, China, and Around the Globe*, Study submitted to the US-China Economic and Security Review Commission, Ithaca: Cornell University.

Bundesagentur für Aussenwirtschaft (BFAI) (2006), *Vorteile und Risiken einer Kfz-(Teile)-Produktion in der Ukraine*, http://www.bfai.de/ DE/Content/__ SharedDocs/Links-Einzeldokumente-Datenbanken/ fachdokument.html? fIdent= MKT20060125094755, 5.4.2007.

Bundesbank (verschiedene Jahrgänge), *Kapitalverflechtung mit dem Ausland*, Frankfurt/Main: Bundesbank.

Calabrese, Giuseppe (2001), »R&D Globalisation in the Car Industry«, in: *International Journal of Automotive Technology and Management*, Nr. 1, Bd. 1, S. 145–159.

Carrillo, Jorge; Lara, Arturo (2003), »Technological Globalization and Intrafirm Coordination in the Automobile Sector: The Case of Delphi Mexico«, in: *Comercio Exterior*, Nr. 7, Bd. 53, http://revistas.bancomext. gob.mx/rce/en/articleReader.jsp?id=1&idRevista=20.

—; Contreras, Oscar (2007), *The Historical Evolution of American Auto Firms in Mexico. Two Models of Local Development: From Local Supplier Networks to Firm Upgrading*, Paper presented at the 15th GERPISA International Colloquium in Paris, 20.–22. Juni, 2007.

—; Lung, Yannick; van Tulder, Rob (Hg.) (2004), *Cars, Carriers of Regionalism?*, New York: Palgrave.

Carter, Joseph R.; Ferrin, Bruce G.; Vellenga, David (1998), *Ikarus Vehicle Manufacturing. Logistics Case Study*, Manuskript, Council of Logistics Management Case Study Series, Chicago: Council of Logistics.

Centrum Europejskie Natolin (2003), *Korzyści i koszty członkostwa Polski w Unii Europejskiej*, Warszawa: Centrum Europejskie Natolin.

Chung, Myeong-kee (1998), »Globalization Strategies of Korean Motor Vehicle Industry: A Case Study of Hyundai«, in: *Les Actes du GERPISA*, Nr. 22, http://www.gerpisa.univ-evry.fr/ancien-gerpisa/actes/22/22-5.pdf, 16.9.2008.

Crowley, Stephen; Ost, David (Hg.) (2001), *Workers After Workers' States. Labor and Politics in Postcommunist Europe*, Lanham/Oxford: Rowman & Littlefield.

Czechinvest (2006), *Denso – Case Study*, Prague: Czechinvest.

— (2007a), *Investment Incentives Promised from April 1998 to July 2007*, http://www.czechinvest.org/data/files/investment-incentives-granted-60-en. xls, 21.8.2007.

— (2007b), *Investment Incentives for the Manufacturing Sector in the Czech Republic*, http://www.czechinvest.org/data/files/summary-investment-incentives-for-manufacturing-sector-cze-42-en.pdf, 21.8.2007.

Damijan, Joze; Majcen, Boris; Knell, Mark; Rojec, Matija (2003), *Technology Transfer through FDI in Top-10 Transition Countries: How Important are Direct Effects, Horizontal and Vertical Spillovers?*, William Davidson Working Paper 549, Ann Arbor: University of Michigan.

Daudain, Guillame; Levasseur, Sandrine (2005), »Délocalisations et concurrence des pays émergents: Mésurer l'effet sur l'emploi en France«, in: *Revue de l'OFCE*, Nr. 94, S. 131–160.

DATAR Délégation à l'aménagement du territoire et à l'action régionale (2004), *La France, puissance industrielle*, Paris: La documentation française.

Delgado Wise, Raul; Cypher, James (2007), »The Strategic Role of Mexican Labor under NAFTA: Perspectives on Current Economic Integration«, in: *The Annals of the American Academy of Political and Social Science*, Nr. 1, Bd. 610, S. 119–142.

Delphi (2006), *Annual Report*, Troy: Delphi.

Denso (verschiedene Jahrgänge), *Annual Report*, Kariya: Denso.

— (2002), *Denso to Reinvest in Its Manufacturing Company in Hungary*, http://www.densomediacenter.com/news/newsreleases.asp? ArticleID=392, 18.6.2008

Department of Trade and Industry (2004), *Services and Offshoring: The Impact of Increasing International Competition in Services*, London: Department of Trade and Industry.

Deppe, Rainer; Tatur, Melanie (2002), *Rekonstitution und Marginalisierung. Transformationsprozesse und Gewerkschaften in Polen und Ungarn*, Frankfurt/New York: Campus.

Diez, Willi; Merten, Christian F. (2005), *Premiumautomobile und die Zukunft des Automobilstandorts Deutschland*, Arbeitspapier Nr. 5, Nürtingen-Geislingen: Institut für Automobilwirtschaft (IFA) an der Hochschule für Wirtschaft und Umwelt Nürtingen-Geislingen.

DIHK Deutsche Industrie- und Handelskammer (2005), *FuE-Verlagerung: Innovationsstandort Deutschland auf dem Prüfstand*, Berlin: DIHK.

Dörr, Gerlinde; Kessel, Tanja (2002), *Cooperation and Asymmetry. The Development Profile of an East-West Corporate Project*, WZB Discussion Paper, FS II 2002-201, Berlin: WZB.

Dörrenbächer, Christoph (2003), »Grenzüberschreitender Modelltransfer in multinationalen Unternehmen«, in: Dörrenbächer, Christoph (Hg.), *Modelltransfer in multinationalen Unternehmen*, Berlin: edition sigma, S. 151–172.

Doleschal, Reinhard (1987), *Automobilproduktion und Industriearbeiter in Brasilien*, Saarbrücken/Fort Lauderdale: Breitenbach.

Dombois, Rainer (1987), *Autoindustrie und Automobilarbeiter in Mexiko*, Berlin: edition sigma.

Doner, Richard E. (1991), *Driving a Bargain. Automobile Industrialization and Japanese Firms in Southeast Asia*, Berkeley: University of California Press.

Dudenhöffer, Ferdinand; Büttner, Carina (2006), *Flexibilität durch Zeitarbeit als Wettbewerbsfaktor in der Automobilindustrie*, Gelsenkirchen: CAR.

Eckhardt, Andrea (2003), *Diskutieren, streiten, mitgestalten! 30 Jahre Kampf um Arbeit im weltgrößten Motorenwerk Volkswagen, Salzgitter*, Hamburg: VSA.

Edler, Jakob; Meyer-Krahmer, Frieder; Reger, Guido (2002), »Changes in the strategic management of technology: results of a global benchmark survey«, in: *R&D Management*, Nr. 2, Bd. 32, S. 149–164.

EIRO European Industrial Relations Observatory (2003), *Industrial Relations in the Automotive Sector*, http://www.eurofound.europa.eu/eiro/ 2003/12/study/index.htm, 16.2.2006.

— (2007), *Government to entice foreign workers in bid to counter labour shortage*, http://www.eurofound.europa.eu/eiro/2007/07/articles/cz0707029i.htm, 12.1.2008.

Elger, Tony; Smith, Chris (1994), »Introduction«, in: Elger, Tony; Smith, Chris (Hg.), *Global japanization? The transnational transformation of the labour process*, London/New York: Routledge, S. 1–26.

Eller-Braatz, Elke; Klebe, Thomas (1998), »Benchmarking in der Automobilindustrie«, in: *WSI-Mitteilungen*, Nr. 7, Bd. 51, S. 442–450.

Ellingstad, Marc (1997), »The Maquiladora Syndrome: Central European Prospects«, in: *Europe-Asia Studies*, Nr. 1, Bd. 49, S. 7–21.

EMCC European Monitoring Center on Change (2004a), *Trends and drivers of change in the European automotive industry*: TRW Automotive, Dublin: EMCC.

EMF European Metalworkers' Federation (2005), *GME Restructuring and Framework Agreements. An Example of EMF European Company Policy*, Brüssel: EMF.

Ernst & Young (2004), *Automobilstandort Deutschland in Gefahr?*, Stuttgart: Ernst & Young.

Estrin, Saul; Hughes, Kirsty; Todd, Sarah (1997), *Foreign Direct Investment in Central and Eastern Europe*, London/Washington: Pinter.

European Commission (2008), *Car Price Report 2008*, Brussels: European Commission.

European Foundation for the Improvement of Living and Working Conditions (2003), *Working conditions in the acceding and candidate countries*, Dublin: Eurofound.

— (2005), *Minimum wages in Europe*, http://www.eurofound. europa.eu/eiro/2005/07/study/tn0507101s.htm, 20.2.2008.

— (2006a), *Temporary agency work in an enlarged European Union*, Dublin: Eurofound.

— (2006b), *European Works Councils and transnational restructuring*, Dublin: Eurofound.

— (2007), *Fourth European Working Conditions Survey*, Dublin: Eurofound.

Falkner, Gerda (1996), »European Works Councils and the Maastricht Social Agreement: Towards a New Policy Style«, in: *Journal of European Public Policy*, Nr. 2, Bd. 3, S. 192–208.

Faurecia (2003), *La présence du Groupe Faurecia en Europe de l'Est. L'exemple de la Pologne*, Paris: Faurecia.

— (2006), *Annual Report 2006*, Paris: Faurecia.

Fichter, Michael; Frybes, Marcin; Meardi, Guglielmo; Marginson, Paul; Stanojevic, Miroslav; Toth, Andras (2005), *Varieties of multinationals. Embedding foreign investors in Central Europe*, Paper presented at the GIRA Annual Conference in Trier, 12.–13. Oktober 2005

Finegold, David; Soskice, David (1988), »The Failure of Training in Britain: Analysis and Prescription«, in: *Oxford Review of Economic Policy*, Nr. 3, Bd. 4, S. 21–53.

Fixson, Sebastian; Ro, Young; Liker, Jeffrey (2005), »Modularisation and outsourcing: who drives whom? A study of generational sequences in the US automotive cockpit industry«, in: *International Journal of Automotive Technology and Management*, Nr. 2, Bd. 5, S. 166–183.

Florek, Ludwik; Zieliński, Tadeusz (2003), *Prawo pracy*, Warszawa: C.H. Beck.

Fontaigné, Lionel; Lorenzi, Jean-Hervé (2005), *Désindustrialisation, délocalisations*, Paris: La documentaion française.

Forrester Research (2004), *Near-term Growth of Offshoring Accelerating*, by John McCarthy, May 14, 2004.

Forster, Carl-Peter (2004), *Standort Deutschland – Zustand und Perspektiven*, Rede beim Neujahrsempfang der IHK Bochum, 29.1.2004.

Freyssenet, Michel (2003), »Renault: Globalization, But for What Purpose?«, in: Freyssenet, Michel; Shimizu, Koichi; Volpato, Giuseppe (Hg.), *Globalization or Regionalization of the European Car Industry?*, New York: Palgrave, S. 102–131.

—; Shimizu, Koichi; Volpato, Giuseppe (Hg.) (2003a), *Globalization or Regionalization of the European Car Industry?*, New York: Palgrave.

—; Shimizu, Koichi; Volpato, Giuseppe (Hg.) (2003b), *Globalization or Regionalization of the American and Asian Car Industry?*, New York: Palgrave.

Friedman, Thomas (2005), *The World Is Flat. A Brief History of the Twenty-First Century*, New York: Farrer, Straus and Giroux.

Frigant, Vincent (2007), *The New Geography of First-Tier Suppliers: Hollowing out or new centralities?* A French point of view, Paper presented at the conference »The New International Division of Labour« in Kraków, 15.–17. Februar 2007.

—; Layan, Jean-Bernard (2007), *Substitution ou complémentarité, quel est le statut de l'Europe de l'Est pour les équipementiers automobiles?*, Paper presented at the MSHA Workshop «Les trajectoires de délocalisation: état des lieux et perspectives" in Bordeaux, 8.–9. November 2007.

Fuchs, Martina (2005a), »Borders and the Internationalisation of Knowledge: Two Examples from the automobile components supply sector in Poland«, in: van Vilsteren, Gerrit; Wever, Egbert (Hg.), *Borders and economic behaviour in Europe*, Assen: Van Gorcum, S. 43–61.

Galhardi, Regina (1997), *Maquiladoras proespects of regional integration and globalization*, ILO Employment and Training Papers, Nr. 12, Genf: ILO.

Gardawski, Juliusz (2001a), *Powracająca klasa. Sektor prywatny w III Rzeczpospolitej*, Warszawa: IFiS PAN.

— (2001b), *Związki zawodowe na rozdrożu*, Warszawa: Friedrich Ebert Stiftung.

—; Gąciarz, Barbara; Mokrzyszewski, Andrzej; Pańków, Włodzimierz (Hg.) (1999), *Rozpad bastionu? Związki zawodowe w gospodarce prywatyzowanej*, Warszawa: ISP.

Gereffi, Gary (2005b), »The global economy: Organization, governance and development«, in: Smelser, Neil; Swedberg, Richard (Hg.), *The handbook of economic sociology*, Princeton: Princeton University Press, S. 160–182.

—; Korzeniewicz, Miguel (Hg.) (1994), *Commodity Chains and Global Capitalism*, Westport: Praeger.

Gilejko, Leszek (1998), »Kształtowanie się koncepcji własności pracowniczej«, in: Gilejko, Leszek (Hg.), *Własność pracownicza w Polsce*, Warszawa: Główna Szkoła Handlowa, S. 7–26.

GME European Employee Forum (2006), *European solidarity pledge*, Gliwice/Rüsselsheim: GME EEF and EMF.

Grignon, François (2004), *La délocalisation des industries de main-d'oeuvre*. Rapport d'information au Sénat, Nr. 374, Paris: Sénat.

Groht, Volker (2005), *Warten auf den Boom. Direktinvestitionen in die osteuropäischen Beitrittsländer: Wunschdenken und Fakten*, Berlin: edition sigma.

Guerrieri, Paolo (1998), »Trade Patterns, Foreign Direct Investment, and Industrial Restructuring in Central and Eastern Europe«, in: Zysman, John; Schwartz, Andrew (Hg.), *Enlarging Europe: The Industrial Foundations of a New Political Reality*, Berkeley: University of California at Berkeley, S. 130–156.

Guiheux, Gilles (1999), »A Survey on the Current Investements of Japanese Auto Parts Industry in Asia: The Case of Toyota First Tier Suppliers«, in: *Actes du GERPISA*, Bd. 25, S. 105–117.

GUS Główny Urząd Statystyczny (2000), Bilans Przepływów Międzygałęziowych, Warszawa: GUS

GUS Główny Urząd Statystyczny (2007), *Informacja o rozmiarach i kierunkach emigracji z Polski w latach 2004-2006*. Warszawa: GUS.

Haipeter, Thomas (2000): *Mitbestimmung bei VW*, Münster: Westfälisches Dampfboot

— (2009), *Tarifabweichungen und Flächentarifverträge*, Wiesbaden: VS Verlag.

Hall, Peter; Soskice, David (2001), »An Introduction to Varieties of Capitalism«, in: Hall, Peter; Soskice, David (Hg.), *Varieties of Capitalism. The Institutional Foundations of Comparative Advantage*, Oxford: Oxford University Press, S. 1–70.

Hancké, Bob (1998), *Industrial Restructuring and Industrial Relations in the European Car Industry*, WZB Discussion Paper, FS I 1998-305, Berlin: WZB.

Hancké, Bob (2000), »European Works Councils and Industrial Restructuring in the European Motor Industry«, in: *European Journal of Industrial Relations*, Nr. 1, Bd. 6, S. 35–59.

Hardy, Jane (1998), »Cathedrals in the Desert? Transnationals, Corporate Strategy and Locality in Wrocław«, in: *Regional Studies*, Nr. 7, Bd. 32, S. 639–652.

— (2007), »The New Competition and the New Economy: Poland in the International Division of Labour«, in: *Europe-Asia Studies*, Nr. 5, Bd. 59, S. 761–777.

Harrison, Ann; McMillan, Margaret (2007), *Offshoring Jobs? Multinationals and US Manufacturing Employment*, NBER Working Paper W12372, Cambridge: National Bureau of Economic Research.

Hárs, Ágnes; Kováts, András (2004), »Country Report Hungary«, in: Niessen, Jan; Schibel, Yongmi (Hg.), *Immigration as a labour market strategy – European and North American Perspectives*, http://www.migpolgroup.com/multiattachments/2555/DocumentName/HungaryImmigrationLabourMarketStrategyHarsKovats.pdf, 14.2.2008.

Hassel, Anke (1999), »The Erosion of the German System of Industrial Relations«, in: *British Journal of Industrial Relations*, Nr. 3, Bd. 37, S. 483–505.

Havas, Attila (2007), *Local, Regional, and Global Aspects of SSIP: The Case of the Hungarian Automotive Industry*, Paper presented at the conference »The New International Division of Labour« in Kraków, 15.–17 Februar 2007.

Havlovic, Stephen J.; Moore, William M. (1997), »Workers' Councils, Trade Unions and Industrial Democracy in Poland«, in: *Economic and Industrial Democracy*, Nr. 2, Bd. 18, S. 261–287.

Heckley, Gawain (2005), »Offshoring and the labour market: the IT and call centre occupations considered«, in: *Labour Market Trends*, Nr. 9, S. 373–385, London: Office for National Statistics.

Herber, Armin; Schäfer-Klug, Wolfgang (2002), »Wie ein Euro-Betriebsrat zum Vertragspartner wird – Arbeitnehmerpolitik im US-Konzern«, in: *Mitbestimmung*, Nr. 9, Bd. 48, S. 50–54.

Hijzen, Alexander; Görg, Holger; Hine, Robert (2004), *International Outsourcing and the Skill Structure of Labour Demand in the United Kingdom*, IZA Discussion Paper, Nr. 1249, Bonn: Forschungsinstitut zur Zukunft der Arbeit.

Hobday, Michael; Rush, Howard (2007), »Upgrading the technological capabilities of foreign transnational subsidiaries in developing countries: The case of electronics in Thailand«, in: *Research Policy*, Bd. 36, S. 1335–1356.

Höpner, Martin (2008), »Das soziale Europa findet nicht statt«, in: *Mitbestimmung*, Nr. 8, Bd. 54, S. 46–49.

Holst, Hajo; Nachtwey, Oliver; Dörre, Klaus (2009), *Funktionswandel von Leiharbeit. Neue Nutzungsstrategien und ihre arbeits- und mitbestimmungspolitischen Folgen*, Arbeitsheft 61 der Otto-Brenner-Stiftung, Frankfurt am Main: Otto-Brenner-Stiftung.

Hopkins, Terence; Wallerstein, Immanuel (1977), »Patterns of development of the modern world system«, in: *Review*, Nr. 2, Bd. 1, S. 11–145.

Horáková, Milada (2006), *Zahraniční pracovní migrace v České republice dva roky po vstupu ČR do EU*, Praha: VÚPSV.

Huber, Berthold; Burkhard, Oliver; Klebe, Thomas (2005), »Tarifpolitik ist Betriebspolitik, Betriebspolitik ist Tarifpolitik«, in: *WSI-Mitteilungen*, Nr. 11, Bd. 58, S. 656–662.

Humphrey, John (1999), »Globalisierung und nationale Entwicklung. Die Transformation der Hersteller-Zulieferer-Beziehungen in der brasilianischen und indischen Automobilindustrie«, in: Kilper, Heiderose; Pries, Ludger (Hg.), *Die Globalisierungsspirale in der deutschen Automobilindustrie*, München und Mering: Rainer Hampp, S. 151–190.

—; Memedovic, Olga (2003), *The Global Automotive Industry Value Chain: What Prospects for Upgrading by Developing Countries*, Vienna: UNIDO.

Hungarian Investment and Trade Development Agency (2006), *Automotive Industry Sector in Hungary*, Budapest: ITD.

Hyun, Jae Hoon (2003), *Korean Automotive Foreign Direct Investment in Europe*, Basingstoke/New York: Palgrave.

Hyun, Young-Suk (1998), »Globalization of Daewoo Motor: From Joint Venture to Most Agressive Globalization Maker«, in: *Les Actes du GERPISA*, Nr. 22, http://www.gerpisa.univ-evry.fr/ancien-gerpisa/actes/22/22-3.pdf, 25.5.2007.

Industriegewerkschaft Metall (2010), *Ausweitung der Leiharbeit? Verfehlte Konzepte mit gravierenden Risiken*, Düsseldorf: IG Metall Bezirksleitung Nordrhein-Westfalen.

INSEE Institut National de la Statistique et des Etudes (2005), *Délocalisations et réductions d'effectifs dans l'industrie française*, Paris: INSEE.

Intec.net (2005), *Länderinformation Slowakei*, Berlin: Arbeitsgemeinschaft industrieller Forschungsvereinigungen »Otto von Gericke«.

Jacobi, Otto (2003), »Renewal of the Collective Bargaining System?«, in: Müller-Jentsch, Walther, Weitbrecht, Hansjörg (Hg.), *The Changing Contours of the German Industrial Relations*, München/Mering: Hampp Verlag, S. 15–38.

Jaffee, Dwight M. (2004), *Globalization, Offshoring, and Economic Convergence: A Synthesis*, Fisher Center Working Paper No. 297, Berkeley: Fisher Center for Real Estate & Urban Economics.

Jetro (2006), *Japanische Unternehmen in Europa. Auswirkungen der EU-Osterweiterung*, http://www.jetro.de/d/eu.pdf, 13.6.2007.

Jones, Philip; North, John (1991), »Japanese Motor Industry Transplants: The West European Dimension«, in: *Economic Geography*, Nr. 2, Bd. 67, S. 105–123.

Jürgens, Ulrich (1998), »The Development of Volkswagen's Industrial Model, 1967–1995«, in: Freyssenet, Michel; Mair, Andrew; Shimizu, Koichi; Volpato, Giuseppe (Hg.), *One Best Way? Trajectories and Industrials Models of the World's Automobile Producers*, Oxford: Oxford University Press, S. 273–310.

— (2003), »Transformation and Interaction: Japanese, U.S., and German Production Models in the 1990s«, in: Yamamura, Kozo; Streeck, Wolfgang (Hg.), *The End of Diversity? Prospects for German and Japanese Capitalism*, Ithaca/London: Cornell University Press, S. 212–239.

— (2004), »An Elusive Model – Diversified Quality Production and the Transformation of the German Automobile Industry«, in: *Competition & Change*, Nr. 4, Vol. 8, S. 411–423.

—; Krzywdzinski, Martin; Teipen, Christina (2006), *Changing Work and Employment Relations in German Industries – Breaking Away From the German Model?*, WZB Discussion Paper, SP III 2006-302, Berlin: WZB.

—; Krzywdzinski, Martin (2006), *Globalisierungsdruck und Beschäftigungssicherung – Standortsicherungsvereinbarungen in der deutschen Automobilindustrie zwischen 1993 und 2006*, WZB Discussion Paper, SP III 2006-303, Berlin: WZB.

—; Krzywdzinski, Martin (2007a), *Zukunft der Arbeitsmodelle in Polen. Institutionelle Entwicklungen und Strategien transnationaler Unternehmen der Automobilindustrie*, WZB Discussion Paper, SP III 2007-301, Berlin: WZB.

—; Krzywdzinski, Martin (2007b), »Zur Zukunftsfähigkeit des deutschen Produktionsmodells«, in: Kocka, Jür*gens (Hg.),* Zukunftsfähigkeit Deutschlands. Sozialwissenschaftliche Essays, Berlin: edition sigma, S. 203–227.

—; Krzywdzinski, Martin (2009a), *Verlagerung nach Mittelosteuropa und Wandel der Arbeitsmodelle in der Automobilindustrie*, Arbeitsheft 57 der Otto-Brenner-Stiftung, Frankfurt am Main: Otto-Brenner-Stiftung.

—; Krzywdzinski, Martin (2009b), »Work models in the Central Eastern European car industry: towards the high road?«, in: *Industrial Relations Journal*, Nr. 6, Bd. 40, S. 493–512.

—; Meissner, Heinz-Rudolf (2005), *Arbeiten am Auto der Zukunft. Produktinnovationen und Perspektiven der Beschäftigten*, Berlin: edition sigma.

—; Naschold, Frieder (1994), Arbeits- und industriepolitische Entwicklungsengpässe der deutschen Industrie in den neunziger Jahren, in: Dierkes, Meinolf; Zapf, Wolfgang (Hg), Institutionenvergleich und Institutionendynamik, Berlin: edition sigma, 239–270.

Jullien, Bernard; Smith, Andy (2008), *Industries and Globalization: The Political Causality of Divergent Responses*, Basingstoke: Palgrave MacMillan.

Kaiser, Rémi (2006), *Les réseaux mondiaux d'innovation dans l'industrie automobile - Un exemple: Delphi*, Präsentation auf der Konferenz »Réseaux mondiaux d'innovation« der Association Nationale de la Recherche Technique und des Institut Français des Relations Internationales in Paris, 27. April 2006.

Katz, Harry; Darbishire, Owen (2000), *Converging Divergences. Worldwide Changes in Employment Systems*, Ithaca/London: ILR Press.

Kinkel, Steffen; Lay, Gunter; Maloca, Spomenka (2004), *Produktionsverlagerungen ins Ausland und Rückverlagerungen*, Karlsruhe: ISI Fraunhofer Institut für Systemtechnik und Innovationsforschung.

—; Lay, Gunter (2005), »Automobilzulieferer in der Klemme«, in: Pries, Ludger; Hertwig, Markus (Hg.), *Deutsche Automobilproduktion im globalen Wandel*, Berlin: edition sigma, S. 59–74.

—; Maloca, Spomenka (2008), *FuE-Verlagerungen ins Ausland – Ausverkauf deutscher Entwicklungskompetenz?*, Karlsruhe: ISI Fraunhofer Institut für Systemtechnik und Innovationsforschung.

Klier, Thomas; Rubenstein, James (2008), *Who really made your car? Restructuring and geographic change in the auto industry*, Kalamazoo: W. E. Upjohn Institute for Employment Research.

Klobes, Frank (2005), *Produktionsstrategien und Organisationsmodi. Internationale Arbeitsteilung am Beispiel von zwei Standorten der Volkswagen AG*, Hamburg: VSA.

Kohl, Heribert; Platzer, Hans-Wolfgang (2004), *Arbeitsbeziehungen in Mittelosteuropa*, Baden-Baden: Nomos.

—; Lehndorff, Steffen; Schief, Sebastian (2006), »Industrielle Beziehungen in Europa nach der EU-Erweiterung«, in: *WSI-Mitteilungen*, Nr. 7, Bd. 59, S. 403–409.

—; Platzer, Hans-Wolfgang (2007), »The role of the state in Central and Eastern European industrial relations: the case of minimum wages«, in: *Industrial Relations Journal*, Nr. 6, Bd. 38, S. 614–635.

Konings, Jozef (2001), *The Effects of Foreign Direct Investment on Domestic Firms: Evidence from Firm Level Panel Data in Emerging Economies*, CEPR Discussion Paper, Nr. 2586, London: Centre for Economic Policy Research.

Konzelmann, Suzanne; Wilkinson, Frank; Craypo, Charles; Aridi, Rabih (2005), *The Export of National Varieties of Capitalism: The Cases of Wal-Mart and Ikea*, Center for Business Research Working Paper No. 314, Cambridge: Unviersity of Cambridge.

Kotthoff, Hermann (2006), *Lehrjahre des Europäischen Betriebsrats*, Berlin: edition sigma.

Krzywdzinski, Martin (2008), *Arbeits- und Sozialpolitik in Polen. Interessenvermittlung und politischer Tausch in einem umkämpften Politikfeld*, Wiesbaden: VS Verlag für Sozialwissenschaften.

— (2009), »Organisatorischer Wandel von Gewerkschaften in postkommunistischen Ländern. Der Fall der Solidarnosc«, in: *Industrielle Beziehungen*, Nr. 1, Vol. 16, S. 25–45.

Kubicek, Paul J. (2004), *Organizing Labor in Postcommunist States*, Pittsburgh: University of Pittsburgh.

Kume, Goroto; Totsuka, Keisuke (1991), »Japanese manufacturing investment in the EC: motives and locations«, in: Yoshitomi, Masaru; Akimune, Ichiro; Kitamura, Toshiharu (Hg.), *Japanese Direct Investment in Europe: Motives, Impact and Policy Implications*, Aldershot: Avebury, S. 26-56.

Kumon, Hiroshi (2007), *Toyota Motor's Plant Operation in Czech Republic and Turkey – Transfer of the Toyota Production System*, Paper presented at the 15th GERPISA International Colloquium in Paris, 20.–22. Juni 2007.

Kurz, Constanze; Wittke, Volker (1998), »Using Industrial Capacities as a Way of Integrating the Central and East European Economies«, in: Zysman, John; Schwartz, Andrew (Hg.), *Enlarging Europe: The Industrial Foundations of a New Political Reality*, San Francisco: University of California at Berkely, S. 63–95.

Laigle, Lydie (2003), »The Internationalization of the French Automobile Component Industry and the Case of Valeo«, in: Freyssenet, Michel; Shimizu, Koichi; Volpato, Giuseppe (Hg.), *Globalization or Regionalization of the European Car Industry?*, New York: Palgrave, S. 198–222.

Lane, Christel (2008), »National capitalisms, global production networks: an analysis of their interaction in two global industries«, in: *Socio-Economic Review*, Nr. 2, Bd. 6, S. 227–260.

Lazear, Edward P.; Baicker, Katherine; Slaughter, Matthew J. (2007), *Annual Report of the Council of Economic Advisors 2007*, Washington: United States Government Printing Office.

Lear (2005), *Business Update and Product Strategy,* Präsentation von CEO Bob Rossiter auf der IAA 2005, Frankfurt am Main, http://ir.lear.com/downloads/091405.pdf, 18.6.2006.

— (2007), *Strategy Overview and 2006 Highlights*, Präsentation von CEO Bob Rossiter auf der Annual Meeting of Stockholders, July 16, 2007, Southfield, http://ir. lear.com/downloads/2006_asm.pdf, 8.1.2008.

Lehndorff, Steffen (1997), *Zeitnot und Zeitsouveränität in der just-in-time Fabrik*, München und Mering: Hampp.

— (2001), *Factories with Breathing Power. The Change in Working-Time Organisation in the European Automotive Industry*, Paper presented at the 8th International Symposium on Working Time in Amsterdam, 14.–16. März 2001.

Lemoine, Françoise; Freudenberg, Michael (1999), *Central and Eastern European Countries in the International Division of Labour in Europe*, CEPII Working Paper, Paris: Centre d'Etudes Prospectives et d'Informations Internationales.

Leoni (verschiedene Jahrgänge), *Geschäftsbericht*, Nürnberg: Leoni.

Leschke, Janine; Watt, Andrew (2009), »Arbeitsplatzqualität in Europa«, in: Kistler, Ernt; Mußmann, Frank (Hg.), *Arbeitsgestaltung als Zukunftsaufgabe*, Hamburg: VSA, S. 85–121.

Liu, Xiaohui; Wang, Chenggang (2003), »Does foreign direct investment facilitate technological progress? Evidence from Chinese industries», in: *Research Policy*, Vol. 32, S. 945–953.

Loubet, Jean-Louis (2003), »The Cautious and Progressive Internationalization of PSA Peugeot Citroen«, in: Freyssenet, Michel; Shimizu, Koichi; Volpato, Giuseppe (Hg.), *Globalization or Regionalization of the European Car Industry?*, New York: Palgrave, S. 152–169.

LTT Research; Helsinki School of Economics (2007), *The implications of R&D offshoring on the innovation capacity of EU firms*, Helsinki: LTT/HSE.

Lüthje, Boy (2006), »Electronic Contract Manufacturing: Globale Produktion und neue Arbeitsregimes in China«, in: *WSI-Mitteilungen*, Nr. 1, Bd. 59, S. 21–27.

—; Schumm, Wilhelm; Sproll, Martina (2002), *Contract Manufacturing. Transnationale Produktion und Industriearbeit in der IT-Branche*, Frankfurt am Main/New York: Campus.

Lung, Yannick (2004), »The Changing Geography of the European Automobile System«, in: *International Journal of Automotive Technology and Management*, Nr. 2/3, Bd. 4, S. 137–165.

— (2008), »Modèles de firme et formes du capitalisme: Penser la diversité comme agenda de recherche pour la théorie de la régulation«, in: *Revue de la régulation*, Nr. 2, Bd. 1, http://regulation.revues.org/ document2052.html.

—; Bordenave, Gérard (2003), »The Twin Internationalization Strategies of US Automakers: GM and Ford«, in: Freyssenet, Michel; Shimizu, Koichi; Volpato,

Giuseppe (Hg.), *Globalization or Regionalization of the American and Asian Car Industry?*, New York: Palgrave, S. 53–94.

MacDuffie, John P. (1995), »Human Resource Bundles and Manufacturing Performance: Organizational Logic and Flexible Production Systems in the World Auto Industry«, in: *Industrial and Labor Relations Review*, Nr. 2, Bd. 48, S. 197–221.

Mailand, Mikkel; Due, Jesper (2004), »Social Dialogue in Central and Eastern Europe: Present State and Future Development«, in: *European Journal of Industrial Relations*, Nr. 2, Bd. 10, S. 179–197.

Mair, Andrew; Florida, Richard; Kenney, Martin (1988), »The New Geography of Automobile Production: Japanese Transplants in North America«, in: *Economic Geography*, Nr. 4, Bd.64, S. 352–373.

MAN (verschiedene Jahrgänge), *Geschäftsbericht*, München: MAN.

Mandel, David (2004), Labour After Communism, Montréal: Black Rose Books

Mankiw, N. Gregory; Forbes, Kristin J.; Rosen, Harvey S. (2004), *Annual Report of the Council of Economic Advisors 2004*, Washington: United States Government Printing Office.

Marin, Dalia (2004), *A Nation of Poets and Thinkers – Less so with Eastern Enlargement? Austria and Germany*, CEPR Discussion Paper 4358, London: Centre for Economic Policy Research.

Martinez-Lucio, Miguel; Weston, Sid (2004), »European Works Councils: Structures and Strategies in New Europe«, in: Fitzgerald, Ian; Stirling John (Hg.), *European Works Councils. Pessimism of the Intellect, Optimism of the Will?*, London: Routledge, S. 34–47.

Mattila, Lars; Strandell, Anne-Christine (2006), *Defining and measuring relocation and outsourcing of production*, Östersund: ITPS Swedish Institute for Growth Policy Studies.

Martini, Joachim (2005), *Keine Chancen für Familienbetriebe, in: Automobil-Produktion*, Mai 2005, S. 32–36.

McAlinden, Sean (2004), *The Meaning of the 2003 UAW-Automotive Pattern Agreement*, Ann Arbor: Center for Automotive Research.

McKinsey & Company (2003), *Offshoring: Is It a Win-Win Game?*, San Francisco: McKinsey Global Institute.

—; Institut für Produktionsmanagement, Technologie und Werkzeugmaschinen der TU Berlin (2003), *HAWK 2015 – Wissensbasierte Veränderung der automobilen Wertschöpfungskette*, VDA-Materialien zur Automobilindustrie, Bd. 30, Frankfurt am Main: VDA.

Meardi, Guglielmo (2004), »Short Circuits in Multinational Companies: The Extension of European Works Councils to Poland«, in: European Journal of Industrial Relations, Nr. 2, Bd. 10, S. 161–178.

— (2007), »More voice after more exit? Unstable industrial relations in Central Eastern Europe«, in: *Industrial Relations Journal*, Nr. 6, Bd. 38, S. 503–523.

—; Tóth, András (2006), »Who is Hybridising What? Insights on MNCs' employment practices in Central Europe«, in: Ferner, Anthony; Quintanilla, Javier; Sanchez-Runde, Carlos (Hg.), *Multinationals and the Construction of Transnational Practices: Convergence and Diversity in the Global Economy*, Basingstoke: Palgrave, S. 155–183.

Mercer Management Consulting; Fraunhofer-Institut für Produktionstechnik und Automatisierung; Fraunhofer-Institut für Materialfluss und Logistik (2004), *Future Automotive Industry Structure FAST 2015*, Frankfurt am Main: Mercer.

Michaux, Françis (2006), *Comment les enterprises allemandes gèrent leurs baisses de coût*, Paper presented at the 15th GERPISA International Colloquium in Paris, 12.–13. Juni 2006.

Miller, Roger (1994), »Global R&D networks and large-scale innovations: the case of the automotive industry«, in: *Research Policy*, Bd. 23, S. 27–46.

MGiP Ministerstwo Gospodarki i Pracy (2005), *Specjalne strefy ekonomiczne. Stan na dzień 31 grudnia 2004 r.*, Warszawa: MGiP.

Müller-Jentsch, Walther (2008), *Arbeit und Bürgerstatus*, Wiesbaden: VS Verlag.

NIK Naczelna Izba Kontroli (2002), *Informacja w wynikach kontroli wykonania zobowiązań umownych przez inwestorów strategicznych w sprywatyzowanych przedsiębiorstwach produkujących samochody osobowe, ciężarowe oraz autobusy*, Warszawa: NIK.

Neliba, Günther (2000), *Die Opel-Werke im Konzern von General Motors (1929–1948) in Rüsselsheim und Brandenburg*, Frankfurt/Main: Brandes und Apsel.

Nunnenkamp, Peter (2005), »Der Automobilstandort Deutschland unter Wettbewerbsdruck«, in: Pries, Ludger; Hertwig, Markus (Hg.), *Deutsche Automobilproduktion im globalen Wandel*, Berlin: edition sigma, S. 40–58:

—; Spatz, Julius (2002), *Globalisierung der Automobilindustrie. Wettbewerbsdruck, Arbeitsmarkteffekte und Anpassungsreaktionen*, Berlin: Springer.

Oh, Donghoon; Choi, Chong Ju; Choi, Eugene (1998), »The globalization s*trategy of Daewoo Motor Company«, in:* Asia Pacific Journal of Management, Nr. 2, Bd. 15, S. 185–203.

OICA Organisation Internationale des Constructeurs d'Automobiles (2008), *Production Statistics*, http://oica.net/category/production-statistics/, 20.3.2009.

Onaran, Özlem; Stockhammer, Engelbert (2006), *The effect of FDI and foreign trade on wages in the Central and Eastern European Countries in the post-transition era: A sectoral analysis*, Wirtschaftsuniversität Wien Department of Economics Working Paper Nr. 94, Wien: Wirtschaftsuniversität Wien.

Pallares-Barbera, Montserrat (1998), »Changing Production Systems: The Automobile Industry in Spain«, in: *Economic Geography*, Nr. 4, Bd. 74, S. 344–359.

Pańków, Włodzimierz (1999), »Funkcje związków zawodowych w zakładach pracy«, in: Gardawski, Juliusz; Gąciarz, Barbara; Mokrzyszewski, Andrzej; Pańków, Włodzimierz (Hg.) (1999), *Rozpad bastionu? Związki zawodowe w gospodarce prywatyzowanej*, Warszawa: ISP, S. 163–208.

Pardi, Tommaso (2005), »Where Did It Go Wrong? Hybridization and Crisis of Toyota Motor Manufacturing UK, 1989–2001«, in: *International Sociology*, Nr. 1, Bd. 20, S. 93–118.

— (2007), »Redefining the Toyota Production System: the European side of the story«, in: *New Technology, Work and Employment*, Nr. 1, Bd. 22, S. 2–20.

Patel, Pari; Pavitt, Keith (2000), »National systems of innovation under strain: The Internationalization of Corporate R&D«, in: Barrell, Ray; Mason, Geoffrey; O'Mahoney, Mary (Hg.), *Productivity, Innovation and Economic Performance*, Cambridge: Cambridge University Press, S. 217–235.

Pavlinek, Petr (2002), »The Role of Foreign Direct Investment in the Privatisation and Restructuring of the Czech Motor Industry«, in: *Post-Communist Economies*, Nr. 3, Bd. 14, S. 359–379.

— (2003), »Transformation of the Czech Automotive Components Industry Through Foreign Direct Investment«, in: *Eurasian Geography and Economics*, Nr. 3, Bd. 44, S. 184–209.

— (2008), *A Successful Transformation? Restructuring of the Czech Automobile Industry*, Heidelberg: Physica-Verlag.

—; Janak, Lubos (2007), »Internationalization and the Domestic Industry: Restructuring of the Skoda Auto Supplier Network«, in: *European Urban and Regional Studies*, Nr. 2, Bd. 14, S. 133–155.

—; Domański, Bolesław; Guzik, Robert (2009), »Industrial Upgrading Through Foreign Direct Investment in Central European Automotive Manufacturing«, in: *European Urban and Regional Studies*, Nr. 1, Bd. 16, S. 43–64.

Pfannschmidt, Heinz (2007), »Visteon Corporation – Umgestaltung der Geschäftsprozesse vom Automobilhersteller zum Zulieferer«, in: Gottschalk, Bernd; Kalmbach, Ralf (Hg.), *Mastering the Automotive Challenges*, München: sv corporate media.

Pötsch, Hans Dieter (2005), *Aktuelle Herausforderungen und Lösungsansätze der internationalen Konzernsteuerung bei Volkswagen*, Präsentation beim Controller Forum Stuttgart, 20.9.2005, http://stuttgarter-controller-forum.de/2005/dat/ referenten_pdf/Poetsch.pdf, 22.11.2006.

Posth, Martin (2006), *1000 Tage in Shanghai. Die abenteuerliche Gründung der ersten chinesisch-deutschen Automobilfabrik*, München/Wien: Carl Hanser.

PriceWaterhouseCoopers (2008), *Autofacts Topline Data*, http://www.autofacts.com/data.asp, 14.2.2010.

Pries, Ludger (1999), »Die Globalisierung der deutschen Autohersteller und ihre Sogwirkung für die Automobilzulieferer«, in: Kilper, Heiderose; Pries, Ludger (Hg.), *Die Globalisierungsspirale in der deutschen Automobilindustrie*, München/Mering: Rainer Hampp, S. 25–55.

— (2006), »Cost competition or innovation competition? Lessons from the case of the BMW plant location in Leipzig, Germany«, in: *Transfer*, Nr. 1, Bd. 12, S. 11–29.

Prognos (2007), *Die Veränderung der europäischen Wertschöpfungsstrukturen im Zuge der Vollendung des europäischen Binnenmarktes und der EU-Erweiterungen*, Studie im Auftrag des Bundesministeriums für Wirtschaft und Technologie, Basel: Prognos AG.

PSA Peugeot Citroen (2006), *Annual Report 2006*, Paris: PSA.

Pulignano, Valeria (2007), »Going National or European? Local Trade Unions Politics in Multinational business context«, in Bronfenbrenner, Kate (Hg.), *Global Unions: Challenging global capital through cross-border campaigns*, ILR Press/Cornell University Press, Ithaca, S. 137–154.

Pyke, Frank; Sengenberger, Werner (Hg.) (1992), *Industrial Districts and Local Economic Regeneration*, Geneva: ILO.

Ravenhill, John (2004), *From National Champions to Global Partnerships: The Korean Auto Industry, Financial Crisis and Globalization*, MIT Japan Program Working Paper 01.04, Massachusetts: MIT.

Roberts, Karen; Smith, Phillip (1992), »The Effect of Labor Cost Differences on the Location of Economic Activity under the U.S.-Canada Free Trade Agreement«, in: *Economic Development Quarterly*, Nr. 6, Bd. 52, S. 52–63.

Rothstein, Jeffrey S. (2004), »Creating Lean Industrial Relations: General Motors in Silao, Mexico«, in: *Competition & Change*, Nr. 3, Bd. 8, S. 203–221.

Rubenstein, James M. (2001), *Making and Selling Cars. Innovation and Change in the U.S. Automotive Industry*, Baltimore: John Hopkins University Press.

Ruigrok, Winfried; Van Tulder, Rob (1998), »European Cross-National Production Networks in the Auto Industry: Eastern Europe as the Low End of European Car Complex«, in: Zysman, John; Schwartz, Andrew (Hg.), *Enlarging Europe: The Industrial Foundations of a New Political Reality*, San Francisco: University of California at Berkely, S. 202–237.

Sachverständigenrat zur Begutachtung der gesamtwirtschaftlichen Entwicklung (2004), *Erfolge im Ausland – Herausforderungen im Inland. Jahresgutachten 2004/05*, Wiesbaden: Statistisches Bundesamt.

Salerno, Mario; Zilbovicius, Mauro; Arbix, Glauco; Dias, Ana Valeria (1999), »Struktur und Wandel der Beziehungen zwischen Herstellern und Zulieferern in Brasilien«, in: Kilper, Heiderose; Pries, Ludger (Hg.), *Die Globalisierungsspirale in der deutschen Automobilindustrie*, München/Mering: Hampp Verlag, S. 121–150.

Scharpf, Fritz W. (1996), »Negative and Positive Integration in the Political Economy of European Welfare States«, in: Gary Marks, Fritz W. Scharpf, Philippe C. Schmitter und Wolfgang Streeck (Hg.), *Governance in the European Union.* London: Sage, S. 15–39.

— (2008), »Der einzige Weg ist, dem EuGH nicht zu folgen«, Interview in: *Mitbestimmung*, Nr. 7, Bd. 54, S. 18–23.

Schuh, Günther; Linnhoff, Michael (2006), *Zukunftsperspektiven Deutschland*, Aachen/Düsseldorf: RWTH Aachen/Kienbaum Consulting.

Schulten, Thorsten (2004), *Solidarische Lohnpolitik in Europa*, Hamburg: VSA.

— (2010), »Europäischer Tarifbericht des WSI 2009/2010«, in: *WSI-Mitteilungen*, Nr. 4, Bd. 63, S. 196–203.

Schumann, Michael (2003), *Metamorphosen von Industriearbeit und Arbeiterbewusstsein*, Hamburg: VSA.

Seifert, Hartmut (2002), »Einleitung«, in: Seifert, Hartmut (Hg.), *Betriebliche Bündnisse für Arbeit*, Berlin: edition sigma, S. 7–12.

Shimizu, Koichi (2003), »A Maverick in the Age of Mega-Mergers? Toyota's Global Strategy«, in: Freyssenet, Michel; Shimizu, Koichi; Volpato, Giuseppe (Hg.), *Globalization or Regionalization of the American and Asian Car Industry?*, New York: Palgrave, S. 119–143.

Shimokawa, Koichi (1994), *The Japanese Automobile Industry. A Business History*, London: The Athlone Press.

— (1998), »Global Strategy and global sourcing in the world auto industry and Japanese presence. Case study of Mitsubishi Motors and Nippon Denso«, in: *Les Actes du GERPISA*, Nr. 22, http://www.gerpisa. univ-evry.fr/ancien-gerpisa/actes/22/22-4.pdf, 20.3.2007.

— (2004), »ASEAN: Developing a Division of Labour in a Developing Region«, in: Carrillo, Jorge; Lung, Yannick; van Tulder, Rob (Hg.), Cars, *Carriers of Regionalism?*, New York: Palgrave, S. 139–156.

Silver, Beverly J. (2003), *Forces of Labor. Workers' Movements and Globalization since 1870*, Cambridge: Cambridge University Press.

Sinn, H. W. (2004), *Basar-Ökonomie.* ifo Standpunkt Nr. 50, http://www.cesifo-group.de/portal/page/portal/ifoHome/B-politik/05stp/_stp?item_link=stp 050.htm, 17.4.2005.

— (2005) *Die Basar-Ökonomie. Deutschland: Exportweltmeister oder Schlusslicht?* Berlin: Econ.

Skoda (2006), *Geschäftsbericht*, Mlada Boleslav: Skoda.

Slaughter, Matthew J. (2003), *Globalization and Employment by U.S. Multinationals: A Framework and Facts*, mimeo: http://itpf.org/ITPF/ITPF.nsf/7a3488bde248f0c 7852568650057bea5/0FDF49E770BEB18485257075004B600A/$file/slaughter.CFITReportFinal0304.pdf

Sobocka-Szczapa, Halina (2003), »Nietypowe formy zatrudnienia pracowniczego«, in: Kryńska, Elżbieta (Hg.), *Elastyczne formy zatrudniania i organizacji pracy a popyt na pracę w Polsce*, Warszawa: IPiSS, S. 122–147.

Solidarity Center (2003), *The Struggle for Worker Rights in Mexico*, Washington: Solidarity Center.

Springer, Roland (1999), *Rückkehr zum Taylorismus? Arbeitspolitik in der Automobilindustrie am Scheideweg*, Frankfurt/New York: Campus.

Srholec, Martin (2005), *Research and development activity of foreign affiliates in the Czech Republic*, DIME Working Paper 2006.06, Oslo: University of Olso.

Stajonevic, M. (2003), *Employee Participation and EU Enlargement: New Functions of an Inherited Pattern within Slovenian Organizations*, mimeo.

Statistisches Bundesamt (2007), *Infoblatt Außenhandel*, Wiesbaden: Statistisches Bundesamt.

— (2008), *Engagement deutscher Unternehmen im Ausland*, Wiesbaden: Statistisches Bundesamt.

Strauss-Kahn, Vanessa (2003), *The Role of Globalization in the Within-Industry Shift Away from Unskilled Workers in France*, NBER Working Paper, Nr. 9716, Cambridge: National Bureau of Economic Research.

Streeck, Wolfgang (1991), »On the Institutional Conditions of Diversified Quality Production«, in: Matzner, Egon; Streeck, Wolfgang (Hg.), *Beyond Keynesianism. The Socio-Economics of Production and Full Employment*, Aldershot: Edward Elgar, S. 21–61.

— (2009), *Re-Forming Capitalism. Institutional Change in the German Political Economy*, Oxford: Oxford University Press.

—; Rehder, Britta (2003), »Der Flächentarifvertrag: Krise, Stabilität und Wandel«, in: *Industrielle Beziehungen*, Nr. 3, Bd. 10, S. 341–362.

—; Sorge, Arndt (1988), »Industrial Relations and Technical Change: The Case for an Extended Perspective«, in: Hyman, Richard; Streeck, Wolfgang (Hg.), *New Technology and Industrial Relations*, Oxford: Basil Blackwell, S. 19–47.

Studer, Isabel (2004), *The North American Auto Industry*, IRPP Working Paper Series no. 2004–090, Montréal: Institute for Research on Public Policy.

Sturgeon, Timothy (1999), *Globalization and Jobs in the Automotive Industry: A Locational Typology*, Paper for the 7th GERPISA International Colloquium in Paris, 18.–20. Juni 1999.

Syndex (2007), *Monitoring Ustawy z dnia 7 kwietnia 2006 r. o informowaniu pracowników i przeprowadzaniu z nimi konsultacji. Raport końcowy*, Warszawa: Syndex.

Tholen, Jochen; Cziria, Ludovit; Hemmer, Eike; Kozek, Wieslawa; Mansfeldova, Zdenka (2006), *Direktinvestitionen deutscher Unternehmen in Mittel- und Osteuropa*, München und Mering: Hampp.

Tóth, András (1997), »The Invention of Works Councils in Hungary«, in: *European Journal of Industrial Relations*, Nr. 2, Bd. 3, S. 161–181.

—; Ghellab, Youcef (2003), *The Challenge of Representation at the Workplace in EU Accession Countries: Does the Creation of Works Councils Offer a Solution alongside Trade Unions?*, Report prepared for the Tripartite Conference »The Right to Information and Consultation in Practice in an Enlarged European Union« in Warszawa, 12.–13. Dezember 2003, Budapest: ILO.

Trefler, Daniel (2005), *Offshoring: Threats and Opportunities*, Paper presented at the Brookings Trade Forum in Washington, 12.–13. Mai 2005.

Turner, Lowell; Wever, Kirsten; Fichter, Michael (2001), »Perils of the High and the Low Roads«, in: Wever, Kirsten (Hg.), *Labor, Business, and Change in Germany and the United States*, Kalamazoo: W.E. Upjohn Institute for Employment Research, S. 123–156.

Ukravtoprom (2007), *Formuvannia rinku legkovikh avtomobiliv v Ukraini*, Kiew: Ukravtoporm.

UNCTAD (2005), *World Investment Report 2005. Transnational Corporations and the Internationalization of R&D*, New York/Genf: Vereinte Nationen.

Valeo (2006), *Annual Report 2006*, Paris: Valeo.

Valentine-Urbschat, Michael; Bernhart, Wolfgang (2009), *Powertrain 2020 – The Future Drives Electric*, München: Roland Berger.

Vaughan-Whitehead, Daniel C. (2003), *EU Enlargement versus Social Europe? The Uncertain Future of the European Social Model*, Cheltenham: Edward Elgar.

VDA (verschiedene Jahrgänge), *International Auto Statistics*, Frankfurt/Main: VDA.

— (2006), Tatsachen und Zahlen, Frankfurt/Main: VDA

Waddington, Jeremy (2006), »The Performance of European Works Councils in Engineering: Perspectives of the Employee Representatives«, in: *Industrial Relations*, Nr. 4, Bd. 45, S. 681–708.

Walker, Bettina (1999), »Der Stellenwert von Auslandsstandorten als Instrument zur Bewältigung von Absatz- und Kostenproblemen in der nordrheinwestfälischen Automobil-Zulieferindustrie«, in: Kilper, Heiderose; Pries, Ludger (Hg.), *Die Globalisierungsspirale in der deutsche Automobilindustrie*, München/Mering: Rainer Hampp, S. 191–215.

Weinstein, Marc (2000), »Solidarity's Abandonment of Worker Councils: Redefining Employee Stakeholder Rights in Post-socialist Poland«, in: *British Journal of Industrial Relations*, Nr. 1, Bd. 38, S. 49–73.

Wetzel, Detlef (2007), »Stabilisierung des Flächentarifvertrags durch betriebsorientierte Tarifpolitik«, in: Bispinck, Reinhard (Hg.), *Wohin treibt das Tarifsystem?*, Hamburg: VSA, S. 117–127.

Widuckel, Werner (2001), »Globale Integration von Unternehmen und Interessenvertretung von Arbeitnehmern am Beispiel der Volkswagen AG«, in: *Industrielle Beziehungen*, Nr. 3, Bd. 8, S. 333–340.

Wilkins, Mira; Hill, Frank Ernest (1964), *American Business Abroad. Ford on Six Continents*, Detroit: Wayne State University Press.

Winter, Johannes (2006), »Kompetenzerwerb in der Automobilindustrie: Das Beispiel Volkswagen Poznań«, in: *Geographische Rundschau*, Nr. 4, Bd. 58, S. 6–52.

Wirtschaftsministerium Baden-Württemberg, Fraunhofer Institut für Arbeitswirtschaft und Organisation, Wirtschaftsförderung Region Stuttgart GmbH (2010), *Strukturstudie BWe mobil. Baden-Württemberg auf dem Weg in die Elektromobilität*, Stuttgart: Wirtschaftsministerium Baden-Württemberg.

Woolfson, Charles (2007), »Labour Standards and Migration in the New Europe: Post-Communist Legacies and Perspectives«, in: *European Journal of Industrial Relations*, Nr. 2, Bd. 13, S. 199–218.

WTO (1998), *Trade Policy Review Hungary*, WTO: Genf.

Zagelmeyer, Stefan (2000), *Brothers in Arms in the European Car Wars: Management-Labour Pacts in the Context of Regime Competition*, MPIfG Working Paper 00/2, Köln: MPIfG.

Politikwissenschaft

»Das historische Buch des Jahres« der Zeitschrift DAMALS: 2. Platz in der Kategorie »Denkanstöße«

Hubertus Buchstein
Demokratie und Lotterie
Das Los als politisches Entscheidungsinstrument von der Antike bis zur EU
2009, 493 Seiten
ISBN 978-3-593-38729-1

Fritz W. Scharpf
Föderalismusreform
Kein Ausweg aus der Politikverflechtungsfalle?
2009, 174 Seiten, ISBN 978-3-593-38901-1

Renate Mayntz
Über Governance
Institutionen und Prozesse politischer Regelung
2009, 171 Seiten, ISBN 978-3-593-38892-2

Frank Berner
Der hybride Sozialstaat
Die Neuordnung von öffentlich und privat in der sozialen Sicherung
2009, 345 Seiten, ISBN 978-3-593-38862-5

Mehr Informationen unter www.campus.de/wissenschaft

campus
Frankfurt · New York

Globalisierung

Stefan Luft
Staat und Migration
Zur Steuerbarkeit von Zuwanderung und Integration
2009, 417 Seiten, ISBN 978-3-593-38888-5

Regina Kreide
Globale Politik und Menschenrechte
Macht und Ohnmacht eines politischen Instruments
2008, 264 Seiten, ISBN 978-3-593-38597-6

Thorsten Bonacker, Christoph Weller (Hg.)
Konflikte der Weltgesellschaft
Akteure – Strukturen – Dynamiken
2006, 324 Seiten, ISBN 978-3-593-38226-5

Christopher A. Bayly
Die Geburt der modernen Welt
Eine Globalgeschichte 1780 – 1914
2008, 650 Seiten, ISBN 978-3-593-38724-6

Alexander Engel
Farben der Globalisierung
Die Entstehung moderner Märkte für Farbstoffe 1500 – 1900
2009, 386 Seiten, ISBN 978-3-593-38869-4

Sebastian Conrad, Andreas Eckert, Ulrike Freitag (Hg.)
Globalgeschichte
Theorien, Ansätze, Themen
2007, 347 Seiten, ISBN 978-3-593-38333-0

Mehr Informationen unter
www.campus.de/wissenschaft

campus
Frankfurt · New York